新目录·新专标数字商贸专业群系列丛书

商务数据分析系列丛书

浙江省高职院校"十四五"重点教材

新媒体数据分析

组织编写：中国职业技术教育学会智慧财经专业委员会

主　　编：孙萍萍

副 主 编：郑　颖　石佳文

電子工業出版社

Publishing House of Electronics Industry

北京·BEIJING

内容简介

在互联网信息技术高速发展的背景下，新媒体营销在各个公司的营销中占据着重要的地位。而在新媒体营销中，新媒体数据分析又是至关重要的。新媒体数据分析能帮助企业了解运营质量、预测运营方向和辅助做出运营决策。本书以新媒体数据分析认知、新媒体数据分析方法为理论基础，通过对新媒体数据分析工具进行深入浅出的讲解，实战演练多平台新媒体数据分析，包括淘宝直播、抖音、今日头条、微博和微信等平台，旨在提升读者的新媒体数据分析能力。

本书适合新媒体运营及新媒体内容生产的学习者和从业者使用，也可作为高等职业教育院校、应用型本科院校新媒体数据分析课程的教学用书。

图书在版编目（CIP）数据

新媒体数据分析 / 孙萍萍主编. —北京：电子工业出版社，2023.1

ISBN 978-7-121-44966-6

Ⅰ. ①新… Ⅱ. ①孙… Ⅲ. ①数据处理－应用－传播媒介－教材 Ⅳ. ①G206.2-39

中国国家版本馆 CIP 数据核字（2023）第 017546 号

责任编辑：张云怡　　　　特约编辑：田学清
印　　刷：涿州市般润文化传播有限公司
装　　订：涿州市般润文化传播有限公司
出版发行：电子工业出版社
　　　　　北京市海淀区万寿路 173 信箱　　　邮编：100036
开　　本：787×1092　1/16　印张：12.25　字数：275 千字
版　　次：2023 年 1 月第 1 版
印　　次：2025 年 8 月第 3 次印刷
定　　价：57.00 元

凡所购买电子工业出版社图书有缺损问题，请向购买书店调换。若书店售缺，请与本社发行部联系，联系及邮购电话：（010）88254888，88258888。

质量投诉请发邮件至 zlts@phei.com.cn，盗版侵权举报请发邮件至 dbqq@phei.com.cn。

本书咨询联系方式：（010）88254573，zyy@phei.com.cn。

前 言

随着移动互联网的快速发展，新媒体营销平台已经成为企业互联网营销的主战场。从微博到微信、从短视频到直播平台，每天都会产生大量的数据，通过科学的方法对这些数据进行统计和分析已经成为提高新媒体营销效率的重要利器。

本书以新媒体数据的范畴和来源为起点，通过对新媒体数据分析的工具和方法的介绍，使读者掌握新媒体数据可视化图表的制作。在此基础上，本书分别对新媒体行业热门领域：淘宝直播、抖音、今日头条、微博和微信五大平台的数据分析方法和要点进行讲解，并且有针对性地融入思政元素，最后以报告的制作收尾，形成数据分析业务流程上的闭环。

本书结构清晰、语言简洁、案例丰富、图文并茂，每个项目均配有相应的练习题。与本书配套的“新媒体数据分析”在线开放课程提供了微课、PPT 课件、案例素材等类型丰富的教学资源，读者可以登录国家职业教育智慧教育平台进行学习（或查看练习题的参考答案）。

特色优势

● 覆盖广泛，案例新颖

本书内容涉及淘宝直播、抖音、今日头条、微博、微信五大平台的数据分析典型业务，在夯实理论知识的基础上，以新媒体行业最新案例为切入点实现了新媒体平台的深度覆盖。

● 循序渐进，体系完善

本书搭建了知识铺垫、工具练习和平台实战演练三大板块，循序渐进地实现了知识的讲解和技能的训练，又从数据的收集、分析和展示方面实现了新媒体数据分析全流程的演练。

● 资源库线上线下联动

通过登录国家职业教育智慧教育平台，完成知识、案例、微课等多资源的联动，驱动读者实现自主学习。

本书编写组织

本书的编写遵循共建共享原则，迎合了众多高等职业教育院校开设“新媒体数据分析”等相关课程的需求。本书由孙萍萍任主编，郑颖、石佳文任副主编，感谢杭州新娱文化传媒有限公司、梦想在线网络科技有限公司为本书编写提供的丰富案例。

由于新媒体行业发展日新月异，尽管我们在编写的过程中力求准确、完善，书中难免存在一些值得商榷的地方，敬请读者批评指正，在此深表谢意！

编　者

目　录

项目一

新媒体数据分析认知

学习目标

知识目标

1. 了解新媒体的概念。
2. 了解新媒体数据的类型。
3. 理解新媒体数据分析的意义。
4. 了解新媒体数据分析的误区。

技能目标

能快速辨别新媒体数据的类型。

思政目标

1. 培养大家对新媒体数据分析的敏感度。
2. 树立大家对新媒体数据分析爱岗敬业的意识。

单元导学

新媒体的概念和传播特点

“新媒体”主要是指基于数字技术、网络技术及其他现代信息技术或通信技术的，具有互动性、融合性的媒介形态和平台。在现阶段，新媒体主要包括网络媒体、手机媒体及两者融合形成的移动互联网，还包括其他具有互动性的数字媒体形式①。根

① 彭兰．“新媒体”概念界定的三条线索[J]．新闻与传播研究，2016，23（03）：120-125.

据学界和业界的共识，新媒体具有数字化、融合性、互动性、网络化的特征，其传播特点主要表现为以下 5 个方面。

1. 传播方式双向化

传统媒体信息的传播方式是单向的、线性的、不可选择的，表现为特定的时间内由信息的发布者向受众发布信息，受众被动接收信息，缺少信息的反馈。这种静态的传播使得信息流畅性变弱，传播效果不佳。而新媒体信息的传播方式是双向的，每个受众既是信息的接收者，同样也是信息的传播者，互动性强，传播效果好。

2. 接收方式动态化

移动互联网技术的发展使得新媒体具备了移动性的特点，也使得大家用手机浏览网页、看电视等实现了动态化。

3. 传播行式个性化

微博、微信、博客、播客等新的传播形式使得每一个人成为信息的发布者，人们可以随意表达自己的观点，传播自己关注的信息，传播内容与传播形式等完全实现了个性化。

4. 传播内容多元化

从传统媒体到新媒体，最大的变化是传播内容的多元化和融合化。传统媒体通过平面展示文字信息、图片信息；而如今，借助新媒体形式传播带有文字、图片、声音、视频等富媒体信息已成为可能，这样不仅提高了信息量，还提升了信息的广度。

5. 传播速度实时化

相对于传统媒体的传播方式，新媒体的传播借助移动互联网技术，信息传播变得更加迅速，受众可以实时接收信息，并及时反馈信息。

任务一　认识新媒体数据

新媒体数据主要是指在新媒体活动中产生的数据。新媒体数据分类的维度可以从数据的表现形式及数据的属性方面分别进行划分。

一、数据的表现形式

新媒体数据从数据的表现形式上可分为数值型数据和图文型数据。

1. 数值型数据

数值型数据主要是指由单个或多个单独的数字组成的一串数据，是直接使用自然数或度量单位进行记录的具体的数值。新媒体运营者（以下简称“运营者”）可以很直观地通过对数据进行相应的统计与分析，总结并评估营销效果。

例如，某情感类微信公众号统计出 2021 年 10 月其文章发表数量为 23 篇，该月新增关注者为 214 人，取消关注者为 36 人，这些直观表达的数据就是数值型数据。

2. 图文型数据

图文型数据不是由数字构成的，而是由文字或图片等形式构成的。图文型数据主要通过问卷调查、结构化比较、分析汇总等形式获得，研究目的不是评估量化的数据结果，而是找到运营方向。

例如，图 1-1 所示为某时装类微信公众号“穿衣吧”整体图文阅读来源占比情况。通过图文的表达，使得运营者能清晰地看出其中“公众号会话”渠道占比最多，高达 56.15%。在后期运营中，为了提高阅读量，“公众号会话”依旧是一个重要的渠道。

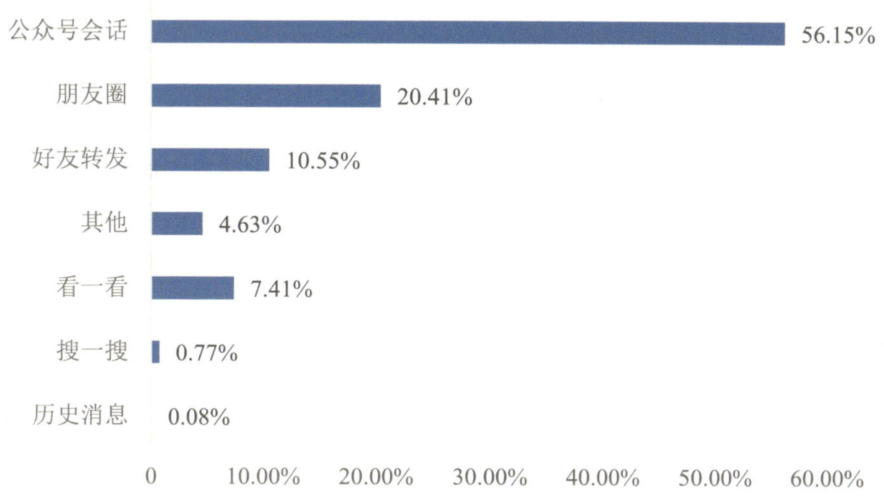

图1-1　某时装类微信公众号“穿衣吧”整体图文阅读来源占比情况

二、数据的属性

新媒体数据根据其属性可以分为定类数据和定序数据。

1. 定类数据

新媒体定类数据主要是指根据营销分析的目的反映事物类别的数据，如用户的地域、用户的爱好、网站栏目分类、微信公众号自定义菜单归类数据等。这类数据的表达没有内在固定的大小或高低顺序。定类数据在分析统计时一般可以由文字图片等形式进行表现，可以用数字表示（如用 1 表示会员，用 0 表示非会员），而这里的数字 1 和 0 并不代表数学上的意义，仅仅作为分类的标记而已。

例如，图 1-2 所示为某咖啡连锁品牌微博新增粉丝来源地的发布数据图。地域分布数据就是典型的定类数据，运营者可以通过对地域的划分来了解新增粉丝的情况，从而指导线上和线下活动的开展。

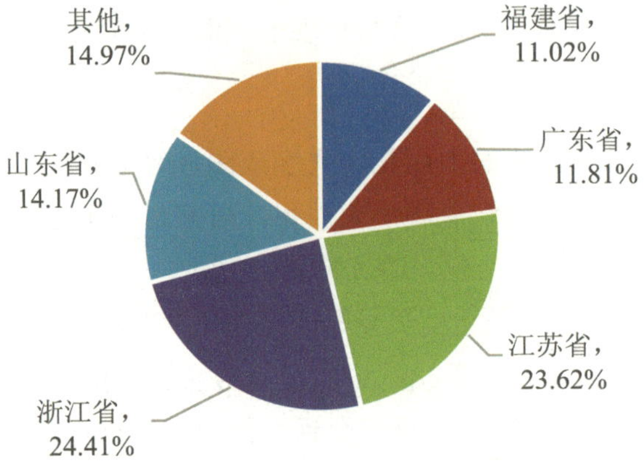

图1-2　某咖啡连锁品牌微博新增粉丝来源地的发布数据图

2. 定序数据

新媒体定序数据是指数据具有内在固定的大小或高低顺序，能够表示一定现象的程度，如某款智能门锁品牌在新品推出之前就通过微信公众号渠道邀请用户参与调研，调研结果如图 1-3 所示。其中，“一般、不太了解、比较了解、非常了解、非常不了解”的数据指标就是典型的定序数据，用于表达用户对智能门锁的了解程度。在图 1-3 中，“一般”占比为 42.00%、“不太了解”占比为 34.54%，说明在当下用户对智能门锁的了解程度非常有限，品牌在营销推广上需要加大对智能门锁知识的普及。

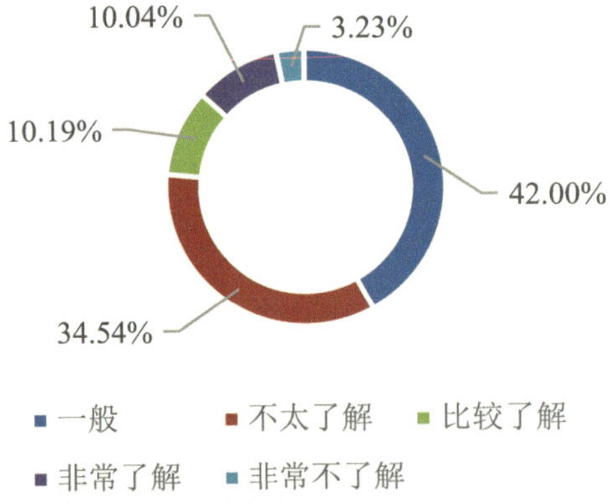

图1-3　用户对某智能门锁的了解程度

任务二　了解新媒体数据分析

一、新媒体数据分析的意义

新媒体数据分析主要有确定用户画像、展示运营效果、辅助运营决策和预测运营方向四大重要意义。

1. 确定用户画像

用户画像是指企业通过数据分析得出的包含人口属性、兴趣爱好、社交信息、消费习惯等特征的用户信息全貌。新媒体数据分析能帮助企业确定营销对象，即向谁营销。精准的用户画像还能帮助企业提高营销效率。例如，图 1-4 所示为某咨询公司通过对 2021 年中国在线直播用户属性分析来描述在线直播行业的用户画像。

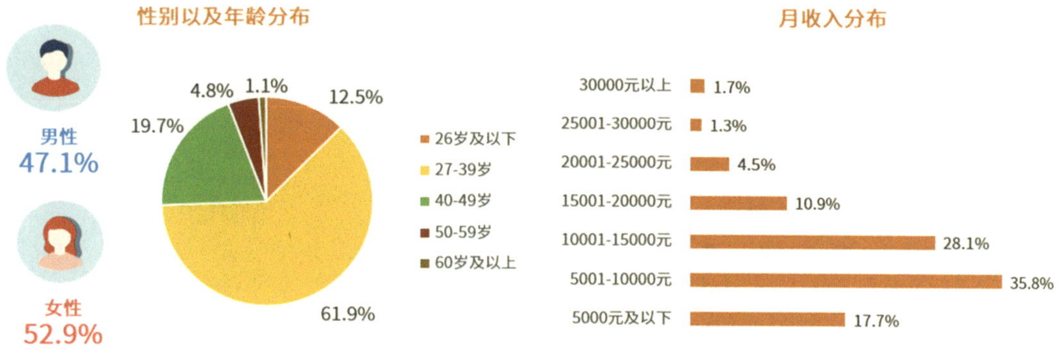

图1-4　2021年中国在线直播行业的用户画像

2. 展示运营效果

新媒体运营的日常工作包括网站内容更新、微信公众号推广、微博发布、微信朋友圈推送、社群运营、线上线下活动组织与策划等。新媒体运营工作是否能产生价值、是否能有效实现营销目标，需要通过数据分析来了解与判断。对于新媒体运营效果的数据，不同的平台关注点不同，企业比较关注的数据包括流量数据、粉丝数据、阅读量数据、活动转发与评论数据等。例如，图 1-5 所示为某场直播活动的实时监测数据，可以看到从当晚 20:09 至 20:14 这个时间段内在线人数、观看人数、观看次数等指标，这些数据可以帮助运营者直观地了解直播活动的效果。

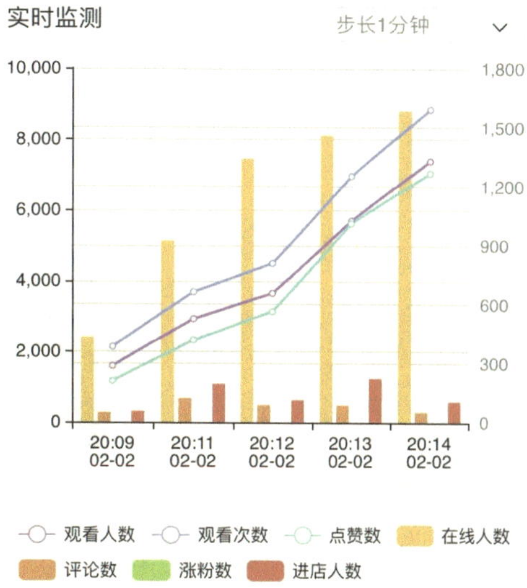

图1-5　某场直播活动的实时监测数据

注：图中横轴为时间段，纵轴为人数（人）

3. 辅助运营决策

新媒体数据分析可以为企业决策提供全面和精准的数据支持。运营者通过数据分析对营销方案进行评估，一方面，分析结果数据，可以反推方案中目标的可行性；另一方面，分析过程数据，可以及时发现执行过程中的问题，作为制定下次营销方案的参考。图 1-6 所示为某读书类公众号通过对“菜单点击次数”的分析，可以进一步优化菜单栏的内容，提高菜单点击次数。

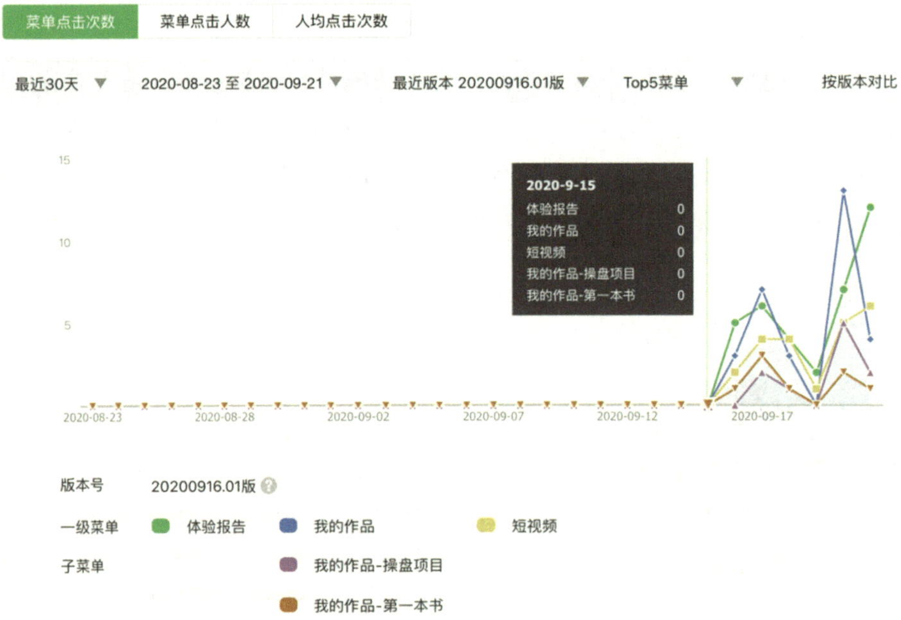

图1-6　某读书类公众号对“菜单点击次数”的分析图

4．预测运营方向

运营者可以通过互联网来分析行业大数据，这样有助于预测未来的热点及趋势，并判断新媒体内容、活动、推广是否要和热点结合。常见的行业数据查询工具包括百度指数、阿里指数、微信指数等。例如，图 1-7 所示为某咨询公司公布的抖音直播平台彩妆带货品类分布图。依据分析结果，运营者在后续的选品过程中可以增加口红唇彩、粉底和定妆类产品的投入。

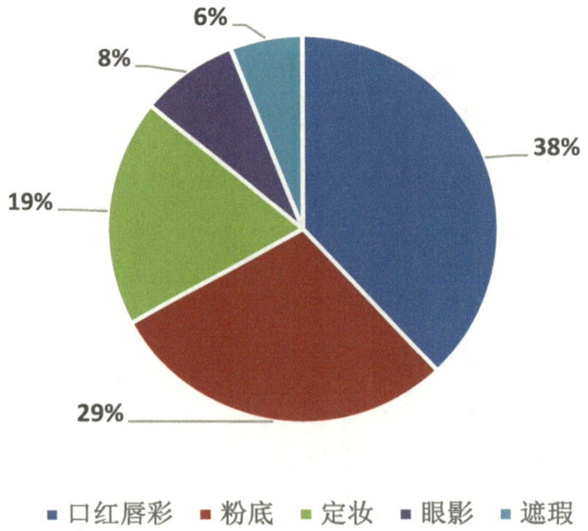

图1-7　抖音直播平台彩妆带货品类分布图

知识拓展

提高数据敏感度

数据敏感度是指新媒体数据分析从业人员对某些数据具有一定的辨识能力，并且能针对这些数据发现一些其他人意识不到的问题，或者其他人意识不到的信息。提高新媒体数据分析从业人员的数据敏感度可以从以下几个方面着手。

1. 有意识地记忆数据，形成数据感知。新媒体数据分析从业人员应主动记住关键的数据指标，如公司账号在各大新媒体平台的关注者数量，几场重要活动的评价指标等，从而能够在运营中快速判断数据的正确性。

2. 在运营中学会运用指标和公式进行分析。例如，对关注者指标下的新增关注者、取消关注者和净增关注者等指标进行分析，以保证对运营效果分析的客观性。

3. 熟练掌握分析方法。不同的数据分析需求需要使用不同的数据分析方法。如对比分析法重点是与他人进行对比，寻找差距；分组分析法是为了实现物以类聚，人以群分的结果。在实际分析中需具体问题具体分析。

二、新媒体数据分析的误区

如果采用了错误的新媒体数据分析方法，那么会直接影响数据分析的结果，对营销活动的指导作用也会受到影响。常见的新媒体数据分析误区有以下 3 个。

1. 收集数据无目的

新媒体运营过程中会产生大量的数据，仅一天的新媒体数据就会产生上百万条，如果全部收集并分析，不仅会花费大量的时间，而且最终可能无法得到需要的分析结果。

因此，在数据挖掘或收集工作开始之前，必须将研究目的梳理清楚，防止出现“驴唇不对马嘴”的数据分析结果。

想一想

某新媒体公司想了解粉丝对该公司带货产品的购买情况，需要收集相关数据进行分析，下面是李华和张明分别计划收集的数据指标。

李华：用户产品浏览时长、用户性别、用户年龄、用户所处地区、用户历史下单数量。

张明：用户产品浏览时长、用户历史下单数量、用户偏爱产品的种类、用户关注的平台。

试分析：

谁的数据收集较有目的性？如果是你去收集数据，你会收集哪些方面的数据呢？

2．不重视数据的呈现效果

新媒体数据分析会产生大量的数据，如果没有一个好的呈现，就无法利用这些庞大的数据进行分析，这也是一种资源的浪费。图 1-8 所示为某款产品在不同区域的销售情况统计，如果只通过表格的形式，则无法展示出不同区域之间的对比，但通过数据可视化设计就能帮助运营者直观地了解不同区域之间的销售对比情况。

区　域	销售额（万元）	市场占有率
北京市	485	47%
上海市	324	21%
广州市	752	42%
深圳市	376	16%
苏州市	644	64%
杭州市	365	32%

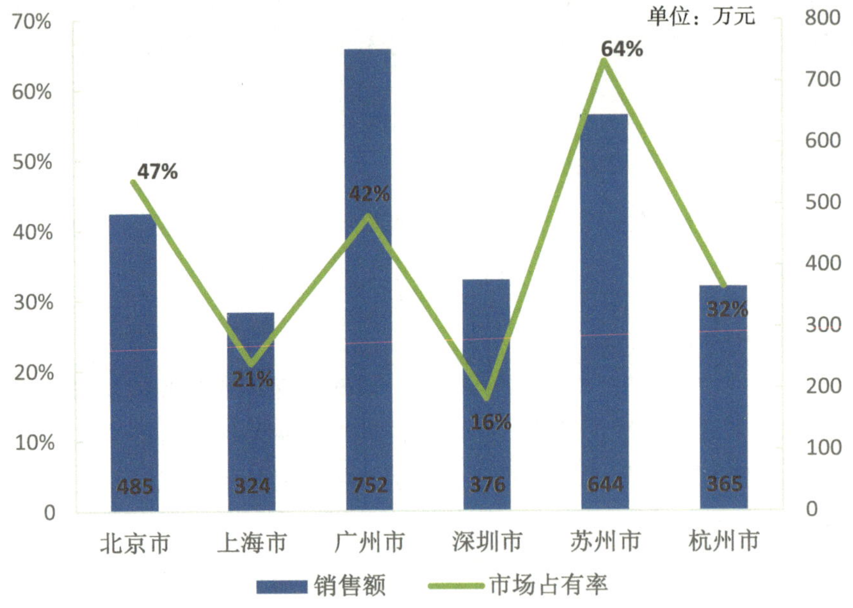

图1-8　某款产品的销售额及市场占有率对比情况

3．缺乏对长期数据趋势的预判

新媒体数据分析需要对数据进行全方位的挖掘和整理，不完整的数据会直接影响后续的分析和总结。如果只选择短期内的销售数据而未挖掘完整的数据，那么会给数据分析结果造成较大的偏差，甚至会造成错误的决策。因此要重视长期数据的分析，通过数据分析对长期数据趋势进行预判。图 1-9 所示为某抖音账号 1 月上旬新增关注者人数的变化统计图，虽然 1 月 5 日至 1 月 8 日出现了连续 4 日的跌幅，但从整个上半个月的数据来看新增关注者人数还是在持续增加的，运营者应进行综合的对比分析。

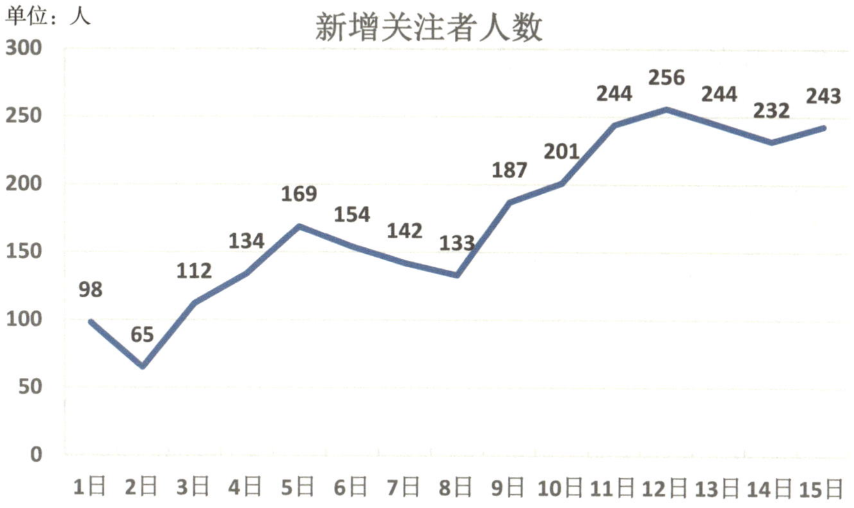

图1-9　某抖音账号1月上旬新增关注者人数的变化统计图

思政园地

随着岗位的细分发展，不少大型互联网公司、广告公司都设立了新媒体数据分析的相关岗位，以辅助市场推广的开展。图 1-10 所示为某 App 在招聘网站上发布的新媒体数据分析师岗位的招聘信息，主要包括岗位职责、任职要求及福利待遇。

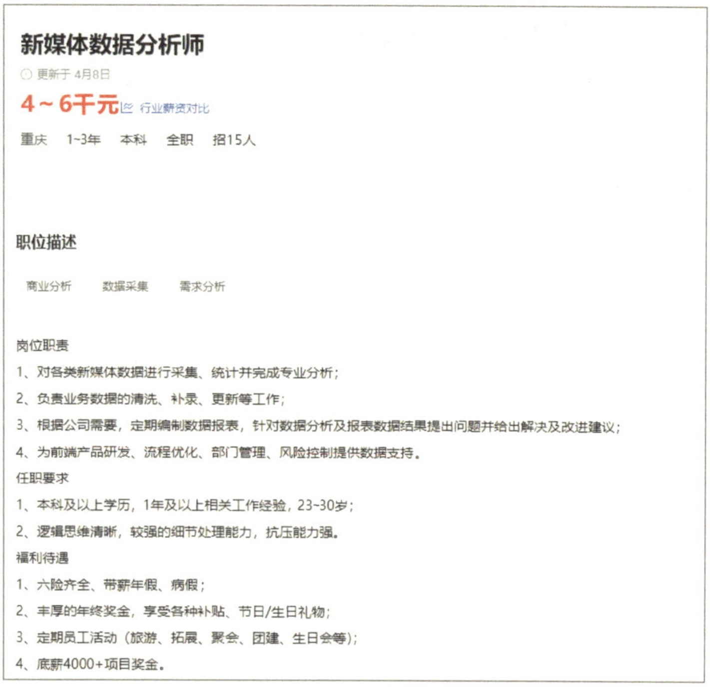
新媒体数据分析师

更新于 4月8日

4～6千元 行业薪资对比

重庆　1~3年　本科　全职　招15人

职位描述

商业分析　数据采集　需求分析

岗位职责

1、对各类新媒体数据进行采集、统计并完成专业分析；

2、负责业务数据的清洗、补录、更新等工作；

3、根据公司需要，定期编制数据报表，针对数据分析及报表数据结果提出问题并给出解决及改进建议；

4、为前端产品研发、流程优化、部门管理、风险控制提供数据支持。

任职要求

1、本科及以上学历，1年及以上相关工作经验，23~30岁；

2、逻辑思维清晰，较强的细节处理能力，抗压能力强。

福利待遇

1、六险齐全、带薪年假、病假；

2、丰厚的年终奖金，享受各种补贴、节日/生日礼物；

3、定期员工活动（旅游、拓展、聚会、团建、生日会等）；

4、底薪4000+项目奖金。

图1-10　某 App 在招聘网站上发布的新媒体数据分析师岗位的招聘信息

讨论并思考：

设立新媒体数据分析相关岗位的意义是什么？一名优秀的新媒体从业人员应该如何做到爱岗敬业？

职业技能训练

1. 单选题

（1）新媒体的传播方式具有（　　）的特点。

A．定量化　　B．单向化　　C．动态化　　D．双向化

（2）一篇文章或一份推文的阅读量总数为 466 人次，这里的数据类型属于（　　）。

A．数值型数据　　B．图文型数据　　C．定类数据　　D．定序数据

2. 多选题

（1）新媒体数据分析的意义包括（　　）。

A．确定用户画像　　B．展示运营效果

C．辅助运营决策　　D．预测运营方向

（2）提高数据敏感度的方法有（　　）。

A．通过数据分析用户画像

B．有意识地记忆数据，形成数据感知

C．在运营中学会运用指标和公式进行分析

D．熟练掌握分析方法

3. 思考题

（1）新媒体数据分析的意义是什么？

（2）你认为未来新媒体数据分析岗位工作者应该具备哪些职业素养？

4. 实践题

请你在互联网上搜集一个 2021 年新媒体行业的数据报告，举例说明该报告里包括的数据类型。

项目二
新媒体数据分析的工具与方法

学习目标

知识目标

1. 列举新媒体数据收集的途径和方法。
2. 掌握新媒体数据整理的要点。
3. 简述常用的新媒体数据分析工具的功能。
4. 列举常用的新媒体数据分析的方法。

技能目标

1. 能收集新媒体数据。
2. 能对新媒体数据进行整理。
3. 能操作新媒体数据分析工具。
4. 能运用相应的新媒体数据分析方法解析数据。

思政目标

使大家具备合法、合规收集新媒体数据的意识。

单元导学

新媒体数据分析工具的作用

自 20 世纪 90 年代，互联网进入中国后，国内互联网飞速发展。根据《中国移动互联网发展报告(2022)》显示，截至 2021 年 12 月底，中国手机网民规模达 10.29

亿人，全年增加了4373万人，同比增速放缓。大量用户聚集到线上，产生了海量的用户数据。

对于企业来说，用户在哪里，企业营销就要延伸到哪里。随着中国互联网的发展，越来越多的企业开始尝试互联网营销。因为早期进行新媒体营销的企业较少，所以企业建立网站或网点后很容易获取订单。但随着新媒体的发展，以及新媒体营销队伍越来越多，新媒体营销方案也要进入精细化运营模式。因此，数据分析对于企业新媒体营销有着重要的作用。

但新媒体运营过程中产生的海量数据难以依靠人工进行统计分析，同时也为运营者深度挖掘和充分利用海量的用户数据带来了极大的挑战。新媒体数据分析工具的产生为深度挖掘用户数据带来了机遇。

新媒体数据分析工具能够实时监测用户数据。通过新媒体数据分析工具，运营者能够实时掌握用户动态，把握运营效果。

快速处理海量数据。这是新媒体数据分析工具最重要的一个作用。快速的数据处理功能能够帮助运营者从海量的数据中抽取潜在价值，帮助其发现隐藏的关系和模型。

运营者可以通过完整的数据分析来实现精准营销或优化营销方案，并降低获客成本，提高用户黏性。可以说，熟练使用新媒体数据分析工具是运营者不可或缺的技能。

任务一　新媒体数据收集

一、新媒体数据收集的途径

1. 新媒体平台

目前，新媒体平台主要包括微信、微博、今日头条、抖音及各类客户端、网站等，这些平台会产生大量的数据，是新媒体数据收集的主要途径。下面以微信公众号数据、微博数据、头条号数据及网站数据的收集为例进行讲解。

（1）微信公众号数据

微信公众号数据对于运营者来说具有重要的意义，通过对微信公众号数据的分析，能够使其锁定自己的用户群体，并根据用户画像进行垂直运营。

微信公众号的统计功能基本能够满足运营者的使用需求。目前，微信公众号后台的统计功能包括用户分析、内容分析、菜单分析、消息分析、接口分析、网页分析。其中，用户分析和内容分析是运营者使用频率最高的功能。

用户分析的关键指标有新关注人数、取消关注人数、净增关注人数、累计关注人数。通过这些指标，运营者可以实时监测粉丝数的变化。

图 2-1 所示为运动类微信公众号“瑜伽馆”于 2021 年 8 月 17 日在微信后台获取的“昨日关键指标”（2021 年 8 月 16 日）的相关信息：新关注人数为 9 人，取消关注人数为 2 人，净增关注人数为 7 人，累积关注人数为 3340 人。

图2-1 微信公众号“瑜伽馆”的“昨日关键指标”相关信息

（2）微博数据

无论微博账号的主体是企业还是个人，运营者都可以在微博后台查看数据。

运营者可以登录网页版微博，进入管理中心，单击左侧的“数据助手”，便可以查看账号的各类数据分析，主要包括粉丝分析、博文分析、互动分析和相关账号分析四大模块。对每一模块中的数据再进行细分，如粉丝分析中细分为粉丝趋势、活跃分布、粉丝画像三大类，帮助运营者对数据进行更加深入的分析。

图 2-2 所示为微博个人用户数据中心展示的“昨日关键指标”板块，详细列举了净增粉丝数、阅读数、转评赞数等核心指标，可以帮助运营者快速了解账号的运营情况。

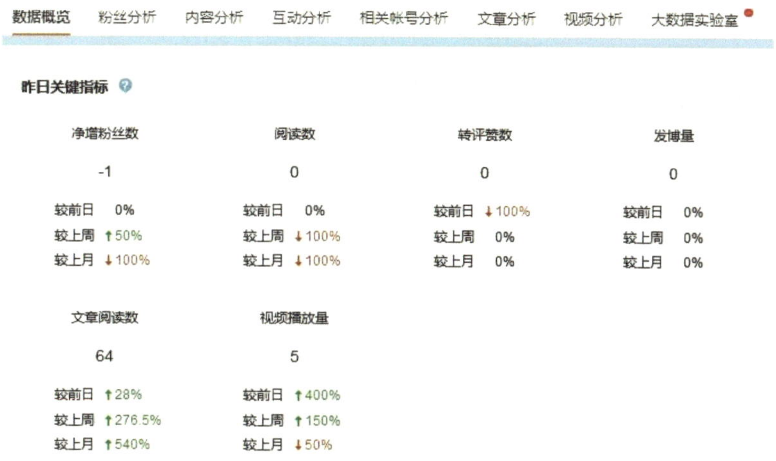

图2-2 微博个人用户数据中心

注：图中“帐号”实为“账号”，后同

（3）头条号数据

头条号作为新兴的内容平台，得益于今日头条强大的算法，头条号后台的数据统计功能更加强大。运营者可以根据头条号后台的数据呈现，对作品和粉丝进行分析。

作品数据分为整体数据和单篇数据，系统地对作品的展现量、阅读量、点击率阅读时长等数据进行了统计。

粉丝数据的核心数据包括昨日粉丝变化数、昨日活跃粉丝数、昨日活跃粉丝占比及粉丝总数等。除此之外，头条号还对粉丝特征进行了系统描画，运营者能够根据粉丝画像进行更加垂直和精准的运营。

（4）网站数据

近年来，各种新媒体平台不断涌现，微博、微信、今日头条成为运营者进行营销的主要阵地。但是，网站作为互联网中最重要的组成部分，几十年来都保持着稳定的发展态势。在新媒体时代，网站的运营仍旧是企业营销的重要内容，网站产生的数据也依然成为运营者分析运营效果、改进运营策略的重要依据。

网站数据一般包含网站流量、搜索来源、来路页面、访问深度等，这些数据能够帮助运营者对网站运营情况进行直观的了解。

图 2-3 所示为某电商自建网站后台关于 2020 年 1 月至 2020 年 6 月浏览次数及会员人数的变化情况统计图。

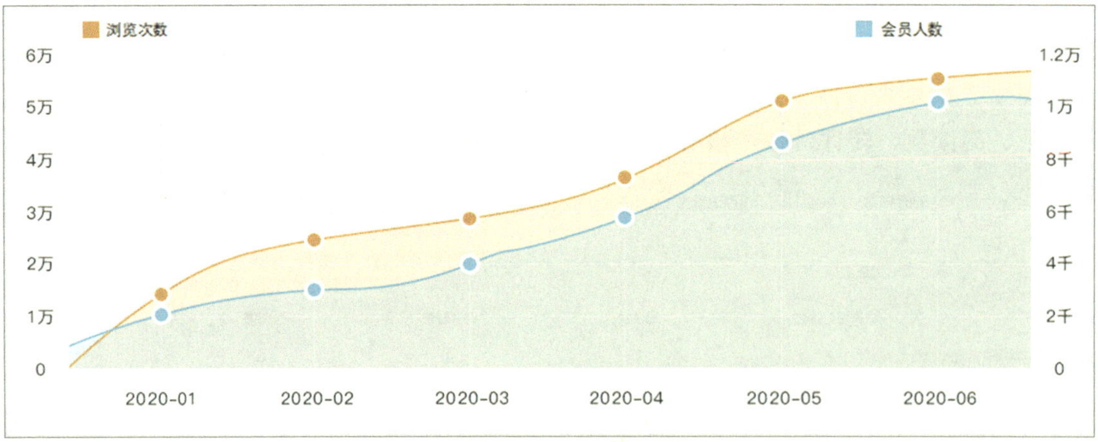

图2-3　某电商自建网站数据统计

2. 第三方数据统计平台

随着新媒体平台的激增，随之涌现的第三方数据统计平台能够快速帮助运营者收集更多的数据，这里以百度统计和 CNZZ 数据专家为例。

（1）百度统计

百度统计是全球领先的中文网站流量分析平台，能够帮助企业收集网站访问数据，提供流量趋势、来源分析、转化跟踪、页面热力图、访问流等多种统计分析服务。同时与百度搜索、百度推广、云服务形成无缝衔接，为网站的精细化运营决策提供数据支持，进而有效提高企业的投资回报率。目前，百度统计支持网站统计、移动统计及全域用户分析的分析云服务。

图 2-4 所示为百度统计关于某网站运营的流量数据统计图，涉及浏览量、访客数、IP 数、跳出率等指标。

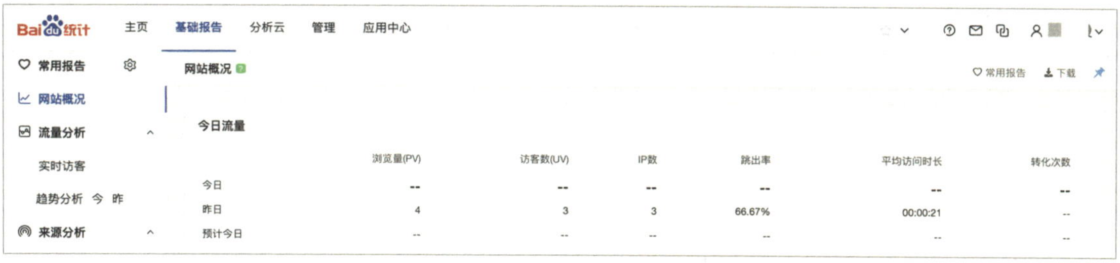

图2-4　百度统计关于某网站运营的流量数据统计图

百度统计的优势是专业、稳定、快速、易用，能够为企业提供 SEO（搜索引擎优化）、百度推广、实时访客分析、作弊访客屏蔽、热力图等多种服务。

（2）CNZZ 数据专家

CNZZ 数据专家是全球最大的中文互联网数据统计分析服务提供商，专注于数据统计与挖掘，拥有全球领先的互联网数据收集、统计和挖掘技术。CNZZ 为中文网站及中小型企业提供专业、权威、独立数据监测与统计分析服务。目前，CNZZ 能够覆盖 90%以上的上网用户。

二、新媒体数据收集的方法

为了保证数据分析的准确性和有效性，收集数据前必须明确分析的目的，然后根据不同的目的收集不同的数据。例如，基于增加微信公众号粉丝数的目的，运营者需要收集的数据为粉丝取消关注数据、文章涨粉数据、推广渠道涨粉数据等。

确定分析目的后，运营者可以从以下 3 个方面进行新媒体数据的挖掘和获取：后台数据获取、第三方平台数据获取、手动统计数据获取。

1. 后台数据获取

后台数据获取是最重要的数据获取方式，也是运营者最应该优先获取的数据。各类新媒体平台都自带数据分析的功能，如果运营者所需要的数据已经被包含在新媒体平台后台中，则无须再花费时间进行数据的统计与挖掘，直接收集后台数据进行分析即可。如微信公众号用户数据、微博的阅读转发数据、头条号的展现量与点击率等。

2. 第三方平台获取数据

平台后台能够提供的数据有限，对于无法从后台获取的数据，运营者可以借助相关工具进行数据的获取与挖掘。目前，需要借助第三方平台获取的数据包括访问来源、评论采集、10 万+文章词频分析、全平台数据回采等。

3. 手动统计数据获取

如果所需数据既无法利用平台后台获取，也无法借助第三方平台获取，则需要运营者手动进行统计。例如，需对某一行业头部微信公众号的发文频次、发文类型等进行分析，就需要运营者手动统计。再如，当对多账号、多平台的阅读数据进行统计分析时，也需要手动统计。

任务二　新媒体数据整理

在数据收集完成后，运营者需要对数据进行加工整理，以便于对后续进行分析。

新媒体数据整理主要包括数据排序、数据筛选和数据汇总 3 个方面。一般的数据整理都需要利用 Excel 进行数据优化，使之系统化、条理化，这样有利于后续的数据分析。

一、新媒体数据排序

新媒体数据排序是按一定顺序对数据进行排列的，其作用有二：一是方便运营者通过浏览数据发现明显的趋势和特征；二是有助于运营者对数据的检查与纠错，以便及时重新归类或分组。

运营者可以根据不同的分析目的对表单数据进行排序。例如，当分析一周内每日新媒体平台运营情况时可以按照时间排序；当比较各平台运营状况时可以按照点击量多少进行排序等。

在使用 Excel 进行数据排序时，首先选择需要排序的数据，然后单击右上方“排序”按钮，对选中的数据进行排序操作。

排序有 3 种选择：一是升序，整个数据会从低到高排序；二是降序，整个数据会从高到低排序；三是自定义排序。图 2-5 所示为自定义排序的操作指引。自定义排序中排序依据可以是数值，也可以是单元格颜色、字体颜色、单元格图标，如图 2-6 所示。

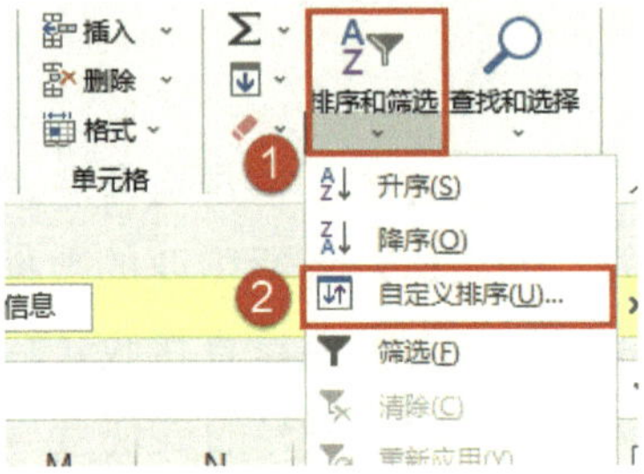

图2-5　数据排序示例

在进行自定义排序时有时需要区分大小写或选择排序的方式及方向，此时单击自定义排序界面右上角的“选项”按钮就可以个性化地进行设置了。自定义排序选项如图 2-7 所示。

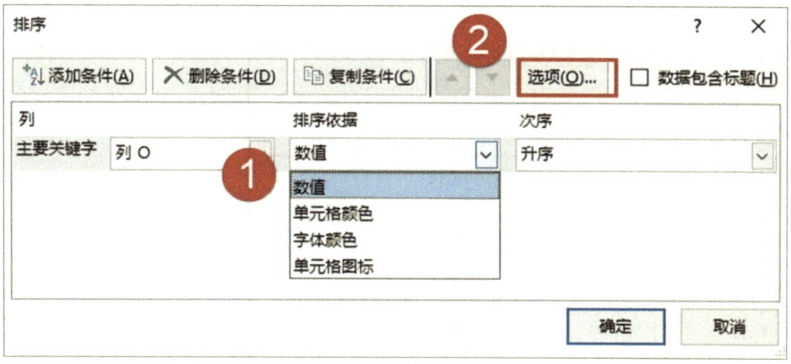

图2-6 自定义排序界面

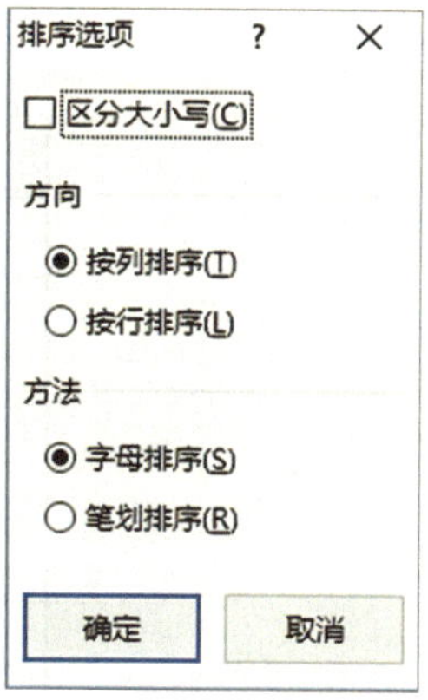

图2-7 自定义排序选项

二、新媒体数据筛选

进行新媒体数据筛选有两个目的：一是根据不同目的选择对应的数据；二是进行数据修正。

1．选择对应的数据

新媒体后台导出的数据有很多，有些数据不仅用不到甚至还会对数据分析结果产生干扰。例如，运营者需要分析微信图文位置对阅读量的影响，则只需要统计各位置图文的阅读量即可，其他方面的数据不用统计。

2．数据修正

无论是平台后台直接导出的数据还是人工统计的数据，都有可能出现失误。因此，需要对收集到的数据进行观察与比对，随时进行数据修正。数据修正主要包括异常剔除、缺失增补两部分。

（1）异常剔除

异常剔除是指对明显错误的数据，运营者需要将其剔除，以防止干扰其他数据。

表 2-1 所示为某微信公众号的阅读数统计表。10 月 1 日至 7 日，其他几天的阅读量都在 2500 次左右，6 日的数据却突然增至 23 651 次，运营者此时就需要进行排查。具体可以按照以下几个步骤进行。

第一，进入微信公众号后台并重新导出数据，看是否由于操作失误造成当日数据导出出错。

第二，在微信公众号后台翻看异常数据，看是否为后台数据本身出错。

第三，如果微信公众号后台数据无误，则需要检查当日的运营情况，了解是否由于其他推广、广告投放等造成数据暴增。

表2-1 微信公众号阅读数统计表

日　期	阅读量（次）
10 月 1 日	2390
10 月 2 日	2500
10 月 3 日	2405
10 月 4 日	2687
10 月 5 日	2466
10 月 6 日	23651
10 月 7 日	2855

（2）缺失增补

缺失增补是数据修正的另一部分重要内容。数据缺失是指在整体数据完整的基础上会出现一个或多个数据缺失、遗漏的现象，这一现象在人工统计时最容易出现。因此，在出现数据缺失时，需要重新进入后台下载数据或重新统计，进行数据增补，如果确实无法获取此数据，则应该将这条数据完整删除，以防影响其他数据。

三、新媒体数据汇总

在对原始数据进行收集和筛选之后，需要对新媒体数据进行汇总。因为原始数据通常只代表了单一的属性，如阅读量、转发量、展现量、粉丝年龄、订单数量等，相互独立，运营者很难通过这些数据直接看出规律，因此需要将收集到的数据进行汇总。

新媒体数据汇总分为两步：一是表头合并；二是简单计算。

1. 表头合并

表格的表头，指的是表格最顶部一个或一行单元格，用于规范下方的数据。表 2-2 所示为某企业新媒体运营日报表（此处只统计了点击量），其中平台、点击量、粉丝数、点赞量、转发量和评论量是表头。

表2-2 某企业新媒体运营日报表

平　台	点击量（次）	粉丝数（人）	点赞量（次）	转发量（次）	评论量（次）
抖音	12365	—	—	—	—
微博	8767	—	—	—	—
微信公众号	1888	—	—	—	—
B 站	5890	—	—	—	—
其他	3489	—	—	—	—
全网合计	32399	—	—	—	—

由于数据来源不同，通过微信公众号后台、网站后台等渠道挖掘的数据在导出后会出现不同的表头。因此，运营者在对数据处理时需要将数据进行合并，尤其是对表头进行合并处理。否则，在统计或分析过程中，不同的数据混在一起，无法得到有效的数据结果。在表 2-2 中，当对各平台运营数据进行统计时，需要将抖音、微博、微信公众号、B 站等平台的播放量和阅读量合并成点击量，才能得到更加简洁、完整的新媒体运营数据。

2. 简单计算

根据数据分析的目标完成数据指标的简单计算，为后续分析和运营提供高效的数据基础。例如，通过汇总合并一定周期内的数据，还可以通过新增粉丝数与取消关注数之差计算净增粉丝数。

任务三　新媒体数据分析的工具

使用新媒体数据分析工具可以帮助运营者快速地定位问题、制定营销策略，有效地提升新媒体运营效率。一名优秀的运营者必须掌握常用的新媒体数据分析工具。

目前，常用的新媒体数据分析工具可以分为两大类：一类是站内分析工具，即新媒体平台后台自带的分析工具；另一类是站外分析工具，即第三方分析工具。

一、站内分析工具

站内分析工具是使用门槛最低的数据分析工具，无须掌握分析函数或代码，所有数据一键生成。

1. 站内分析工具的优缺点

站内分析工具的优点是无须借助其他工具，运营者登录后台即可实时查看用户反馈、监测账号运营情况，并及时调整运营策略。同时，后台数据是一个账号最真实的数据，通过后台数据分析得出的结论也是最可靠的结论。简单、快捷、及时、真实是站内分析工具最大的优点。

站内分析工具的缺点是无法更加细化地对数据进行分析，同时数据样本有限，只能分析账号后台数据，无法洞察全平台趋势。

2. 常见的站内分析工具及功能

目前，包括微信、微博、今日头条在内的新媒体平台都具有完整的数据统计分析功能。常见的新媒体平台自带分析工具功能表，如表 2-3 所示。利用平台后台自带的新媒体数据分析工具，运营者可以直观地看到用户增长、后台互动等数据。

表 2-3　常见的新媒体平台自带分析工具功能表

平　台	分析工具的功能
微信	用户分析、内容分析、菜单分析、消息分析、接口分析、网页分析
微博	粉丝分析、博文分析、互动分析、相关账号分析
今日头条	文章分析、头条号指数、粉丝分析、热词分析

二、站外分析工具

1. 站外分析工具的特点

站外分析工具是指非官方平台自带的、需要官方平台授权后才可以使用的数据分析工具。

站外分析工具与站内分析工具的主要区别在于前期的注册和授权，注册和授权后其操作与站内分析工具类似，可以直接登录网站查看。

站外分析工具相较于站内分析工具，能够对数据进行更加精细化的分析。如微信公众号的长期数据追踪、今日头条的粉丝管理等，依然需要站外分析工具的辅助。

2. 常见的站外分析工具

（1）新榜

新榜是一个综合性内容产业服务平台。依托数据发掘分析能力，新榜以榜单为切口，向政府、企业和个人用户提供线上、线下数据产品与服务，具体包括内容营销、数据服务、运营增长、版权分发、解决方案等，成为连接广告与新媒体的平台。图 2-8 所示为新榜官网首页。

图2-8　新榜官网首页

其中，“新榜有数”板块下提供的“号内搜”“新榜认证”“分钟级检测”等功能应用广泛。

当前主流的新媒体平台的数据都可以在新榜中搜索到，如图文类微信公众号、微博、头条号、网易号、百家号等；视频类的抖音、快手、哔哩哔哩等。还可以根据数据产生的时间，分为日榜、周榜和月榜 3 种，此外，用户也可以制定个性化榜单。以微信公众号为例，关键数据指标包括发布数/作品数、总阅读数、头条阅读数、平均阅读数、最高阅读数、总在看数及新榜指数，全方位地对账号进行监测与评价。用户可以在新榜平台中清晰地洞察新媒体平台的整体发展现状，为账号决策提供参考。图 2-9 所示为新榜平台企业号中“新榜指数”在 2022 年 7 月 28 日排名前三的抖音账号。

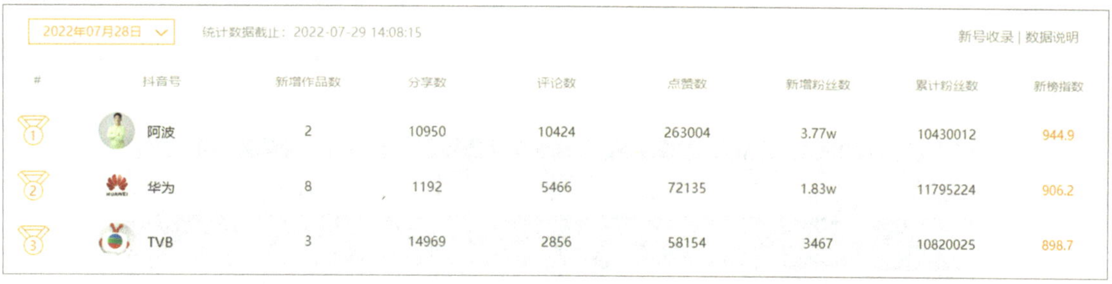
2022年07月28日 统计数据截止：2022-07-29 14:08:15 新号收录 | 数据说明

#	抖音号	新增作品数	分享数	评论数	点赞数	新增粉丝数	累计粉丝数	新榜指数
1	阿波	2	10950	10424	263004	3.77w	10430012	944.9
2	华为	8	1192	5466	72135	1.83w	11795224	906.2
3	TVB	3	14969	2856	58154	3467	10820025	898.7

图2-9　新榜平台企业号中“新榜指数”某日排名前三的抖音账号

2. 清博智能

清博智能是一款常用的数据分析工具，集合微信、今日头条、抖音、梨视频等图文和视频平台的数据样本，向用户提供各平台榜单。与新榜一样，清博智能的榜单分为日榜、周榜和月榜，用户也可以自定义榜单。清博智能的缺点是包含的平台数据少，只能满足一部分用户的需求；其优点是除了提供账号榜单，清博智能还提供热文榜单和舆情分析，帮助运营者及时了解市场爆文情况，为账号内容创作提供参考。图 2-10 所示为清博智能官网首页。

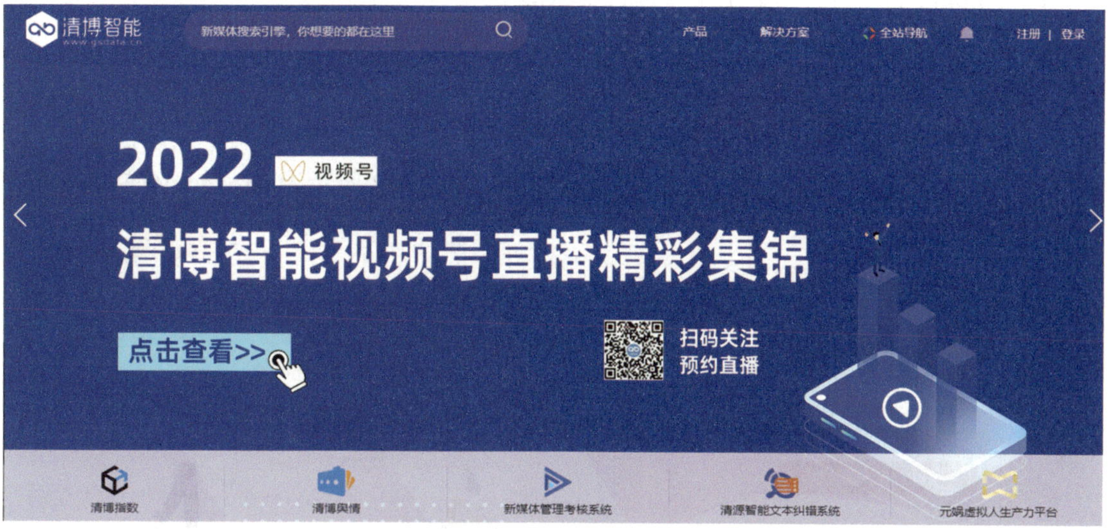

图2-10　清博智能官网首页

3. 西瓜数据

西瓜数据可以提供包括微信公众号、微博、小红书、淘宝等平台流量监测及精准营销服务。西瓜数据对连接流量主与广告主的平台有着不同的作用。对于流量主来说，能够为其提供阅读量、点赞量等分钟级监测报告；对于广告主来说，能够为其快速甄别“水号”、避免投放踩坑，同时数据赋能品牌方精准营销，帮助品牌方掌握竞品投放动态、降低投放成本、跟踪投后数据。

另外，西瓜数据平台中的“西瓜资源会”汇集了海量优质账号，能够优化广告资源对接，是行业深入交流的高级社区平台。图 2-11 所示为西瓜数据官网首页，介绍了它具备的主要功能。

图2-11　西瓜数据官网首页

4. GrowingIO

GrowingIO 是基于用户行为的新一代数据分析产品，能够实时收集用户的行为数据，并形成可视化图片。

GrowingIO 的优点是企业无须在网站或 App 中埋点，即可根据业务需求定制个性化数据收集的方案。

同时，GrowingIO 拥有国内颗粒度更细致的用户行为收集系统，平台可以在不涉及用户隐私的前提下，将所有能够抓取的数据细节进行收集，将数据“原子化”，让企业可以最大限度地实现精细化运营，实现高效的数字化增长。图 2-12 所示为 GrowingIO 官网首页。

图2-12　GrowingIO 官网首页

5. 本地 Excel 工具

Excel 是新媒体数据分析最基础也是最有用的工具之一。有一定办公软件操作基础的运营者，可以使用 Excel 工具进行数据分析。其分析的数据主要来自人工统计和后台导出的数据。

Excel 的优点是可以进行站内分析工具和其他第三方工具无法满足的个性化分析。如时间分析、公式分析、对比分析、趋势分析等。图 2-13 所示为某公众号阅读推广信息类型饼图，从中可以清楚地看出各信息类型的占比情况。

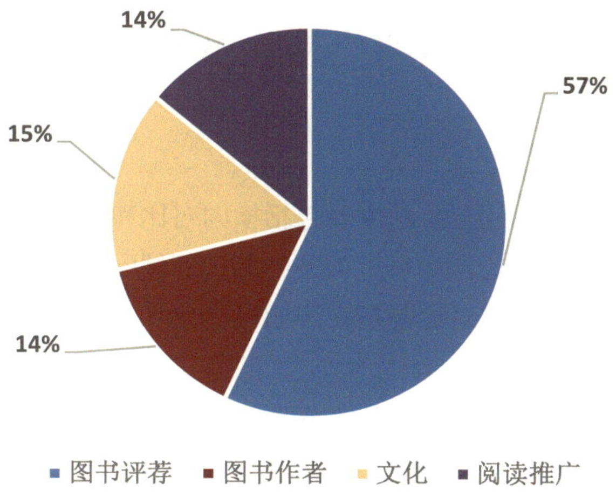

图2-13　某公众号阅读推广信息类型饼图

知识拓展

西瓜助手

西瓜助手与西瓜数据不同，它是专业的微信公众号大数据服务商。西瓜助手平台上收集了 300 多万条公众号数据，4 亿多篇公众号发文记录，覆盖全国 333 个地级市、17 个垂直行业，能够提供优质的公众号查询和监测服务。其分钟级阅读量监测、全网竞品搜索监测等功能，使其成为微信公众号运营及广告投放效果监测首选的大数据工具。

任务四　新媒体数据分析的方法

加工和处理后的数据具有了可分析性，运营者可以对其进行分析，挖掘数据背后的运营情况。

常见的数据分析方法有对比分析法、分组分析法、结构分析法、直接评判法、平均分析法、矩阵分析法、漏斗图分析法、雷达图分析法和回归分析法 9 种，其中前 3 种较为常用，我们重点介绍一下。

一、对比分析法

1. 对比分析法的概念

对比分析法也称比较分析法，是指将客观事物加以比较，从而达到认识事物本质和规律的目的。

对比分析法通常是将两个或两个以上相互关联的数据进行对比，从数量差异上揭示数据背后所代表的规律，如规模大小、水平高低等。

对比分析法的关键在于选择合适的对比标准，只有选择的标准合适才能做出客观、真实的评价。

2. 对比分析法的应用案例

在新媒体数据分析中，对比分析法主要包括横向对比和纵向对比。横向对比是指在同一时间下，不同总体指标的对比，如今日头条中相同领域账号在某一时间段内发文数量、阅读量、粉丝数等的对比；纵向对比是指在不同时间条件下，同一指标的对比，如本月粉丝数与上月粉丝数的对比。

通过对比分析，运营者可以直观地看到当前的运营水平，并找出薄弱环节，重点优化。表 2-4 所示为 A 企业与同领域企业上月微信公众号运营情况对比。

表 2-4　A 企业与同领域企业某月微信公众号运营情况对比

企业名称	指　标			
	阅读量（次）	转发量（次）	点赞量（次）	粉丝数（人）
A 企业	5649	34	102	9280
B 企业	7863	26	39	26789
C 企业	6570	12	24	19001
D 企业	8342	21	68	32046

通过对比分析可以发现，A 企业的微信公众号在阅读量和粉丝数上不如同行，但转发量、点赞量优于同行。这说明 A 企业账号内容质量、粉丝黏性较高。A 企业的运营者接下来的工作可以重点关注粉丝数的提高。

二、分组分析法

1. 分组分析法的概念

分组分析法是指通过统计分组的计算和分析，来认识所要分析对象的不同特征、不同性质及相互关系的方法。分组分析法是通过研究对象内部结构的差异进行定量或定性分析，以便找到事物发展的规律，正确发现问题、分析问题和解决问题。

分组分析法的基础是分组，分组就是根据研究目的和研究对象的内在特点，按照一定的指标将研究对象划分为若干个小组，小组内部的差异要尽可能小，组与组之间的差异要尽可能大。

分组时必须遵循穷尽原则和互斥原则。穷尽原则是指研究对象中的每一个单位都有组可归，不能遗漏任何数据，保证数据的完整性；互斥原则是指在特定的分组指标下，每一个数据只能归属于一个小组，不能同时归属于两个或多个小组，即组与组之间不能有交集。

2. 对比分析法的案例应用

例如，某公众号粉丝中各年龄段组成占比的统计（见图 2-14），就是典型的分组分析法的应用。通过对各年龄段粉丝的统计，运营者能够对粉丝进行画像，从而提高营销的精准度。

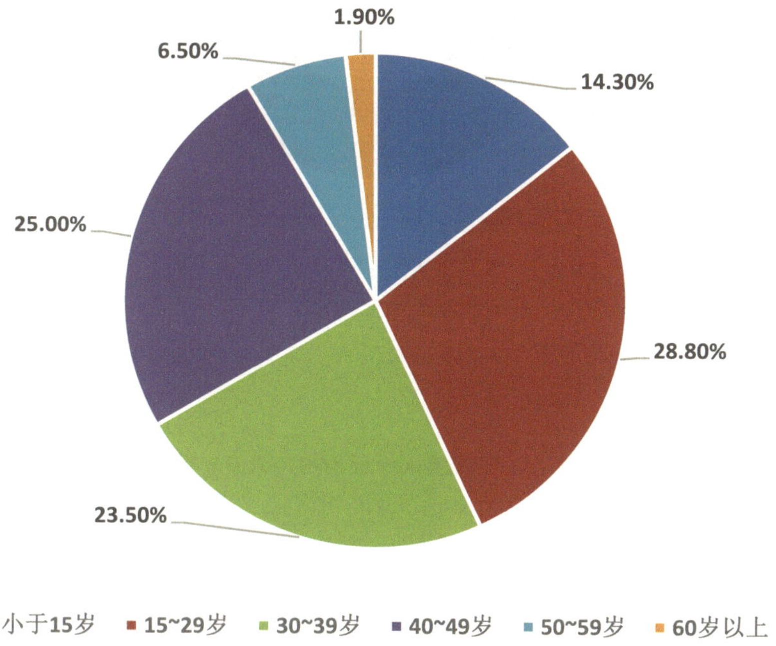

图2-14　某公众号粉丝中各年龄段组成占比的统计

三、结构分析法

1. 结构分析法的概念

结构分析法是在统计分组的基础上，将组内数据与总体数据进行对比，计算各组成部分占整体的比重，进而分析某一整体的内部结构特征的统计方法。结构分析法分析各组成部分占整体的比重，属于相对指标。

2. 结构分析法的应用案例

新媒体运营团队可以使用结构分析法统计粉丝的地域分布，并计算出各个地域粉丝数的占比情况。

图 2-15 所示为某阅读 App 新增用户渠道分析图。通过对新增用户渠道的分析来判断各个渠道的营销成果，运营者可以对下一步营销策略进行调整。

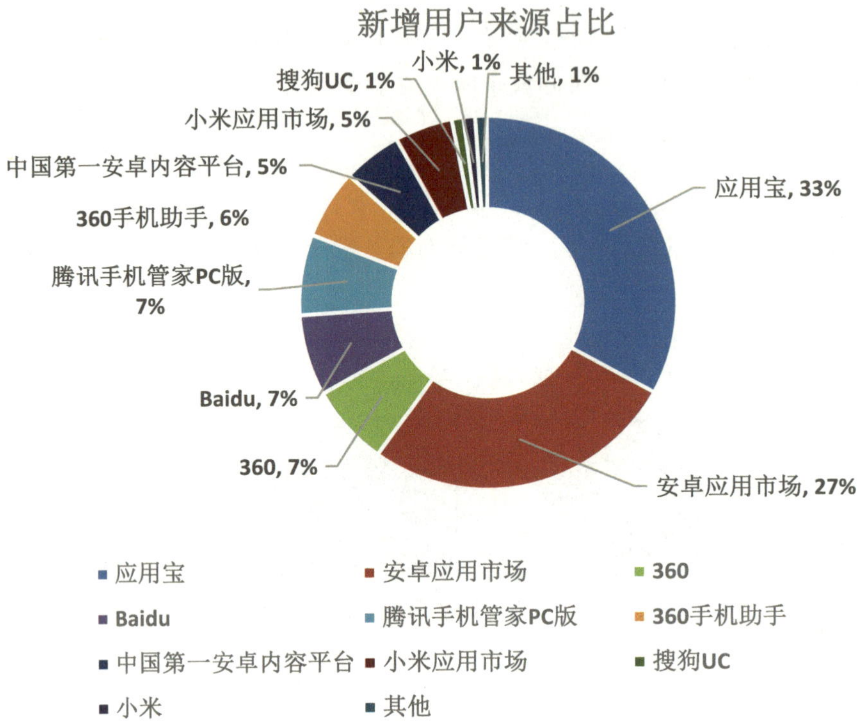

图2-15　某阅读 App 新增用户渠道分析图

思政园地

违规索取用户信息　多款 App 被依法处置

2022 年年初，国家工信部发布《关于侵害用户权益行为的 App 通报》，链家旗下的“家家支付”、小米直播、聚美、洋码头、速 8 酒店、IHG、网易七鱼、爱卡汽车等 120 款 App 被点名，存在包括 App 强制、频繁、过度索取权限，违规使用个人信息，欺骗、误导、强制用户使用定向推送功能等问题。工信部要求上述 App 及软件开发工具包（SDK）应在 2 月 25 日前完成整改，逾期将依法依规处置。

《中华人民共和国网络安全法》第四十一条规定：网络运营者收集、使用个人信息，应当遵循合法、正当、必要的原则，公开收集、使用规则，明示收集、使用信息的目的、方式和范围，并经被收集者同意。第四十八条规定：任何个人和组织发送的电子信息、提供的应用软件，不得设置恶意程序，不得含有法律、行政法规禁止发布或者传输的信息。

网络运营者不得收集与其提供的服务无关的个人信息，不得违反法律、行政法规的规定和双方的约定收集、使用个人信息，并应当依照法律、行政法规的规定和与用户的约定，处理其保存的个人信息。

依据《中华人民共和国个人信息保护法》《中华人民共和国网络安全法》《中华人民共和国电信条例》《电信和互联网用户个人信息保护规定》等法律法规，工信部将组织第三方检测机构对移动互联网应用程序（App）进行检测，截至目前，尚有107款App未完成整改。同时，在检测过程中发现，13款内嵌第三方软件开发工具包存在违规收集用户设备信息的行为。

例如，网易七鱼SDK存在SDK违规收集个人信息（设备安卓ID）；科大讯飞旗下的讯飞语音识别SDK存在SDK违规收集个人信息(设备MAC)；小米直播App存在强制用户使用定向推送功能；聚美App、洋码头App存在超范围收集个人信息问题；中公教育App存在违规收集、使用个人信息问题等；链家旗下支付App“家家支付”存在App强制、频繁、过度索取权限问题。

资料来源：潇湘晨报（有改写）

讨论并思考：

新媒体从业人员在收集数据时应如何做到合法合规？

职业技能训练

1. 单选题

（1）以下属于第三方数据统计平台的是（　　）。

A．微信公众号数据　　B．微博数据

C．自建网站数据　　D．CNZZ数据专家

（2）以下不属于新媒体数据分析方法的是（　　）。

A．定义分析法　　B．对比分析法

C．分组分析法　　D．结构分析法

2. 多选题

（1）新媒体数据排序的作用是（　　）。

A．用户可以更加清晰地筛选数据

B．方便运营者通过浏览数据发现明显的趋势和特征

C．便于后台运营和管理，提升数据准确性

D．有助于运营者对数据的检查与纠错，以便及时重新归类或分组

（2）以下属于站外分析工具的是（　　）。

A．新榜　　B．西瓜数据

C．今日头条数据后台　　　　D．微博数据中心

3．思考题

（1）新媒体数据获取的方式有哪些？请逐一列举。

（2）如果运营主管安排你进行微信公众号的粉丝分析，你直接从微信公众号后台导出图文阅读数、粉丝增加数等数据上交。请问，这样做完成主管交给你的任务了吗？为什么？

4．实践题

请登录新榜平台，查询微信公众号月榜数据，收集整理当月总阅读数排行在前十的公众号数据，并整理各公众号的总点赞数、总在看人数和新榜指数，所有结果整理在 Excel 中。

项目三

新媒体数据可视化

学习目标

知识目标

1. 理解数据可视化的概念。
2. 掌握色阶图、数据条、图标集的运用场景。
3. 掌握数据图形的运用场景。

技能目标

1. 掌握色阶图的制作步骤。
2. 掌握数据条的制作步骤。
3. 掌握图标集的制作步骤。
4. 掌握数据图形中条形图、折线图、饼图的转换方法。
5. 具备一定的创新意识和数据意识。

思政目标

大家可以根据不同的情况并使用不同的数据图形来实现数据可视化。

单元导学

数据可视化

数据可视化是新媒体智能核心的一项功能。其最早起源于 1960 年计算机图形学，人们通过计算机创建了多种图表，并将数据的各种属性及变量呈现了出来。随着科学技术的快速发展，人们需要内容更复杂、规模更大，甚至是动态效果、实时交互的数字模型。

数据可视化是用图形化的手段来进行交互处理的理论、方法和技术，从而让数据有效地传达信息，并辅助运营者做出决策。它将数据转换成直观的图形，便于人们观察和计算，因此成为新媒体数据新闻传播的主要形态，也是新媒体不可或缺的元素之一。

数据可视化的表达原则主要包括以下 4 个方面。

1. 可读性

图表的首要功能是解释，而不是设计，要站在读者的角度去设计图表，力求简洁易懂，图表中的每个元素都应该有其存在的意义，否则均应删除，体现出数据价值最大化。

2. 精准性

为了使数据的解读不失真，数据应尽可能地精确到小数位。但小数位数不宜过多，因其对解读的意义不大，反而会对读者带来干扰。另外一种情况就是单位换算可能造成的数据失真。

3. 客观性

如果两张图表的数据没有任何差异，但是其中一张图表给人感觉数据变化不大，而另一张图表给人感觉数据在稳步增长。造成这种结果是因为纵坐标轴的刻度取值区间不同，令人困惑，所以要避免“图表说谎”的情况发生。

4. 统一性

在同一份数据报告中，所做的图表应该遵循统一的风格，如采用统一的色调、统一的字体等。统一性是为可读性服务的，若图表样式混乱，则容易令读者眼花缭乱。

任务一　新媒体数据表格的美化

随着各项技术的发展，很多产品都面临着转换升级，不能单纯地讲究实用性，还要追求实用性与观赏性、创新性的结合。数据表格也需要顺应时代的发展，美化表格，提升表格的“颜值”，使其具有观赏性和创新性，从而更具商务特质。

本任务将从 3 个方面分享快速提升表格“颜值”的技巧与方法。

一、色阶图的制作与运用

1. 认识色阶图

色阶表示的是图像亮度强弱的数值，色阶图则就是一张图像中不同亮度的分布图。

色阶作为一种直观的条件格式，可以快速地展示数据的分布和数据变化、数据的分级比较。色阶分为三色刻度和双色刻度，也就是用三种或两种颜色变化来表示单元格区域中数据的变化，也可以自行设置色阶中的颜色深浅来表示数据的大小，从而使得在使用“色阶”功能分析数据时拥有更大的灵活性。色阶图最早较为普遍地运用在天气温度数据统计分析中，图 3-1 所示为五大城市某年气温对比情况。

色阶图在新媒体数据分析中也广泛应用在多个数据的比较分析中。图 3-2 所示为某新媒体平台直播账号家用电器销量统计情况，通过色阶图的展示可以从颜色深浅清晰地看出销量从全自动洗衣机到等离子电视逐渐地减少，全自动洗衣机和挂壁式空调则是直播间比较受欢迎的电器产品。

日　期	城　市				
	A 市	B 市	C 市	D 市	E 市
1 月气温（℃）	-5	-22	-26	-30	-38
2 月气温（℃）	-0	-8	-10	-12	-16
3 月气温（℃）	8	-2	-3	9	10
4 月气温（℃）	15	8	8	16	17
5 月气温（℃）	21	15	15	22	22
6 月气温（℃）	26	21	22	24	25
7 月气温（℃）	28	24	25	30	30
8 月气温（℃）	26	23	23	28	29
9 月气温（℃）	20	16	15	24	25
10 月气温（℃）	14	10	9	19	19
11 月气温（℃）	7	-2	-4	17	16
12 月气温（℃）	-1	-13	-14	7	6
年平均气温（℃）	13	6	5	17	17

图3-1　五大城市某年气温对比情况

品　　种	销量（台）
全自动洗衣机	5200
挂壁式空调	4500
半自动洗衣机	3500
商用电视	3400
立柜式空调	3200
液晶电视	2300
等离子电视	2100

图3-2　某新媒体平台直播账号家用电器销量统计情况

2. 色阶图的制作与运用

色阶可以用来对数据进行分级比较。如表 3-1 所示，是某平台在 6 月 11 日～6 月 24 日期间，直播时每小时观看人数统计。由于数据庞杂又无序，因此，需要对其进行色阶图的制作，通过红色到绿色的色阶设置，以期能够看出极端的数值和处于中间位置的数值。

表 3-1　某平台在 6 月某时段直播时观看人数统计

日　期	每小时观看人数（人）
6 月 11 日	30805
6 月 12 日	27390
6 月 13 日	28405
6 月 14 日	25466
6 月 15 日	23534
6 月 16 日	27893
6 月 17 日	26678
6 月 18 日	28674
6 月 19 日	31098
6 月 20 日	29087
6 月 21 日	27564
6 月 22 日	26331
6 月 23 日	28124
6 月 24 日	22006

操作步骤如下：

选中需处理的数据，打开“开始”→“条件格式”→“管理规则”→“当前工作表”→“新建规则”，出现图 3-3 所示的参数设置的对话框。在“格式样式”中选择“三色刻度”。通过观察表中数据，每小时观看人数的数字区间在 22 000 至 31 000 之间，在“最小值”下，“类型”选择“数字”，“值”输入“22 000”，“颜色”选择红色；在“中间值”下，“类型”选择“数字”，“值”输入“26 000”，“颜色”选择黄色；在“最大值”下，“类型”选择“数字”，“值”输入“31 000”，“颜色”选择绿色。

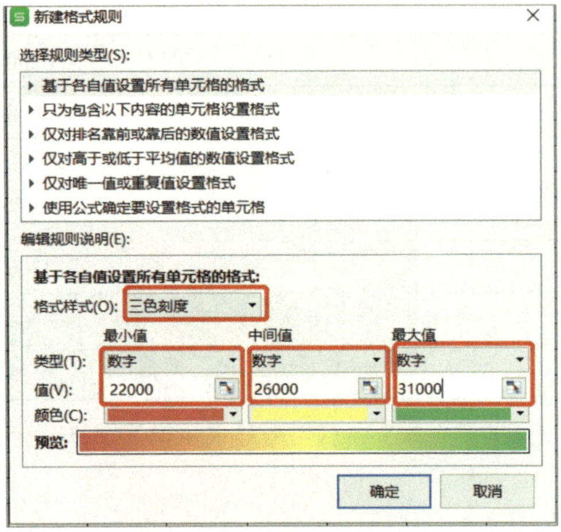

图3-3　参数设置

最后，单击“确定”即可完成色阶显示。图 3-4 所示为色阶显示的效果图。从图中可以根据颜色的深浅来表述数据的大小。如“红色区域”的颜色最深，观看人数最少；颜色较淡，则观看人数较多的“黄色区域”次之；“绿色区域”的数值最大，颜色最深，观看人数最多。从图中可以看出 6 月 11 日和 6 月 19 日的观看人数较多，6 月 15 日和 6 月 24 日的观看人数较低，基于此运营者可以从活动运营的角度对活动进行相应的调整。

日　期	每小时观看人数（人）
6 月 11 日	30805
6 月 12 日	27390
6 月 13 日	28405
6 月 14 日	25466
6 月 15 日	23534
6 月 16 日	27893
6 月 17 日	26678
6 月 18 日	28674
6 月 19 日	31098
6 月 20 日	29087
6 月 21 日	27564
6 月 22 日	26331
6 月 23 日	28124
6 月 24 日	22006

图3-4　色阶显示的效果图

二、数据条的制作与运用

1. 认识数据条

数据条的长度能代表数据的大小，数据条越长，数据就越大，反之则数据就越小。数据条不仅是代表数据大小的图形，还可以查看表格中各单元格数值之间的对比关系，当需要在大量数据中观察较大值与较小值时，使用数据条就显得特别明了。图 3-5 所示为某网店在淘宝直播活动中的销量统计，通过数据条的展示可以对地区之间的销量做出明确的对比。

地　区	销量（个）
浙江省	30
江苏省	40
安徽省	50
上海市	60
北京市	24
云南省	74
重庆市	32
成都市	65

图3-5　某网店在淘宝直播活动中的销量统计

2. 数据条的制作与运用

还以某平台在 6 月 11 日～6 月 24 日期间直播中每小时观看人数为例，通过对其进行数据条的制作，可以直观、准确地了解其中的最大值与最小值。

打开 Excel，找到需要编辑的数据内容并选中，如选中图 3-6 右侧“每小时观看人数（人）”列中的数值。打开“开始”菜单下的“条件格式”下拉列表中的“数据条”，选择合适的填充样式即可。

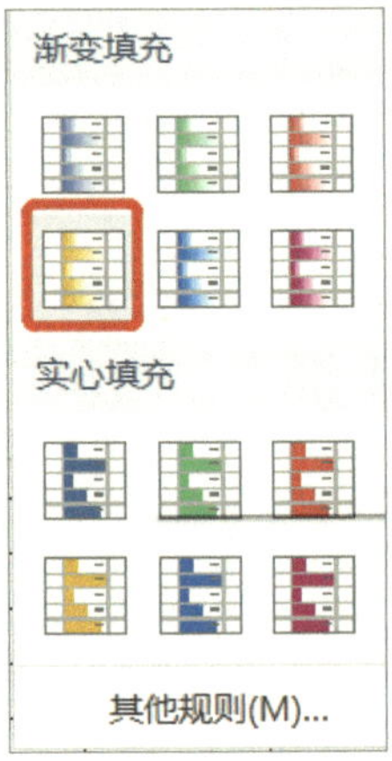

日　期	每小时观看人数（人）
6月11日	30805
6月12日	27390
6月13日	28405
6月14日	25466
6月15日	23534
6月16日	27893
6月17日	26678
6月18日	28674
6月19日	31098
6月20日	29087
6月21日	27564
6月22日	26331
6月23日	28124
6月24日	22006

图3-6　数据条的制作

除此之外，数据条也可以用来对数据进行分级比较。

（1）纵向比较

对数据添加数据条而后进行纵向比较是其基本功能。完成制作步骤后，数据条区域会根据数值大小对单元格进行填充，从而可以进行纵向比较，一目了然。

（2）横向比较

对数据添加数据条后也可以实现横向对比。利用数据条进行两列数据的横向对比，从而显示类似条形图的效果。

具体操作步骤如下：

第一步，选中“今日头条”列数据区域，在“开始”→“条件格式”→“数据条”→“实心填充”中选择“橘色数据条”。

第二步，选中“网易新闻”列数据区域，在“开始”→“条件格式”→“管理规则”→“新建规则格式”→“最大值”选择“数字”，“值”选择“60 000”（最大值选择 60 000 是因为数据在 10 000 到 60 000 之间，所以把满格的宽度值设置为 60 000，数据条的显示效果更好一些），“条形图方向”选择“从右到左”。

第三步，选择“今日头条”列数据区域，进行与“网易新闻”列同样的操作，其中需要把“条形图方向”选择为“从左到右”。也可以改变方向，显示出背对背数据条的效果。

第四步，把“今日头条”列中的数值左对齐，“网易新闻”列中的数值右对齐即可，数据条应用最终设置完成。从图 3-7 中可以明显看到“今日头条”和“网易新闻”两个平台每小时观看人数的对比情况了。

	今日头条	网易新闻
日　期	每小时观看人数（人）	每小时观看人数（人）
6月11日	30805	50078
6月12日	27390	35765
6月13日	28405	42097
6月14日	25466	38409
6月15日	23534	44121
6月16日	27893	45090
6月17日	26678	47198
6月18日	28674	51212
6月19日	31098	39097
6月20日	29087	49003
6月21日	27564	41129
6月22日	26331	37096
6月23日	28124	30007
6月24日	22006	44897

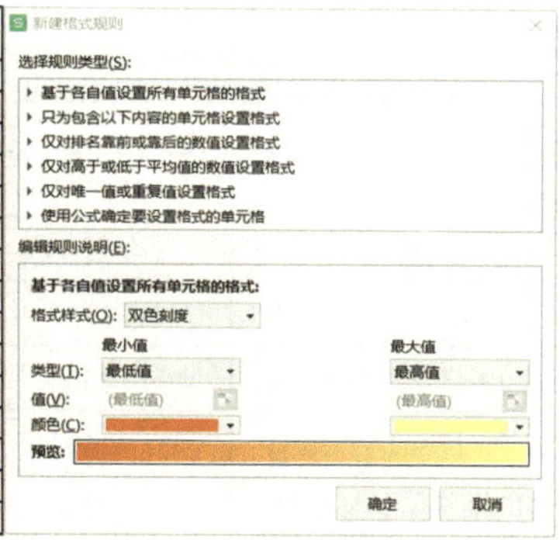

图3-7　数据条的具体操作步骤

三、图标集的制作与运用

1．认识图标集

图标集是“条件格式”下的最后一种规则，它将多种样式的图标汇聚在一起，表示不同范围的数据。图标集可以按照“方向”“形状”“等级”进行划分，每种样式下都有多种选择可供参考，类型及颜色丰富，形式多变。诸如上述规则一样，也可以在“新建格式规则”对话框中设置更多样式的图标集，从而使得最终数据效果大放光彩。

利用图标集我们可以轻松地在单元格中添加小图标（突出显示需要的数据），甚至是隐藏图标或混合使用多个图标。除此之外，图标集还可以用来设置警报提醒和分类识别。图 3-8 所示为某网店在某时期内微商城的销量统计，通过不同的图标标注，可以帮助运营者快速判断在本场活动中哪些商品销量达标（绿色圆点标志的商品为达标商品），哪些商品销量尚未达到预期（红色圆点标志的商品为未达标商品）。

名　称	序　号	日　期	数　量
牛奶	184	10月8日	91
苹果汁	185	10月8日	46
苹果汁	186	10月8日	85
龙虾	187	10月8日	74
龙虾	188	10月8日	95
番茄酱	189	10月8日	31
牛奶	190	10月8日	98
龙虾	191	10月8日	78
酱油	192	10月8日	69
德国奶酪	193	10月8日	85
牛奶	194	10月9日	25
苹果汁	195	10月9日	92
德国奶酪	196	10月9日	86
番茄酱	197	10月9日	42
胡椒粉	198	10月9日	73
牛奶	199	10月9日	54
牛奶	200	10月9日	67

图3-8　某网店在某时期内微商城的销量统计

2. 图标集的制作与运用

表 3-2 所示为“今日头条”“网易新闻”“搜狐号”“天天快报”“一点资讯”5 个平台 8 周的阅读量统计。通过设置图标集，可以明显看到各个平台的达标情况。

表 3-2　5 个平台 8 周的阅读量统计

新媒体阅读量统计（次）					
周	今日头条	网易新闻	搜狐号	天天快报	一点资讯
1 月 6 日～1 月 12 日	3527	518	719	328	670
1 月 13 日～1 月 19 日	2506	558	524	417	528
1 月 20 日～1 月 26 日	3442	527	492	486	601
1 月 27 日～2 月 2 日	7188	506	871	396	1231
2 月 3 日～2 月 9 日	2814	735	811	394	868
2 月 10 日～2 月 16 日	3393	639	667	301	507
2 月 17 日～2 月 23 日	3755	410	407	409	528
2 月 24 日～3 月 2 日	3398	594	709	336	528

打开 Excel，找到需要编辑的数据内容并选中，如选中表 3-2 所示左边“今日头条”列中的数值。打开“开始”→“条件格式”→“图标集”，设置图标集。如果有特定的要求则选择“其他规则”，如图 3-9 所示。

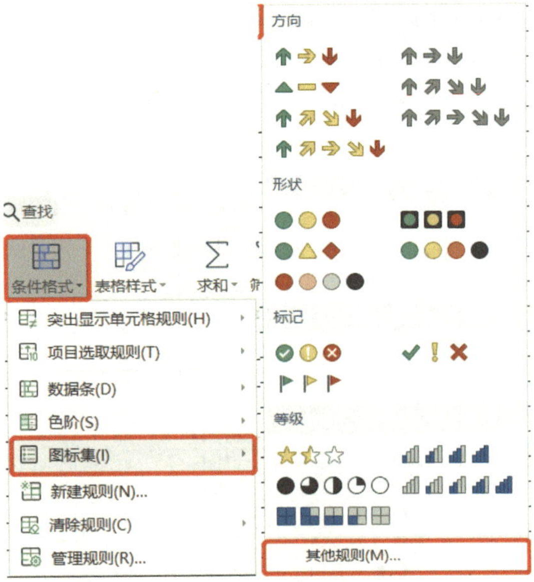

图3-9　图标集设置

（1）图标集首先可以用来设置警报提醒

图 3-10 所示为图标集标记警报提醒，根据运营者制订的阅读量计划，利用图标集设置“3400”以上为“√”、“3300”为“!”、“3300”以下为“×”显示。

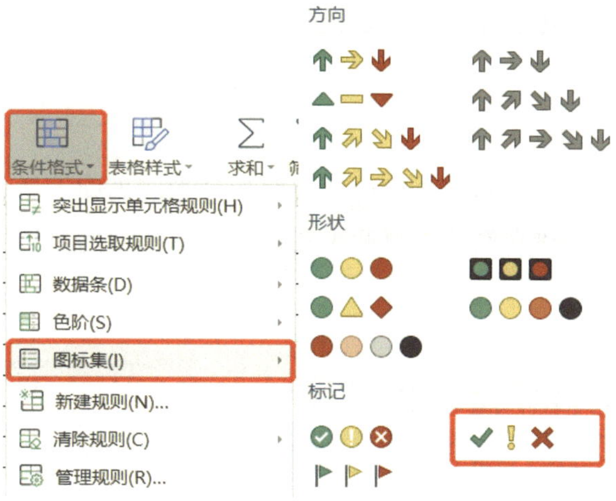

图3-10　图标集设置警报提醒

具体操作步骤如下：

第一步，先把“今日头条”列中的数值复制到“指标评价”列，选中“指标评价”列中的数值，选择“开始”→“条件格式”→“图标集”→“标记”中的“√ ! ×” 3 个符号。

第二步，选择“条件格式”→“管理规则”→“新建格式规则”。在“√”一行中，“类型”选择“数字”，“值”输入“3400”。在“！”一行中，“类型”选择“数字”，“值”输入“3300”。

在图 3-11 所示的编辑规则设置中，勾选“仅显示图标”，单击“确定”按钮即可完成图标集的制作。

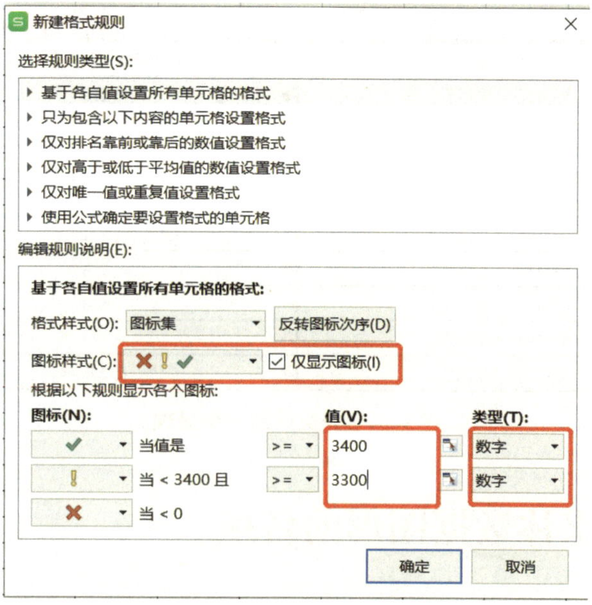

图3-11　编辑规则设置

图 3-12 所示为图标设置效果呈现，从图中可以看出“今日头条”每周的达标情况，清晰直观。

（2）其次，图标集也可以用来分类识别

在图 3-13 所示的分类识别设置中，可以设置超过 200 为向上箭头，低于 180 为向下箭头，180～200 之间的值为横向箭头，以此来表示与之前数据的对比情况。

新媒体阅读量统计（次）

周	今日头条	指标评价
1月6日～1月12日	3527	✔
1月13日～1月19日	2506	✘
1月20日～1月26日	3442	✔
1月27日～2月2日	7188	✔
2月3日～2月9日	2814	✘
2月10日～2月16日	3393	!
2月17日～2月23日	3755	✔
2月24日～3月2日	3398	!

图3-12　图标设置效果呈现

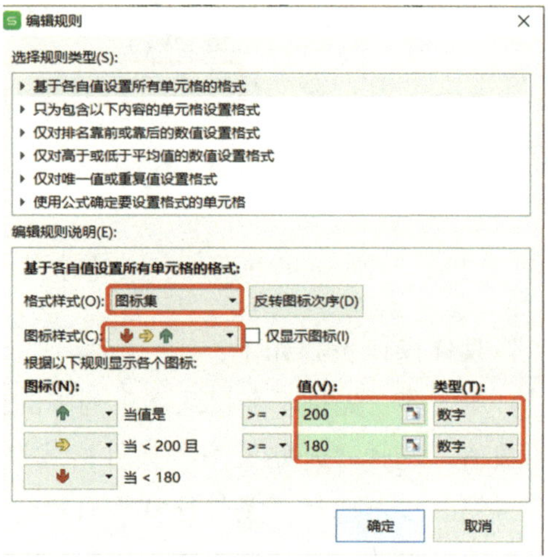

图3-13　图标集分类识别设置

图 3-14 所示的分类识别效果呈现的操作也比较简单，在图标集中选择方向箭头后，在管理规则中进行如图 3-11 红框中的设置即可。

运营数据每日统计

日　期	公众号新增关注人数（人）
8月12日（星期五）	↓ 178
8月13日（星期六）	—
8月14日（星期日）	→ 188
8月15日（星期一）	↓ 132
8月16日（星期二）	↑ 201
8月17日（星期三）	↓ 159
8月18日（星期四）	→ 189
8月19日（星期五）	↓ 176
8月20日（星期六）	↑ 203

图3-14　分类识别效果呈现

任务二　新媒体数据图形的转换

图表是“数据可视化”的常用手段，其中又以基本图表——折线图、饼图、条形图最为常用。下面，将一一介绍这 3 种图表类型，并讲解它们的运用场景。

一、折线图的转换

折线图是用折线将各个数据点连接起来的图表，一般用于展示数据变化的趋势。

折线图一般适合二维的大数据集，尤其是趋势比单个数据点更重要的场合。折线图的特点是通过数据在一个有序的因变量上的变化，反映事物随类别而变化的趋势，可以清晰地展现数据的增减趋势、增减速率、增减规律、峰值等特征。如图 3-15 所示，在微信运动统计中通过折线对每周步数统计进行分析。

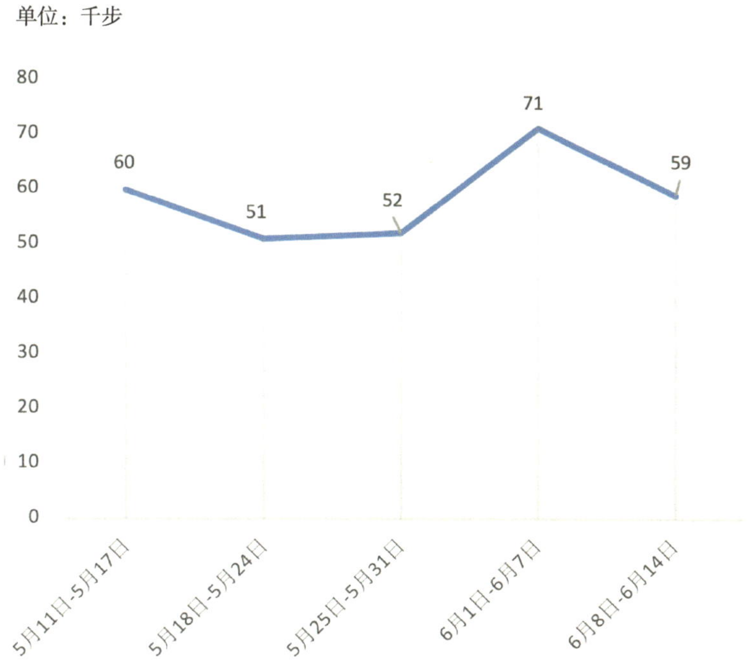

图3-15　微信运动折线图

折线图适用场景多为需要反映变化趋势及关联性的数据展示。适用数据也多为时间序列类数据、关联类数据。当大量数据出现时，数据处理及统计就会变得很烦琐。这时，如果将具体的数据转变成折线图，不仅更直观，也更方便。

操作步骤如下：

打开 Excel 找到需要编辑的数据内容并选中，第一列为横坐标，第二列为纵坐标。在图 3-16 所示的“插入”索引和图 3-17 所示的“折线图”索引操作中，左边“日期栏和每小时观看人数栏及其数值”都要选中，单击导航栏中的“插入”，选择“全部图表”，选中所需要的折线图形。

插入折线图之后，可以单击图片右边“设置”图标进行润色和修改，如图 3-18 所示为折线图的效果图。

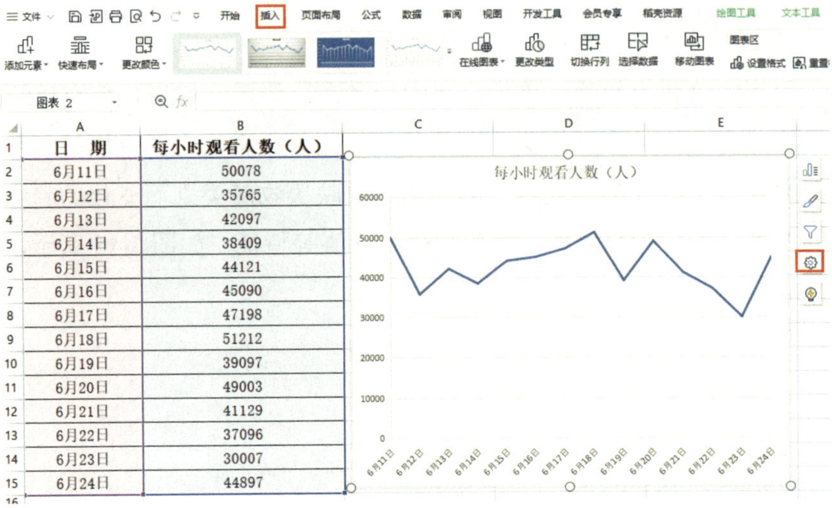

图3-16 “插入”索引

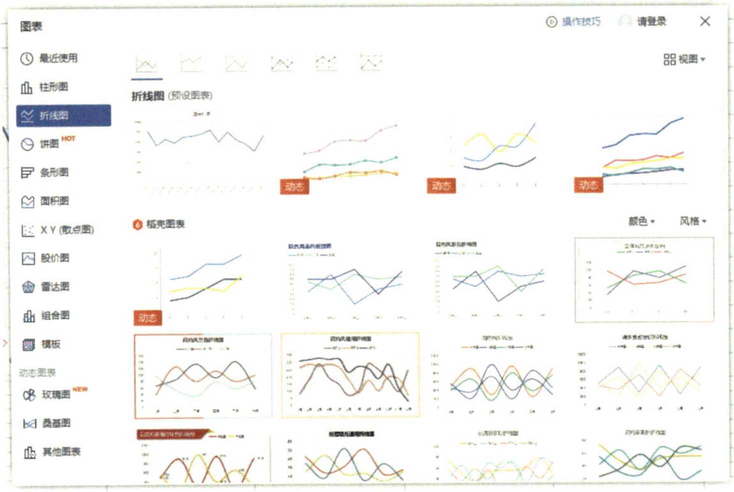

图3-17 “折线图”索引

图3-18 折线图的效果图

二、饼图的转换

饼图是指以图形的方式直接显示各个组成部分所占比例的图表。饼图的本质是柱状图，只不过饼图一般用来表示各个类别的比例，而不是绝对的数值，用角度来映射大小。需要注意的是，一个圆饼只有 360 度，如果类别太多了，“饼”就会被切割得非常小，不利于阅读。所以一般情况下，多用条形图或柱状图来替代饼图，除非是反映某个部分占整体的比重时才会使用饼图。

饼图的适用场景多为一个维度的各项指标（一般不超过 5 个项目）占整体的比例情况和分布情况，适用数据也多为具有整体意义的各项相同数据。图 3-19 所示，是某小程序商城对商品销售量统计时使用的复合饼图，既展示了地区分布情况，又重点分析了在占比最大的一线城市中各城市的占比情况。

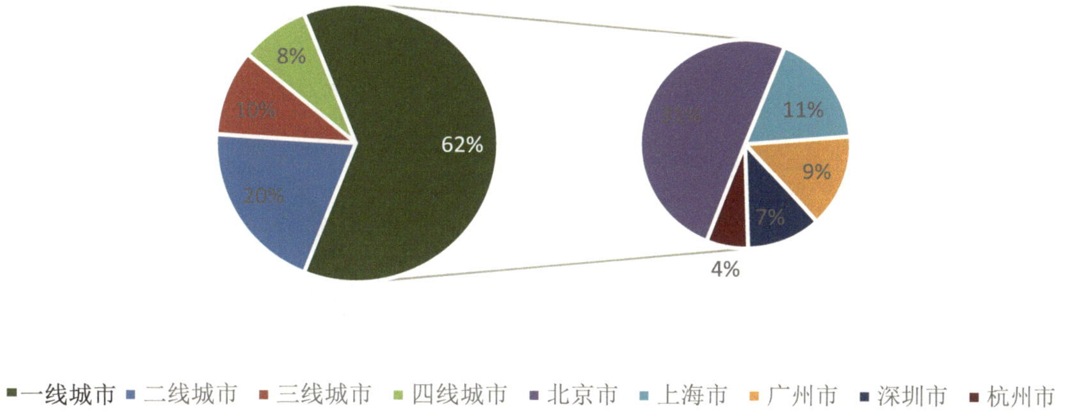

图3-19 某公众号粉丝分布情况

图 3-20 所示为某公众号粉丝年龄分布情况，通过对图形的面积区域的设置可以更加直观地展示了粉丝年龄分布情况。

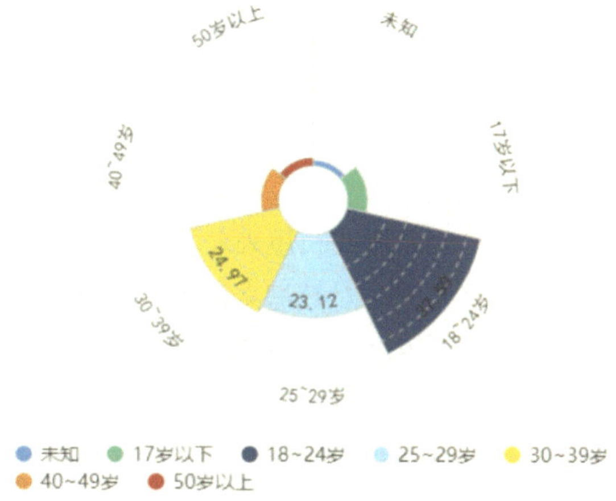

图3-20 某公众号粉丝年龄分布情况

饼图的转换和上述折线图的方法基本一样。要将表 3-3 所示的点击量数据（单位：万次）转换为饼图时需要先打开 Excel，找到需要编辑的数据内容并选中，第一列为横坐标，第二列为纵坐标。图 3-21 所示为“饼图”转换索引，单击导航栏中的“插入”，选择“图标”，选中所需要的饼图，转换后的饼图效果图如图 3-22 所示。

表 3-3　饼图转换前的数据

平　台	点击量（万次）
抖音	130.6
微博	91.56
微信公众号	77.99
B 站	103.96
其他	45.88

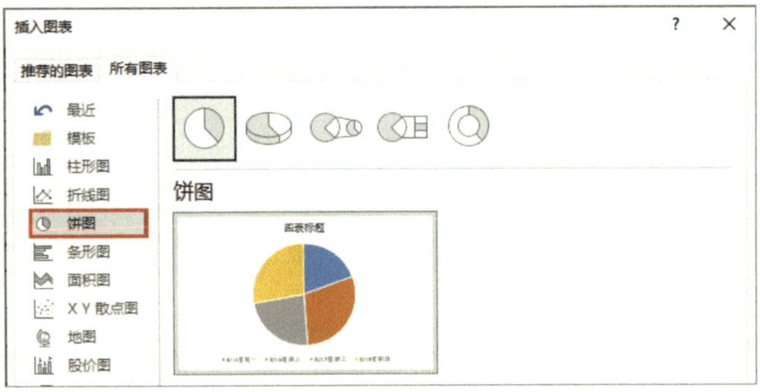

图3-21　“饼图”转换索引

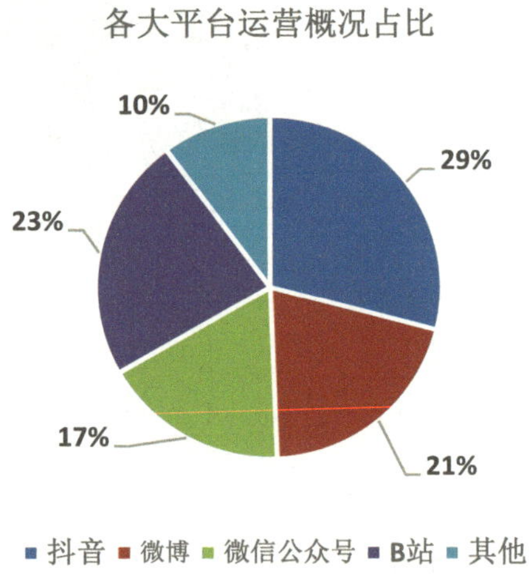

图3-22　转换后的饼图效果图

饼图多用于强调各项数据占整体的比例，强调个体和整体的比较，如部分数据和整体数据的对比。

三、条形图的转换

条形图是指用宽度相同的条形的高低或长短来表示数据多少的图形。条形图可以横置，也可以纵置，纵置时也称柱形图。由于其对数据之间的差别能够一目了然，使得条形图成为数据可视化中最常用的图形，多用于比较不同数据之间的差异。

条形图的适用场景多为一个维度的数据比较，数据单纯性展示、排序数据展示。如图 3-23 所示，是全球各洲某商品交易额统计情况。

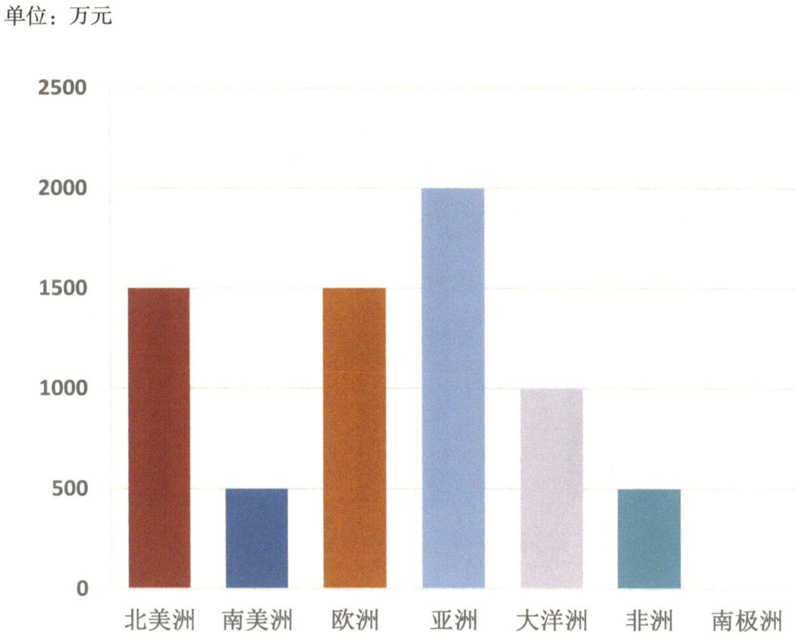

图3-23　全球各洲某类商品交易额统计情况

条形图的转换方法和上述折线图、饼图的方法基本一样。打开 Excel，找到需要编辑的数据内容并选中，第一列为横坐标，第二列为纵坐标。在图 3-24 所示的插入“条形图”索引中，单击导航栏中的“插入”，选择“图标”，选出所需要的条形图。

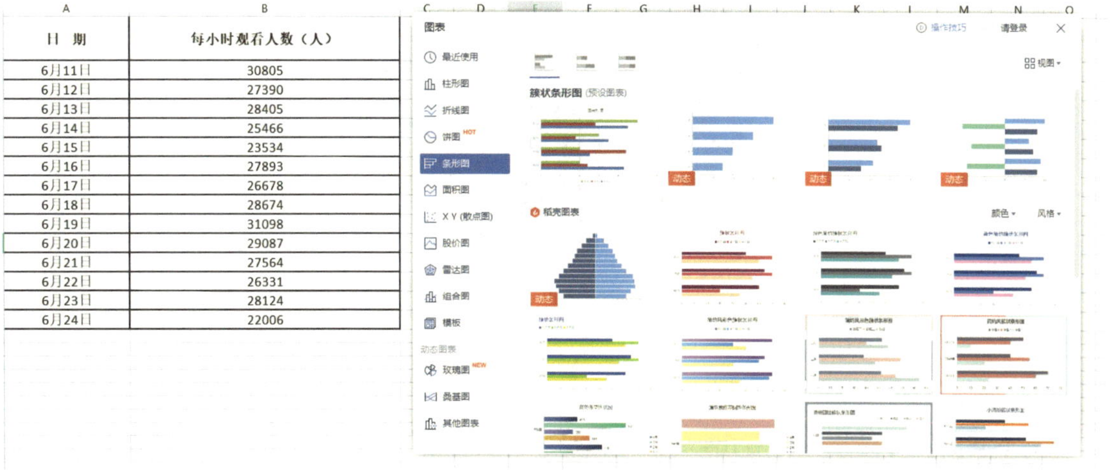

日 期	每小时观看人数（人）
6月11日	30805
6月12日	27390
6月13日	28405
6月14日	25466
6月15日	23534
6月16日	27893
6月17日	26678
6月18日	28674
6月19日	31098
6月20日	29087
6月21日	27564
6月22日	26331
6月23日	28124
6月24日	22006

图3-24　“条形图”索引

条形图用于比较各组数据的差异性，强调进行个体之间的比较。如要对每小时观看人数进行分析，使用条形图的分析结果如图 3-25 所示；如果使用饼图，则得到的分析结果如图 3-26 所示。

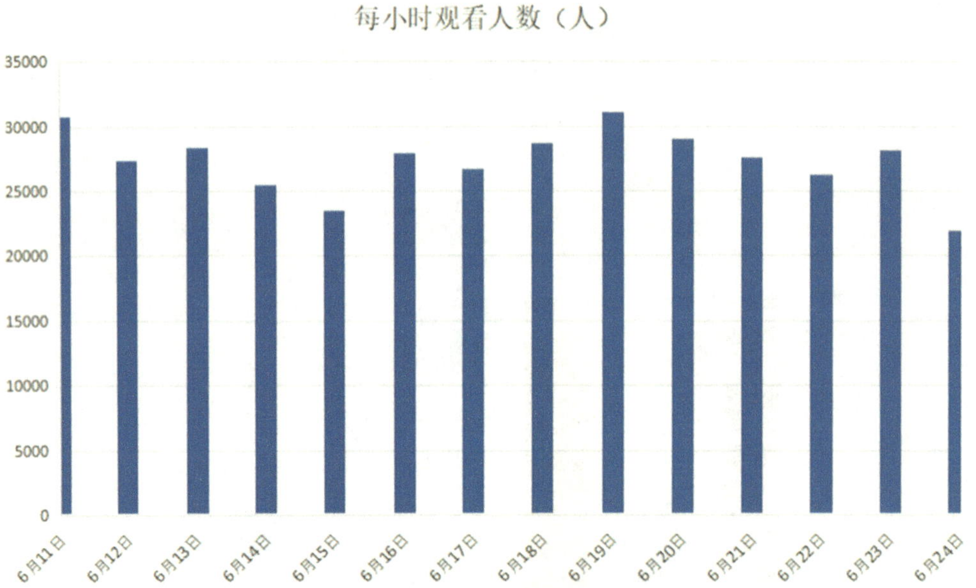

图3-25　条形图分析结果

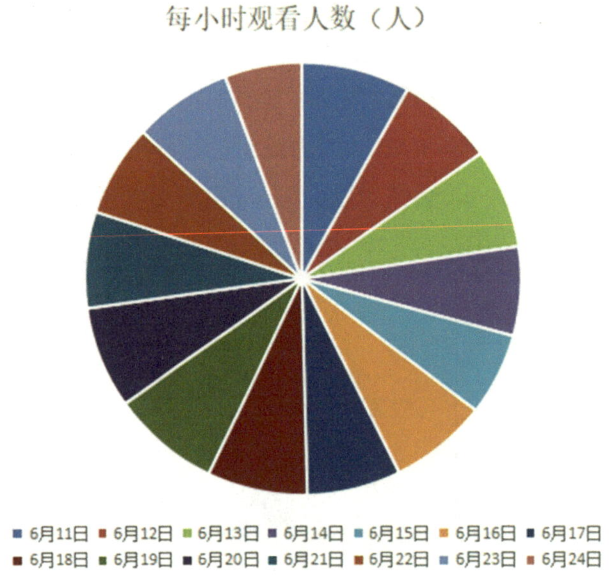

图3-26　饼图分析结果

从不同的图标结果可以看出，同样的数据，同样是进行对比分析，由于饼图是按照扇形面积进行比较的，当面积区别不明显时，很难区分出来。另外，饼图只能显示百分比，不能显示更精确的结果，而使用条形图后，由于人眼对条形的高低或长短更加敏感，可以很容易地进行比较，也就能快速知道各类话题的受欢迎程度。

所以，在进行数据可视化分析时，通常用条形图来替代饼图，以提高图表的可读性。

知识拓展

折线图、饼图、条形图各有优劣，折线图的优缺点对比如表 3-4 所示，饼图的优缺点对比如表 3-5 所示，条形图的优缺点对比如表 3-6 所示，需要大家根据实际的数据分析情况来选用。

表 3-4 折线图的优缺点对比

优点	缺点
能很好地展现沿某个维度的变化趋势	数据集太小时显示不直观
能比较多组数据在同一个维度上的趋势	
适合展现较大的数据集	

表 3-5 饼图的优缺点对比

优点	缺点
简单、直观，强调个体和整体的比较	数据项中不能有负值
很容易看到各组成部分的占比	数据不精细，当比例接近时，人眼很难准确判别

表 3-6 条形图的优缺点对比

优点	缺点
简单、直观	不适合较大数据集的展现，不适合展现占比关系
很容易根据条形的高低或长短看出数值的大小	
易于比较各组数据之间的差别	

根据折线图、饼图、条形图的优缺点，将三者进行综合对比后可以知道：折线图适合处理复杂的数据，饼图则适合展现占比等情况，条形图可以简单、直观地呈现数据状况，如表 3-7 所示。

表 3-7 折线图、条形图、饼图的对比

图表类型	注意点
折线图	适用于较大的数据集
饼图	只适用于反映部分与整体的关系
条形图	只适用于比较其中一个维度

思政园地

巧用图表美化软件 提升图表设计审美意识

运营者利用第三方工具能提高数据可视化的效率，面对动辄数十万条、百万条乃至上亿条的庞杂数据，通过数字本身找到头绪显然不太现实，对数据进行有效的展示能大大提高我们的洞察力，而图表可以更加直接、具体的解释数据，下面介绍一款可以帮助我们实现数据可视化的第三方数据处理工具——镝数。

镝数，是一个专注数据图表制作与分享的平台。镝数图表是一款功能强大的免费在线数据可视化工具，输入数据即可一键生成可视化视频，让数据有型有款、创意无限，其应用场景包括媒体数据新闻、商业数据分析、新媒体内容写作、公司财务报表及个人简历美化。图 3-27 所示为可视化种类场景模板（部分），其拥有上千种模板。

图3-27　可视化种类场景模板

以玫瑰图为例，玫瑰图（Nightingale Rose Chart，又名鸡冠花图、极坐标区域图），是极坐标化的柱图，可以将其理解为披着饼图外皮的柱状图。其制作原理是将极坐标平面分为若干等角区域，再依据数据大小不同，把相应的等角区域进行填充，使不同大小的等角区域构成一片片花瓣，玫瑰图也就由此而来了。

著名玫瑰图——“提灯女士”玫瑰图。

在克里米亚战争中，护理人员南丁格尔日夜工作，被尊称为“提灯女士”。战后她整理了战争期间英军的死亡人数，图 3-28 所示为南丁格尔在 1858 年发表的最著名的玫瑰图（部分）。

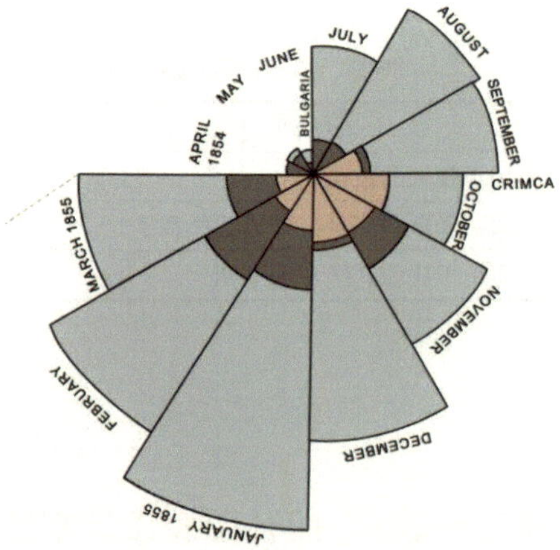

图3-28　南丁格尔在1858年发表的最著名的玫瑰图（部分）

玫瑰图展示了不同年份、不同月份死亡人数的统计结果，直接展示出了军队死亡人数的变化情况。

不过更为重要的是，她还在图中用 3 种颜色标注了不同的死亡原因：蓝色表示死于可预防的疾病、红色表示死于战争伤害、黑色表示死于其他原因。这样可以清楚地知道军队伤亡原因的结构：真正影响战争伤亡的并非战争本身，而是由于军队缺乏有效的医疗护理。

正是借助这幅图，她让国会明白了及时提高医疗卫生水平的必要性。在她的努力下，1857 年，英国皇家陆军卫生委员会和陆军军医学校先后成立。正如《金融时报》一篇文章中的评价：“玫瑰统计图引领了卫生水平的提高，将英国预期寿命提升了二十年，拯救了数以百万计的生命。”

玫瑰图通常借助镝数图表来制作，下面介绍玫瑰图的制作过程：

登录镝数网站后，在主页面单击如图 3-29 所示的“玫瑰图”按钮，进入编辑页面单击“编辑数据”按钮，再单击“上传数据”选项或直接在表格中输入数据（见图 3-30）。

图3-29　玫瑰图

	A	B
1	城市	新增会员数（人）
2	北京市	96
3	上海市	121
4	杭州市	100
5	深圳市	111
6	广州市	102
7	厦门市	124
8	宁波市	123
9	武汉市	111
10	长沙市	123

图3-30　上传数据

完成数据上传后，单击“编辑图表”按钮，出现调整页面，此时我们可以对图表的配色、标题等信息进行调整，调整后的效果图如图 3-31 所示。

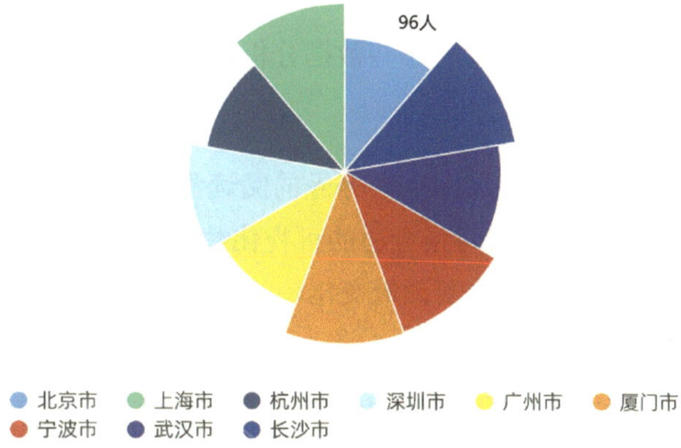

图3-31　玫瑰图效果图

资料来源：百度百科。

讨论并思考：

还有哪些便捷的第三方数据处理工具可以帮助我们美化图表、提高数据可视化的效果？提高数据可视化效果能为企业带来哪些影响？

职业技能训练

1. 单选题

（1）以下不属于数据可视化常用图表的是（　　）。

A. 柱状图　　B. 三维坐标系

C. 折线图　　D. 饼图

（2）以下不属于新媒体数据表格美化方法的是（　　）。

A. 色阶图的制作与运用　　B. 数据条的制作与运用

C. 图标集的制作与运用　　D. 函数集的制作与运用

2. 多选题

（1）数据可视化的表达原则有（　　）。

A. 可读性　　B. 精准性　　C. 客观性　　D. 统一性

（2）以下属于饼图的优点的是（　　）。

A. 易于比较各组数据之间的差别

B. 能比较多组数据在同一个维度上的趋势

C. 简单、直观，强调个体和整体的比较

D. 很容易看到组成成分的占比

3. 思考题

拆线图、饼图和条形图分别适用于哪些数据分析场景？请举例说明。

4. 实践题

表 3-2 所示为某账号在不同新媒体平台分号的阅读量统计（此表前文已列出，为方便学生做题，再次列出），请为其绘制两张合适的可视化数据图形。图形 1 能直观展示该篇文章 1 月 16 日至 3 月 2 日共计 8 周的阅读量变化趋势，图形 2 能直观展示 2 月 3 日至 2 月 17 日 5 个平台阅读总量的对比情况。

表 3-2　5 个平台 8 周的阅读量统计

新媒体阅读量统计（次）					
周	今日头条	网易新闻	搜狐号	天天快报	一点资讯
1 月 6 日～1 月 12 日	3527	518	719	328	670

续表

新媒体阅读量统计（次）					
周	今日头条	网易新闻	搜狐号	天天快报	一点资讯
1月13日～1月19日	2506	558	524	417	528
1月20日～1月26日	3442	527	492	486	601
1月27日～2月2日	7188	506	871	396	1231
2月3日～2月9日	2814	735	811	394	868
2月10日～2月16日	3393	639	667	301	507
2月17日～2月23日	3755	410	407	409	528
2月24日～3月2日	3398	594	709	336	528

项目四
直播数据分析

学习目标

知识目标

1. 列举直播数据分析的三大模块。
2. 掌握留存用户、转化率、用户画像等相关概念。
3. 简述直播数据分析的步骤。
4. 列举直播数据分析的方法。

技能目标

1. 能分析观看直播的人群特征。
2. 能构建用户画像。
3. 能分析用户画像数据。

思政目标

培养大家在收集和分析数据的过程中实事求是的态度。

单元导学

主流直播平台介绍

1. 直播概述

网络技术的发展为直播提供了技术条件，网络直播借助并延续了互联网的优势，利用互联网技术，通过视讯方式进行网上现场直播。网络直播可以将产品展示、对话访谈、赛事实况及相关会议的现场内容发布在互联网上。

艾媒咨询发布的《2021年度中国在线直播行业发展研究报告》显示，中国在线直播用户规模保持稳定增长，2021年在线直播用户规模为6.35亿人。网络直播成为广受用户喜爱的又一新媒体形式。

网络直播具有直观、快速、地域不受限制、交互性强等特点，这种表现形式好、内容丰富的直播形式，能够加强活动现场的推广效果。此外，现场直播完成后，平台还可以为用户提供回放、点播等功能，有效地拓展了直播的时间和空间，实现了直播内容的价值最大化。

2. 直播平台介绍

市场上的直播平台有很多，根据平台主打内容可以将直播平台分为综合类、游戏类、秀场类、教育类、商务类等。例如，斗鱼、熊猫TV、虎牙直播、企鹅电竞、火猫直播、全民直播等是排名靠前的游戏类直播平台。

主流直播平台已经从最初的秀场类直播、游戏类直播、泛娱乐直播，转为“直播+”，直播与电商、社交的融合成为网络直播行业最吸引资本和用户的直播生态圈。

尤其是2019年出现的多位超级带货主播创造了一个又一个销售佳绩，让直播带货模式发展迅速。2020年，受新冠肺炎疫情和超长假期的叠加影响，直播、短视频用户数和使用市场数量激增，品牌线上渗透率提升，电商直播具有快速提升流量转化率的特点，因此成为品牌宣传及产品销售的新阵地，直播与电商的融合成为各大平台争相角逐的热点赛道。

十大主流电商直播平台（见表4-1）介绍如下。

表4-1 十大主流电商直播平台一览表

平台	淘宝直播	京东直播	苏宁直播	多多直播	抖音	快手	B站	小红书	微博	腾讯直播
平台属性	电商	电商	电商	社交+电商	社交+内容	社交+内容	内容社区	“种草”基地	社交+内容	社交+内容
流量来源	公域流量	公域流量	公域流量	私域流量或公域流量投放的广告	偏公域流量	偏公域流量	公域流量+私域流量	公域流量+私域流量	偏公域流量	私域流量

3. 电商直播的发展

2020年年底，移动电商用户规模达到7.88亿人，相较于2017年的4.73亿人、2018年6.08亿人、2019年7.13亿人的用户规模来说，增幅明显减小。这表明，随着中国电商体系的发展成熟，移动电商用户规模已经逐渐触达了中国网民规模的天花板，电商企业的获客成本将会越来越高。

而直播平台的自身具有流量优势，在接入电商模块后，平台自身的流量池能够转化、变现的可能性巨大。与电商平台的以营销、促销引流相比，“直播+电商”模式在成本上具有巨大的优势，这种模式的兴起也成为电商行业的下一个风口。

对于企业来说，“直播+电商”也已经成为提升销售额、增强企业品牌知名度和美誉度的又一重要营销渠道。

在这一渠道中，粉丝经济成为推动直播变现、提升营销效果的重要力量，因此，在直播数据分析中，用户数据是运营者需要重点关注的模块。在本项目中，将重点介绍用户留存数据分析、用户转化率分析及用户画像数据分析，以期达到最佳的企业营销效果。

知识拓展

AARRR 模型

互联网时代进入下半场，拉新成本持续走高，基于用户生命周期的用户管理成为各大企业关注的重点，AARRR 模型作为用户分析的经典模型，被广泛应用于互联网用户分析中。

AARRR 模型是用户生命周期模型，系统地解释了实现用户增长的 5 个指标：Acquisition（获取）、Activation（激活）、Retention（留存）、Revenue（收入）、Referral（推荐传播），因其掠夺式的增长方式也被称为“海盗”模型。AARRR 模型是一个典型的漏斗型结构，通过用户增长的 5 个指标，描述了用户流入平台需要经过 5 个环节，帮助运营者更好地理解获得用户和维护用户的原理，并最终获取商业价值。

AARRR 中的 5 个指标分别对应了用户生命周期的 5 个阶段。

1. Acquisition（获取）：用户从不同渠道获取企业的产品。
2. Activation（激活）：用户在产品上完成了一个核心任务，并且有良好的体验。
3. Retention（留存）：用户留存产品并不断使用。
4. Revenue（收入）：产品能够通过用户获取收益。
5. Referral（推荐传播）：用户愿意推荐或引导他人使用企业的产品。

AARRR 模型突出以用户为中心，串联了用户转化、运营指标体系的内容，以完整的用户生命中心为线索，把控产品整体的收入与成本的关系，当用户生命周期价值远远大于用户获取成本与用户经营成本之和时，就意味着企业精准地抓到了目标用户，实现了高效的运营与转化。

任务一　用户留存数据分析

QuestMobile《中国移动互联网 2019 上半年大报告》中显示，2019 年第二季度，中国移动互联网的活跃用户比第一季度减少了将近 200 万名。200 万名的数量不多，但这在中国互联网快速发展的黄金十年中还属首次。

这些数字表明了中国互联网人口红利的彻底消失，被人口红利“催肥”的中国互联网将进入艰难的下半场——随着互联网渗透率的提高，获取新用户的成本日益增高，流量红利已经不再是互联网行业的共识，尽力减少用户的流失、提高用户留存率才是当前运营工作的重中之重。

因此，自 2019 年开始，私域流量的概念越来越火，各大互联网企业清晰地认识到，留住用户成为企业稳定存在的关键，市场竞争也要从增量市场转向存量市场。

一、新用户的来源

在 AARRR 模型中，留存用户的第一步是获取新的用户，没有用户就谈不上留存。在直播平台中，对于直播账号来说，其粉丝的增长都要经过最开始的外部获客，转向内部使用体验，再转向外部传播这一过程。在这一过程中，用户增长贯穿始终。

对于直播平台来说，新用户的来源主要有自然流量获客、产品获客、推广渠道获客、工具获客和“种子”用户获客。

1. 新用户的具体来源

（1）自然流量获客

自然流量获客简单来说就是运营者不做任何干预，只打磨产品本身，吸引用户自然流入。自然流量获客的优点几乎不需要成本就可获得一定的流量，缺点是用户流入缓慢，且无法进行精准的获客。

自然用户的流入也有一定的前提条件，如基于某个社会现象或热点所引发的相关需求；某个用户痛点切切实实需要解决，如果企业产品恰好能够解决用户需求，则用户会主动搜索相关产品等。

图 4-1 所示为抖音直播数据图谱。新冠肺炎疫情期间，用户对私家车需求的增长带动了汽车类直播的升温，汽车选购类直播成为汽车领域最受用户欢迎的直播内容，开播主播数量、直播次数占比超 5 成，用户观看次数占比超 6 成。

图4-1 抖音直播数据图谱

（2）产品获客

一款优秀的产品，如果能够切合到当下时效性或用到最新的技术、能够满足用户需求的产品，本身就具有获取用户的能力。若用户在使用过程中获得了良好的体验，则这款产品能够产生持续获客的能力。

以抖音为例，新冠肺炎疫情期间，直播成为用户在家学习的新方式，抖音直播中教育类主播较 2019 年 12 月增长 110%，观看次数增长 550%。

众多学校采取的网上授课方式也让抖音直播成为学校“传道授业解惑”的新平台，2020 年 2 月，有 23 家高校在抖音上进行线上授课。图 4-2 所示为北京大学在抖音直播间的授课情景，用户可以进行弹幕互动。

新冠肺炎疫情期间教育类直播在抖音平台上的兴起，也让以娱乐内容为主的抖音直播内容生态更加多元化，从而持续吸引相关用户和主播加入抖音直播平台。

（3）推广渠道获客

互联网时代，“酒香也怕巷子深”，依靠自然流量或产品本身的功能吸引用户成功的可能性越来越小，通过推广渠道获取用户成为各企业和平台的重要手段。

推广渠道获客首先要确定产品的目标人群，针对目标人群生产、制作这些用户想要了解和学习的内容，然后以文章、视频、图片等多种载体投放到不同的渠道中，以达到不断吸引用户的效果。例如，淘宝直播的主播会将直播预告分发到微博、微信等多个平台以吸引用户参与。

（4）工具获客

工具获客是指平台通过各种线上活动或借助裂变活动获得用户的方式。例如，通过邀请好友进入直播间获取优惠券、分享直播活动进行抽奖等。

图 4-3 所示为某主播为了吸引更多的用户，在微博上发布与直播活动相关的内容和福利。

图4-2　北京大学抖音公开课

图4-3　直播抽奖活动

(5)"种子"用户获客

"种子"用户是指最早的且用户黏性和活跃度最高的一批用户，他们是粉丝群体中的意见领袖。"种子"用户获客适合有一定粉丝基础的产品，利用活跃在各大平台的"种子"用户进行免费宣传，从而获得新用户，这是一个相互成就的过程。

2. 淘宝直播用户增长

以淘宝直播为例，主播在做好内容的同时，可以通过平台活动来吸引新用户关注。

(1)发放新人流量券

淘宝直播流量券是一种新的流量运营机制，平台通过评估主播或商家在站内或站外的主动用户运营行为给平台带来的效果价值，给予对应的淘宝直播流量扶持。通过发放流量券，淘宝主播或商家可以搭建全方位的直播间流量运营体系，更好地进行直播间的流量规划，提升直播运营能力。

流量券的获取有 3 种方式：一是分享引流，主播或商家可以通过投放固定链接到站外、店铺、粉丝群等渠道，引导用户进入直播间获得流量券；二是直播广告投放，通过直播广告投放直接引导用户至直播间获得流量券；三是直播直通车投放，通过直通车进行直播观看投放引导用户至直播间获取流量券。

淘宝直播也特别设置了新人流量券，帮助主播在直播公域频道展示，引导更多新粉丝访问直播间。

图 4-4 所示为某淘宝直播间在直播某场活动前为吸引用户发放的新人免费流量券。

平台使用流量券后，主播或商家可以通过以下 3 个指标来监测引流效果。

①有效引流访客数：引导进入直播间的真实用户数。

②新用户指数：引流用户的新用户得分。

③时长指数：引流用户在直播间停留时长得分。

新人流量券对于无粉丝基础的主播来说，是其在用户增长"冷启动"时期一个重要的引流渠道。

图4-4 新人免费流量券

(2)投放多种产品

淘宝网巨大的活跃用户基数，为淘宝直播提供了巨大的流量池，平台也提供多种投放产品为主播直播间进行引流：超级直播、超级活动、超级推荐、直通车、品牌特秀等产品为主播提供了多种引流工具，将淘宝平台中巨大的公域流量导入直播间。

图 4-5 所示为淘宝直播给直播间引流所投放的产品：超级直播、超级互动、超级推荐等，直播间可根据运营需求来选择。

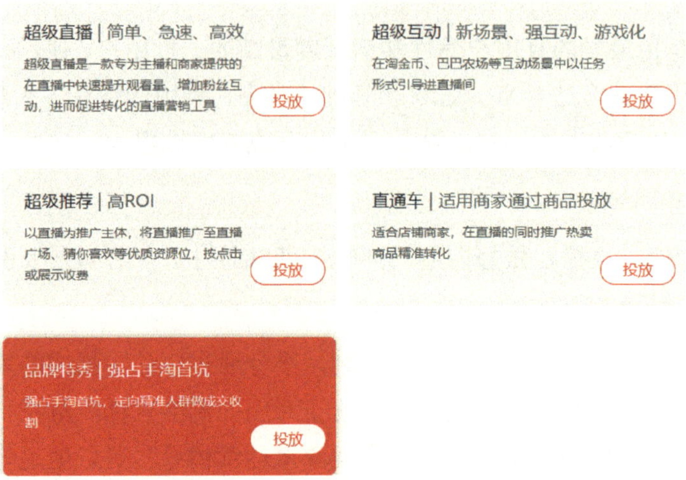

图4-5　淘宝直播投放的产品

(3) 整合营销包

通过“精品内容+粉丝互动玩法+站内/外流量”矩阵，打造主播个人IP，助力主播成长。如点淘发起“你好，我的星朋友”IP活动，活动细则如表4-2所示，通过专场活动，外部粉丝引流锁定重点直播专场，扩大主播影响力。

表4-2　“你好，我的星朋友”IP活动细则

主播侧配合事项	
配合方向	细　则
短视频配合拍摄	1. 配合至少4条与抖音达人的短视频拍摄 2. 每条视频只有1个合作商家的商业植入（露出不超过5秒） 3. 每条视频拍摄不超过1小时
	基于IP的内容生产：主播需基于规划好的IP主题，在活动结束1个月内生产不少于4条相关内容并发布至点淘（视频计入“星火计划”）
直播坑位	1. 每条短视频对应1个商家，共计4个美食品类商家需要在同一天进直播间 2. 主播需要给4个合作商家对应的直播坑位，收费标准同主播日常收费标准
口令红包	主播需出资配合当天直播间口令红包的发放 1. 红包口令：IP名称 2. 红包金额：总金额不低于10 000元，总个数不少于10 000个
内容授权	主播需授权对应的短视频素材给商家在全网分发

二、留存用户的概念

1. 留存用户的概念及重要性

(1) 留存用户的概念介绍

留存用户的概念主要应用在互联网行业，指用户曾经使用或购买过某类产品，经过一

段时间迭代后依旧使用此产品或服务，这类用户被看作留存用户。

图 4-6 所示为某运动类 App 用户在 2020 年 12 月 22 日至 29 日下载后的用户留存数据监测情况。

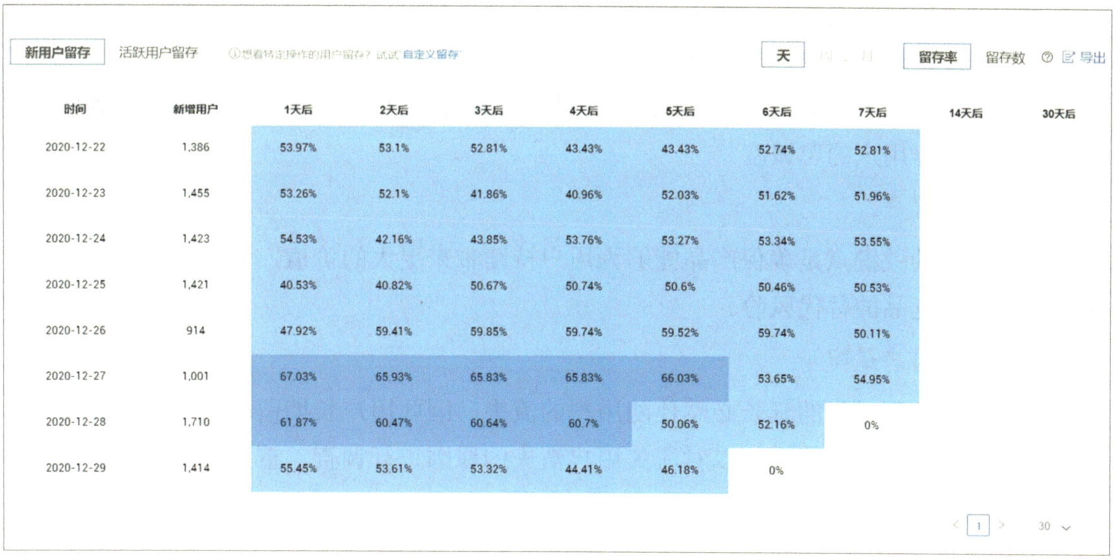

时间	新增用户	1天后	2天后	3天后	4天后	5天后	6天后	7天后	14天后	30天后
2020-12-22	1,386	53.97%	53.1%	52.81%	43.43%	43.43%	52.74%	52.81%		
2020-12-23	1,455	53.26%	52.1%	41.86%	40.96%	52.03%	51.62%	51.96%		
2020-12-24	1,423	54.53%	42.16%	43.85%	53.76%	53.27%	53.34%	53.55%		
2020-12-25	1,421	40.53%	40.82%	50.67%	50.74%	50.6%	50.46%	50.53%		
2020-12-26	914	47.92%	59.41%	59.85%	59.74%	59.52%	59.74%	50.11%		
2020-12-27	1,001	67.03%	65.93%	65.83%	65.83%	66.03%	53.65%	54.95%		
2020-12-28	1,710	61.87%	60.47%	60.64%	60.7%	50.06%	52.16%	0%		
2020-12-29	1,414	55.45%	53.61%	53.32%	44.41%	46.18%	0%			

图4-6　某运动类 App 的用户留存数据监测情况

（2）留存用户的重要性

① 降低用户获取的边际成本。

在整个用户增长过程中，如果只将精力和成本投入新用户的获取中，不关注用户留存则会造成整个用户增长建立在需要不断获取新用户上，一旦停止拉新，用户增长就陷入停止。健康、有效的用户增长一定是来自新用户的留存和成长，只有源源不断的新用户留存下来，才能够产生价值，并降低用户获取的边际成本，用户增长才有价值。

② 提升产品或服务产生的利润。

Fred Reichheld 曾在研究中表明，用户留存率每提高 5 个百分点，其带来的利润就会提高 25%～95%。留存用户越多，时间越长，用户产生转化和产生价值的可能性就越高。

2. 不同时期用户留存策略

用户生命周期主要分为新手期、成长期、成熟期、衰退期和流失期，每一个阶段都有相对应的留存策略。

（1）初期留存

初期留存对于新的主播或商家来说非常关键，它决定了用户是继续关注直播间还是就此流失。初期留存本质上是激活用户，核心在于通过建立激励机制或通过独一无二的埋点留住用户。

（2）中期留存

一旦跨过中期留存，用户对于直播间的新鲜感逐渐褪去，留住用户的核心就变成提升用户黏性，让用户从直播中获取满足感，巩固用户对直播的忠诚度。

中期留存的关键点在于直播内容保持更新、强化与用户之间的社交关系、增加用户离开的沉没成本，最后让用户对直播产生惯性依赖。

在这一过程中主播或商家要形成自己的品牌力，让用户一有需求就立即联想到自己的产品，从而培养用户的忠诚度。

（3）长期留存

长期留存的关键点是确保产品能够为用户持续带来更大的价值，让用户意识到其不可或缺性，减少竞品的替代风险。

（4）流失用户召回

随着产品使用时间的延长必然伴随用户的流失，因此用户长期留存的另一项重要内容就是流失用户召回。运营者可以对流失用户消失的原因进行调查，重点召回因产品或服务本身等原因而造成流失的用户。

三、留存率的分析

1. 留存率的概念

留存率的概念是建立在留存用户的基础上的，即某段时间内留存用户占新增用户的比例，留存率是用来衡量用户黏性和质量的重要标准。

例如，一个直播间某天新增用户 500 人，一周后有 250 人回访直播间，则说明这波新增用户的留存率是 50%。

图 4-7 所示为某账号 2020 年 8 月份至 11 月份用户留存率监测情况，从中能看出活跃用户的占比趋势。

图4-7 某账号用户留存率监测情况

目前，直播平台上对于留存率有 1 日、3 日、7 日等不同时长的监测，即我们常说的次日留存率、第 3 日留存率和第 7 日留存率。当新增用户在第 7 日仍然留下时，其很可能成为忠实用户，此指标是留存分析中的一个重要指标。

2. 用户留存率的分析

(1) 用户留存数据的获取

直播用户留存的数据获取有两种方式：一是平台后台数据获取，如淘宝直播中控台提供的用户分析（见图 4-8）中就有“昨日回访率”这一指标，运营者可以根据昨日回访率直接获得次日粉丝留存率。

二是借助第三方工具获取用户数据，如针对淘宝直播的淘数据，还有针对抖音直播、快手直播、B 站直播的飞瓜数据都是运营者常用的第三方数据获取平台。其中，像 GrowingIO 这样的平台，为了让运营者更加方便地掌握用户留存率的趋势，还提供了非常详细的用户生命周期数据监测服务。其中，留存数据不仅提供新访问用户的次日留存、次周留存监测，还提供全部访问用户的次日留存和次周留存，帮助运营者更好地监测用户留存和流失情况。

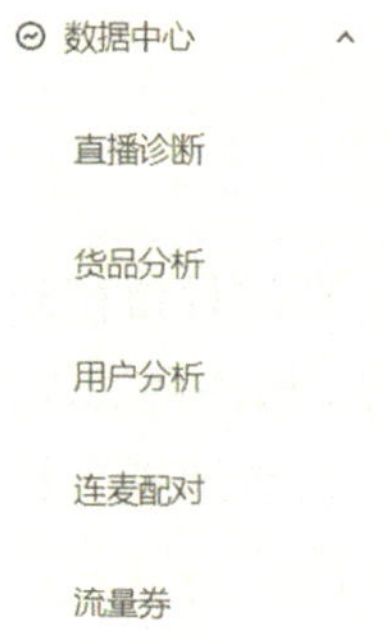

图4-8 淘宝直播中控台

图 4-9 所示为第三方数据获取平台飞瓜数据首页。

图4-9 飞瓜数据首页

(2) 制作用户留存率图表和用户留存折线图

用户留存率图表能够直观地展现某一时间段内用户留存的情况。通常情况下，当产品接入数据分析工具的软件开发工具包（SDK）时，数据分析工具会自动生成用户留存率图表（见图 4-10），运营者也可以根据统计数据，自制个性化的用户留存率图表。

用户留存曲线则是为了运营者更加方便地掌握用户留存率趋势，在用户留存率图表的基础上制作的留存折线图。

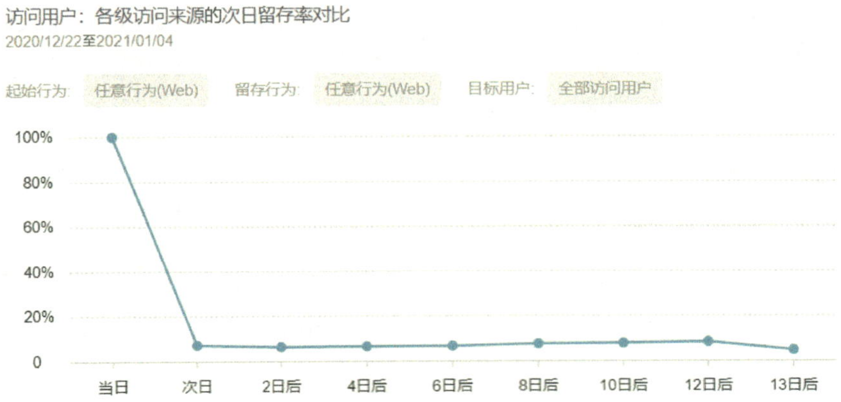

图4-10　用户留存率图表

在进行留存分析时，可以将用户留存率图表分为3个部分：振荡期、选择期、平稳期。其中，振荡期的优化空间最大，将振荡期引起用户流失的问题解决（引导页/核心功能优化），可以有效地提升其他两个时期的用户留存率。

（3）用户留存率分析流程

① 分组。

对用户留存率分析时首先要按照不同的维度（时间、渠道、行为）对用户进行分组，同一渠道才有可比性。在留存率日常分析中，通常是按照每个自然日进行分组，对任意时间内的用户留存率进行分析。如前所述，在图4-6中，12月27日用户的次日留存率、3日留存率明显高于其他日期，运营者可以找出背后的原因，为之后的运营提供借鉴和经验。

② 对比。

运营者若想通过对用户留存率的数据进行分析，从而找出优化方案和检验运营策略的效果，只分析用户留存率是不够的，最重要的是根据用户行为进行分组比较，找出数据变化的原因。

在淘宝直播中，运营者要验证发放优惠券对于新用户的留存效果，则可对同样来自某渠道的新用户进行分组比较，若领取优惠券的新用户其次日留存率（或3日留存率）明显高于未领取优惠券的新用户，则说明发放优惠券对用户留存具有正向的促进作用，运营者在后续运营过程中可以通过这一策略留住用户。

任务二　用户转化率分析

一、转化率的概念

1. 转化率的概念介绍

转化率是指在一个统计周期内，完成转化行为的次数占推广信息总点击次数的比例。

计算公式通常为：转化率=（转化次数÷点击量）×100%。不同类型的转化率有不同的计算方式，但总体而言都是期望行为：行为总数的比值，数值越高，则转化效果越好。在电商直播中常见的转化率数值有用户转化率和购买转化率。

期望行为是指运营者希望考量目标做到的行为，如用户进入直播间、购买产品等。点击率中的“点击”就是期望行为，购买率中的“购买”也是期望行为。受活动大小和渠道的制约，用户数量在一定范围内是固定的，运营者需要采取一定的策略提高期望行为的数量来增加转化率。

2. 转化率相关概念的解释

① 转化目标：也称作转化目标页面或目标页面，指运营者希望用户在平台上完成的任务，如关注、下单、付款等。

② 转化：指潜在用户完成一次运营者期望的行动。转化指潜在用户在平台上停留一定时间、浏览平台上的产品等。

③ 转化次数：也称作页面到达次数，指独立访客达到转化目标页面的次数。

④ 电商转化率：电商转化率有不同的算法，但其最终要以利润来衡量转化价值的高低。

利润=销售额×净利润率

=（购买人数×客单价）×净利润率

=进店人数×购买转化率×客单价×净利润率

=广告展现量×广告转化率×购买转化率×客单价×净利润率

无论是流量引导还是吸引购买，都存在着各种转化率，电商直播要想提升最终的利润，就要注重提升各个环节中的转化率，如广告转化率、购买转化率等。

二、转化率的作用

1. 提升转化率的必要性

对于企业来说，一切用户运营最终的目的是产生价值，即转化分析的本质是促进企业产品和业务的流通，提升企业的盈利能力。

对于电商直播来说，其销售额=流量×转化率×客单价，转化率提升意味着销售额的增加。

图 4-11 所示为从飞瓜数据获取的某抖音直播账号在 2021 年 8 月 19 日的带货数据，从图中可以看出，随着时间的延长，销量在不断增加。

根据上述公式，电商直播要想达到提升销售额的目标，有 3 种方式：第一，花钱做推广，扩大流量；第二，优化直播内容与购买流程，提高转化率；第三，通过满减、捆绑销售等方式，提高客单价。

在这 3 种方式中，提高客单价在短期内能够明显提升销售额，但调整产品定价是一项复杂的工作，大幅度提升产品定价极易导致市场竞争力下降，对于企业和主播的品牌及口碑也会产生负面影响。尤其是在直播购物讲求产品物美价廉的阶段，提高客单价将会造成无法挽回的损失。

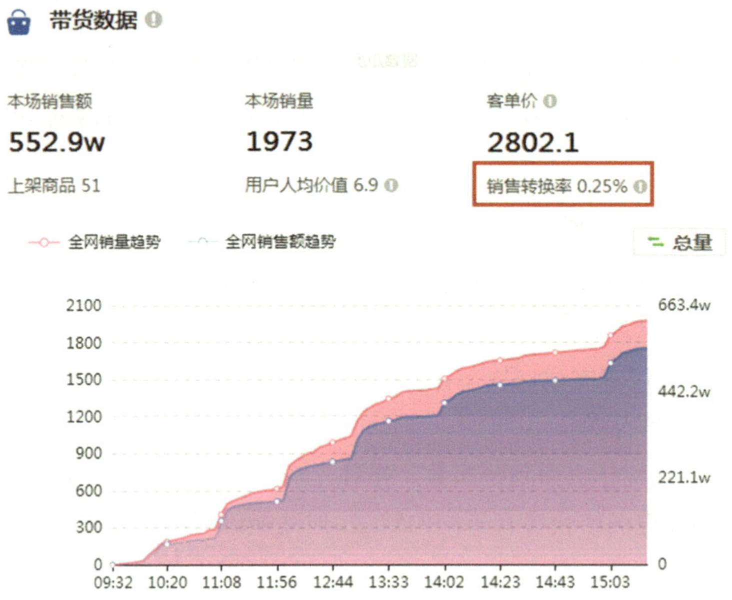

图4-11　某抖音直播账号的带货数据

注：横轴时间为取样时间点，后同

扩大流量，对于营销预算充足的企业来说不乏是一种可行且有效的方式，但是对于个人主播来说，“烧钱”战略带来的流量流入并不具有可行性。

因此，对于众多个人主播及中小型企业来说，提升转化率是性价比最高的方式。

2. 转化率作用的具体体现

转化率是可以被量化的数据，且被科学论证是能够起到提升产品或服务价值的数据。它具有以下功能：第一，衡量用户需求的强弱，高转化率意味着用户需求旺盛；第二，能够对比两个功能的优劣，对同类功能进行优化取舍；第三，验证各推广渠道的质量。

例如，某直播间通过投放微信广告进行引流，但转化率很低，此时可以从两个方面进行分析：一是引流设计有缺陷，入口位置、文案、引导、交互流程等存在问题，用户进入直播间流程复杂；二是相同的引流推广，对比其他渠道（如淘宝直播主播推广信息同时投放在微信和微博中），如果微信转化率明显低于微博转化率，此时运营者就需要反思，微信渠道可能不适合淘宝直播的推广。

3. 提升转化率的优势

提升转化率的优势有 3 点：一是企业花同样的钱可以达到更好的效果，提升投资回报率；二是能够通过优化转化流程，提升用户体验和品牌满意度；三是各转化环节经过优化可以长久地发挥作用，具有可持续性。

提升转化率需要有数据驱动的意识，对于运营者来说，转化率不仅仅是一个数据直播，其本质是用户体验的真实反映，转化率的提高也是提高用户忠诚度、提升品牌知名度的一个过程。

三、直播转化率数据分析

尽管各大直播平台提供的直播数据不尽相同，但直播转化率的数据大致可以分为以下两类：一类是以用户增长为代表的用户留存率，另一类是以支付购买为代表的用户行为转化率，我们对这两类转化率的数据分析拥有不同的策略。

下面以抖音直播为例，对这两类转化率的关键指标进行分析。

1. 用户留存率

在抖音直播中，与用户留存率密切相关的数据有两个：视频引流直播间数据和人气数据。

（1）视频引流直播间数据

视频引流即通过短视频为直播间进行流量导入，运营者可以在登录飞瓜数据后，从直播分析→带货直播榜→视频引流直播间快速发现视频引流占比较高的直播间。在这一模块，用户可以查看账号直播期间的引流视频点赞增量，并同步查看直播期间作品总点赞增量和直播间人数峰值等数据。如果想进一步查看直播间数据和引流视频详情，可点击右侧的操作项。

图 4-12 所示为在飞瓜数据获取的关于 2020 年 8 月抖音直播引流人数 Top3 的抖音账号及相关数据统计。

排行	直播间	播主	视频引流人数/占比	总销量
01	在线 美食饮品 日用百货	年超级直播 粉丝：2580.7w	298.2w / 52%	6.9w
02	涂 美食饮品 日用百货	涂 粉丝：4050.8w	272.0w / 35%	26.3w
03	陈 日用百货 美食饮品	大牌美妆 粉丝：2498.0w	94.1w / 38%	5.5w

图4-12　抖音直播视频引流数据统计

榜单还支持对主播行业分类和直播热销品类进行双向筛选，以发现不同领域的行业主播是如何通过视频引流用户进入直播间的。

例如，运营者想要查看美食类主播是怎么通过视频引流直播间的，可以在行业里选择“美食饮品”这一分类。

以某一天排名第一的主播为例（见前文的图 4-12），可以看到，她的视频引流人数达到了 298.2 万人，引流占比高达 52%。大量用户流入直播间，对于主播粉丝数量增长、直播间销售额的提升都有着积极的影响。

运营者还可以对近 15 天的引流视频进行分析，帮助主播更好地判断哪种类型的视频能够更加有效的引流。

如图 4-13 所示，排名第一的主播关于亲情的引流视频点赞量非常高，为该场直播带来了更多的流量，在未来视频引流中，运营者可以以亲情为主题制作引流视频，调动用户进入直播间的热情。

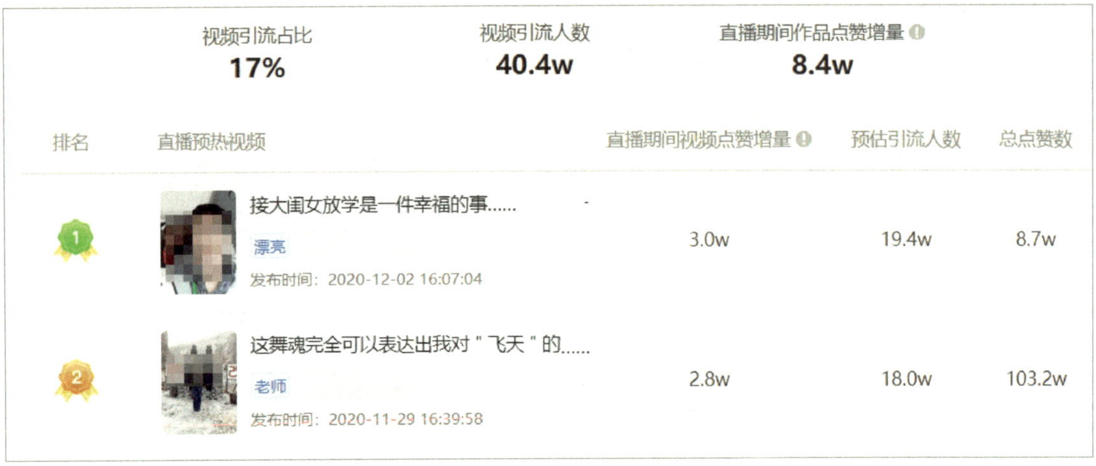

图4-13　直播引流视频排行榜

（2）人气数据

直播间人气越高，系统越会将直播间推荐给更多的用户，因此留住直播间的用户，提升用户留存率和留存时间对于直播间的重要性不言而喻。人气数据的关键指标如下所述。

- 观看人次：统计本场直播被打开的次数（未去重）。
- 观看人数：仅统计登录账号（已去重）。
- 人数峰值：该场直播同时在线的用户人数最大值。
- 平均在线人数：该场直播中消失的平均在线人数。
- 本场点赞：该场直播间的总点赞数。
- 本场音浪：该场直播中用户给主播打赏的总音浪数。
- 送礼人数：该场直播中给主播打赏的用户人数。
- 新增粉丝：该场直播期间新增粉丝数量。
- 转粉率：新增粉丝数/观看人数。

图 4-14 所示为抖音某主播直播时的相关数据，包括观看人次/人数、人数峰值、平均在线及本场音浪。

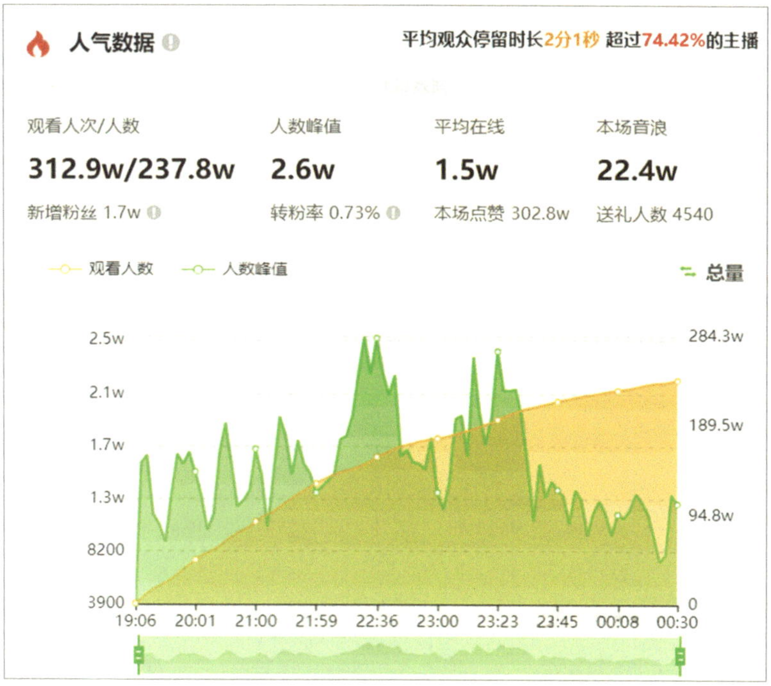

图4-14 抖音某主播直播时的人气数据

注：横轴时间标注为取样时间点，后同

这些数据指标能够反映出该主播粉丝的黏性和忠诚度。但从用户留存率分析的角度来看，需要运营者重点关注转粉率与用户（观众）平均停留时长指标。粉丝停留时间越长、转粉率越高，说明直播间越有吸引力，用户能够在直播间获取的价值就越大，也就更加倾向于留在直播间，后续产生支付、购买等行为。

2. 用户行为转化率

（1）直播销售额

销售额是最能体现用户行为转化率的数据指标。飞瓜数据能够监测抖音直播账号近 30 天的直播销售数据。运营者可以从每场直播的预估销量和销售额来分析一定时间内直播带货效果是否稳定。一旦出现数据下滑，运营者要及时找出原因，尽快调整直播运营策略，保证直播数据的稳定性。

图 4-15 所示为某品牌在 2020 年 9 月与某主播合作时的销售数据汇总结果。

（2）销售转化率

销售转化率可以从两个数据模块进行监测：一是商品的销售转化率（见图 4-16），二是正在购买人数的变化趋势。

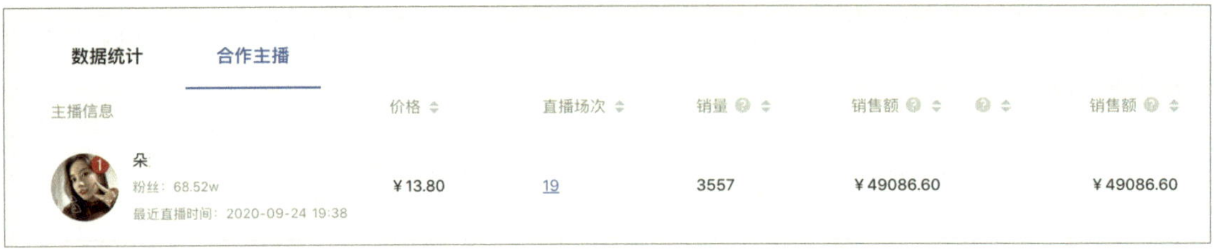

图4-15　某品牌直播带货销售数据汇总结果

图4-16　商品的销售转化率

商品的销售转化率是指商品销量与商品访客量的比值，通过这一数据，运营者可以直观地得出哪些商品的销售转化率较高。对于那些转化率较低的商品，运营者可以详细分析是什么原因造成用户在浏览商品后放弃了购买，以便在后续直播时进行优化。

图 4-17 所示为从飞瓜数据获取的 2021 年 8 月 16 日某直播账号的正在购买弹幕条数趋势图。从图中可以看出，在晚上 19:30 左右和 20:42 左右迎来了正在购买弹幕条数小高峰。

正在购买弹幕条数趋势图有两个数据指标。

- 正在购买弹幕数：“正在购买弹幕”的出现次数。
- 正在购买人数：“正在购买弹幕”里人数的总和。

其中，“正在购买人数”是本场直播商品的点击总数，更能体现本场直播的真实带货量。直播间用户如果对商品产生购买意愿，一定会产生点击添加购物车及查看商品详情的行为，这一操作可以通过“正在购买弹幕数”来体现。

运营者通过对直播间“正在购买人数”变化趋势的分析，可以快速了解哪一款商品在上架期间购买的人数较多，从而侧重推广该商品，同时，还可以在主播返场时再次介绍，提高商品的销售转化率。

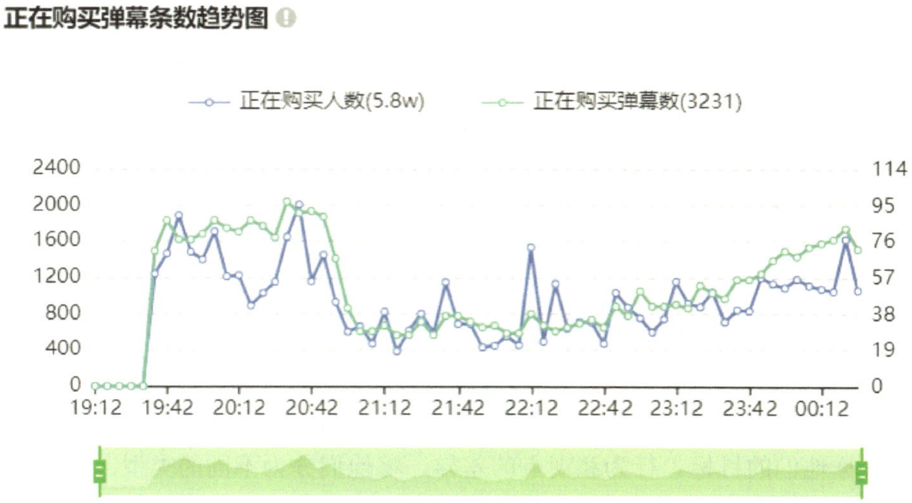

图4-17　正在购买弹幕条数趋势图

任务三　用户画像数据分析

一、观看直播的人群特征分析

1. 直播已成为中国当代核心群体的生活方式

独立第三方监测服务商 O'Ratings 发布的直播用户观察报告显示，直播电商的吸引力已经“破圈”，观看直播的用户虽然整体数据依旧呈现年轻化的趋势，但以抖音、快手、淘宝直播三大平台为例，其用户在各个年龄阶段都有一定的基数分布。

2. 男性用户占比超三分之一

O'Ratings 相关报告显示，虽然女性依然是直播购物的主力军，但在三大平台中，男性用户的比例并不低，每个直播平台中的男性用户占比都不低于 30%，快手直播中男性用户的占比高达 41%。2019 年，在抖音日活跃用户数量的男女占比分析中，女性占比 52%，男性占比 48%，男女占比基本是持平的。

3. 用户地域占比与经济发展成正比

O'Ratings 的监测数据显示，在三大平台中，用户地域分布基本与经济发展成正比，经济发达的一线城市在各个平台上都有相当数量的用户，但不同的直播平台其用户分布在地域上也有很大的差别。

纵向对比中，淘宝和快手直播的用户分布较为集中，Top10 的地域分别占了所有用户的 98.9%和 82.5%。其中，抖音和淘宝直播的用户集中在南方，快手直播的用户则聚集在北方。

三大平台用户地域分布的数据打破了以往公众对直播用户素质不高，普遍集中在四、五线城市的刻板印象，可以帮助运营者更加客观地、理性地做出直播运营决策。

二、构建用户画像

1. 用户画像的基本内涵

(1) 用户画像的含义

用户画像又称用户角色，作为一种勾画目标用户、联系用户诉求与设计方向的有效工具，其核心原理是用户信息标签化。

简而言之，用户画像是建立在一系列真实数据之上的目标用户模型。通过用户调研去了解用户，根据他们的目标、行为和观点的差异，将他们分为不同的类型，然后从每种类型中抽取出典型特征，赋予名字、照片、一些人口统计学要素、场景等描述，就形成了一个人物原型。

用户画像最先在电商领域得到应用，而随着互联网技术的发展，用户信息充斥在网络世界中，用户画像开始广泛应用在各行各业中。

(2) 用户画像的要素

David Travis 曾提出，一个可靠的用户画像要满足 8 个条件，即 PERSONAL 八要素。

P 代表基本性（Primary)：指该用户画像是否基于对真实用户的情景访谈。

E 代表同理性（Empathy)：指用户画像中是否包含姓名、照片和与产品相关的描述，该用户画像是否能引起同理心。

R 代表真实性（Realistic)：指对那些每天与用户打交道的人来说，用户画像是否看起来像真实人物。

S 代表独特性（Singular)：每个用户是否是独特的，彼此很少有相似性。

O 代表目标性（Objectives)：该用户画像是否包含与产品相关的高层次目标，是否包含关键词来描述该目标。

N 代表数量性（Number)：用户画像的数量是否足够少，以便设计团队能记住每个用户画像的姓名，以及其中的一个主要用户画像。

A 代表应用性（Applicable)：设计团队是否能使用用户画像作为一种实用工具进行设计决策。

L 代表长久性（Long)：用户标签是否具有长久性。

(3) 用户画像的作用

用户画像的作用有以下 4 点：一是精准营销，通过对潜在用户的分析，使产品或服务对象更加聚焦，以实现产品或服务的精准营销；二是用户分析，通过统计用户信息，进行数据挖掘，以构建个性化的智能推荐系统；三是数据分析，用户画像是业务层面的数据仓库，各类标签是多维分析的天然要素，企业可以根据这些数据辅助业务决策，以提升决策效率；四是进行效果评估，完善产品，以提升服务质量。

2. 构建用户画像的流程

（1）数据收集

数据是构建用户画像最基本也是最核心的依据，一切不建立在客观数据基础上的用户画像都不具有可靠性。

一般来说，构建用户画像是为了还原用户信息，因此，用户画像构建所需要的信息就是所有与用户相关的数据。当然，我们也可以根据所需构建的用户画像进行相关数据的筛选，收集所需要的信息即可。

基础数据收集可以先通过列举法列举出所需要的数据，如用户的基本信息、用户产品信息、用户社交信息、用户事件信息等，并将这些信息进行标签化处理，以便后续的收集。标签化一般采用多级标签、多级分类，如第一级标签是用户的基本信息，里面包括姓名、性别等分类；第二级标签是用户行为，里面包括访问、购买等二级分类。以此类推，我们可以进行系统、全面的数据收集。

数据收集有平台后台数据、用户访谈、问卷调研等不同的渠道。

（2）行为建模

在对构建用户画像所需要的资料和基础数据收集完毕后，我们需要对这些基础数据进行清洗、加工和分析，提炼出关键信息要素，构建可视化的用户模型。

行为建模就是根据用户行为数据进行建模。通过对用户行为数据进行分析和计算，为用户打上标签，可得到用户画像的标签建模，即搭建用户画像标签体系。

标签建模主要基于原始数据进行统计、分析和预测，从而得到事实标签、模型标签与预测标签。

在这个阶段中，我们需要通过文本挖掘、自然语言处理等技术搭建标签模型。以电商行业为例，在这一阶段中，我们需要建立用户基本属性、购买能力、行为特征等不同维度的标签模型。

基本属性：包括性别、年龄、职业等标签，通过用户注册信息和多维建模获得。

购买能力：包括消费水平、购物平均单价等标签，通过消费金额、下单频率等数据分析建模获得。

行为特征：包括活跃程度、购物类型、起居时间等标签，通过分析浏览、点击、下单等数据获得。

社交网络：包括社交关系网、公司关系网等标签，通过收货地址、活动地址等信息来判断。

心理特征：包括促销敏感度、购物忠诚度等标签，通过代金券使用频度、购买单品类的品牌分布等数据判断。

兴趣爱好：包括运动偏好、品牌偏好、爱打扮、颜色偏好等标签，通过购买的产品、颜色、品牌等信息判断。

（3）用户画像基本成型

该阶段是对分析建模的深入调查，在这个阶段中，我们需要从用户的基本属性（年龄、性别等）、行为属性等模型标签中抽取共同的特征值，根据特征值对群体进行定义，帮助企业准确地掌握该群体的特征。

在对具体人群进行用户画像时，我们需要设置一定的筛选条件，筛选出我们所需要的用户数据。例如，当我们需要对抖音直播用户内容偏好进行用户画像时，就需要筛选活跃用户数据进行画像生成，从而概括出抖音直播用户的以下群体画像。

- 五线及以下城市用户的人均观看次数最多，“80 后”的人均观看时长最长，女性用户的人均关注直播次数最多。
- “90 后”的直播评论互动性最强，一线城市用户人均送礼物的次数最多，“95 后”的人均发送道具次数最多。
- 人均看播次数最多的行业：男性——游戏，女性——时尚。其中，“95 后”人均看播游戏次数最多，其他年龄段人均看播时尚次数最多；一线城市用户人均看播游戏次数最多，其他级别城市用户人均看播时尚次数最多。

三、用户不同属性画像数据分析

艾媒咨询的直播用户分析报告显示，超过一半的受访用户观看过带货直播，其中有超过 90%的用户会购买主播推荐的产品，未购买过的用户仅占 9.78%。这个数据说明，观看带货直播的用户较容易进行商业转化，这不仅是直播电商发展的一大机遇，也是运营者进行用户画像数据分析的原因——只有洞悉直播用户的属性，才能更好地实现商业转化。

一般情况下，对于用户画像的数据分析可以从用户自然属性和用户行为属性两个维度进行分析，每个维度的分析又可以细分。以一个具体的带货直播间为例，直播用户的自然属性画像一般包含用户的性别分布、年龄分布、地域分布，行为属性的画像包括产品购买需求分布、价格偏好分布、视频标签喜好分布等。

下面，我们以抖音某直播间的直播活动为例，从自然属性和行为属性两个维度对用户画像数据进行分析。

1. 用户自然属性画像分析

用户自然属性可以更加直观地定位目标人群。图 4-18、图 4-19 所示为某直播间用户的性别、年龄、地域分布情况，该直播间的用户以 31～35 岁（占比为 29.34%）为主，其中绝大多数是女性，主要分布在上海市、广州市、天津市、深圳市等经济较发达的一线城市。

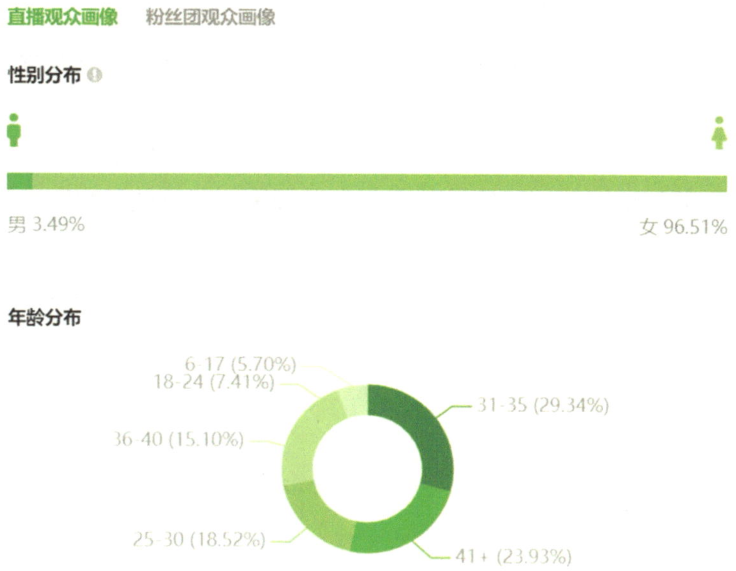

图4-18 某直播间用户基本属性数据

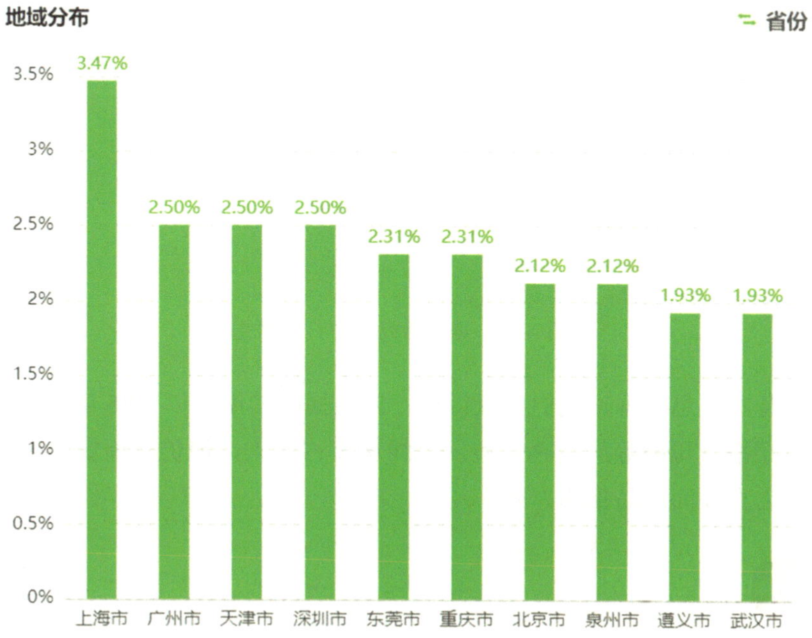

图4-19 某直播间用户地域属性数据

这些画像数据说明该直播间的用户消费能力较强，主播在选品时应侧重于女性较关注的服饰、护肤等产品。

2. 用户行为属性画像分析

如图 4-20 所示，该直播间用户的商（产）品购买需求 Top 3 分别是女装、首饰和面部护理，其中女装需求占总需求的 46%以上。

在价格偏好方面，50～300 元区间最受用户喜爱（占比为 63.86%）。结合用户地域分布，我们可以得出这样的结论：尽管一线城市用户占比较大，但这些用户在直播间内仍然追求产品的物美价廉。

在用户视频喜好方面，有 20.46%的用户喜欢穿搭类视频，这与商（产）品购买需求分布一致。

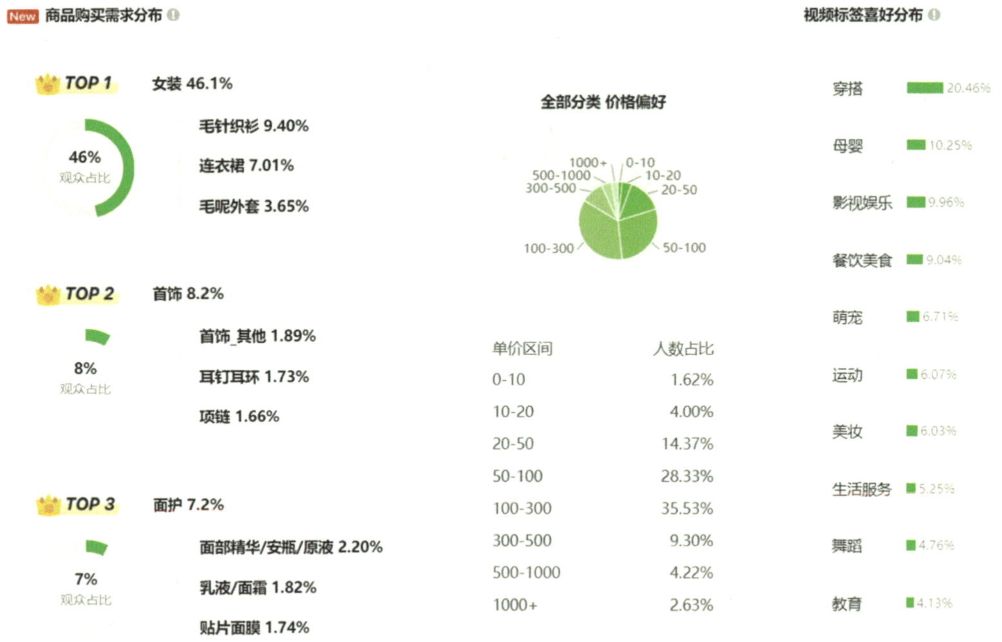

图4-20　某直播间用户行为数据

结合用户基本信息数据，我们可以得出，该直播间的用户以“85 后”为主，且绝大多数为女性，对穿搭、母婴等产品感兴趣，一线城市占比大，但仍然追求产品的高性价比。这些标签可以为直播间选品指明方向。

思政园地

直播平台非公开数据 被企业抓取后出售

直播是现在非常常见的一种娱乐方式，用户在观看直播时，有时只需要充值会员，就能查看到平台中正在直播的主播信息及刷礼物的用户信息，而这些数据均属于平台非公开的数据内容。

2021年2月1日，抖音运营商北京微播视界科技有限公司（以下简称“抖音”）将直播数据分析平台“小葫芦”的运营商——上海六界信息技术有限公司（以下简称“六界公司”）起诉，请求法院责令六界公司立即停止抓取抖音平台打赏及收益数据，并删除存储于服务器上的非法抓取的数据。

杭州余杭区法院调查发现，“小葫芦”官网上显示有抖音平台主播直播数据、抖音直播数据及抖音直播主播详情，以及短视频数据、电商数据、舆情分析和用户画像等内容。

如果购买高级版账号登录，可查看不同时间段内抖音平台上按照“收到贡献值（即周期内粉丝送给主播的礼物总价值）”依次排名的各个主播的头像、昵称及其收到的具体礼物总价值。

点击任意一名打赏用户，即可查看其送礼总额、近30天送礼、喜欢主播及不同时间内其打赏过的主播头像、昵称、所属平台、直播时间，并按照其送礼占比和贡献值依次排名等信息。

点击其打赏过的其中一位主播，可显示其直播数据分析，包括抖音账号、简介、不同时间段内进行的直播场次及其礼物收入、送礼人数、直播时长、总观看数、峰值在线及以上数据与上周期的增减值，以及礼物收入在周期内的折线图、一定时间段内的直播记录、一定时间段内的送礼“土豪”排行榜等。

抖音方面认为，其投入了大量运营成本，就直播数据整体享有竞争法上的合法权益，六界公司未经许可，非法抓取抖音平台核心数据资源，侵害了抖音的权益。

最终法院裁定：六界公司的行为破坏了平台运营逻辑，存在侵犯用户隐私的可能。法院判决六界公司立即停止获取抖音平台用户打赏及主播收益数据，并删除存储于服务器中的上述数据。

资料来源：北青网（有改写）

讨论并思考：

非法抓取直播数据的潜在危害何在？应如何避免这类事件的发生？

职业技能训练

1. 单选题

（1）以下不属于国内游戏类直播平台的是（　　）。

A. 斗鱼TV　　B. 虎牙直播　　C. 全民直播　　D. twitch

（2）以下不属于用户留存率分析的是（　　）。

A. 建立用户黏性分析报告

B. 用户留存数据的获取

C．制作用户留存率图表和用户留存折线图

D．用户留存率分析流程

2．多选题

（1）留存用户的重要性包括（　　）。

A．降低用户获取的边际成本

B．提升产品或服务产生的利润

C．便于建立准确的用户画像

D．加大产品推广力度

（2）提升转化率的优势包括（　　）。

A．企业花同样的钱可以达到更好的效果，提升投资回报率

B．能够通过优化转化流程，提升用户体验和品牌满意度

C．便于分析不同层级用户的占比，建立用户画像

D．各转化环节经过优化可以长久地发挥作用，具有可持续性

3．思考题

（1）用户画像的含义和作用分别是什么？

（2）某短租民宿预定平台主打“具有人情味的社交住宿社区”，假如你是该平台的运营者，公司让你通过直播的方式吸引用户入住。请问，你如何通过直播平台找到新用户？

4．实践题

美拍是一款集合拍照、直播等多功能的 App。该平台计划未来重点拓展直播领域，请根据图 4-21 所示的（美拍）直播用户、（美拍）拍照用户、美拍用户的相关数据分析，绘制（美拍）直播用户画像，并为直播活动提出建议。

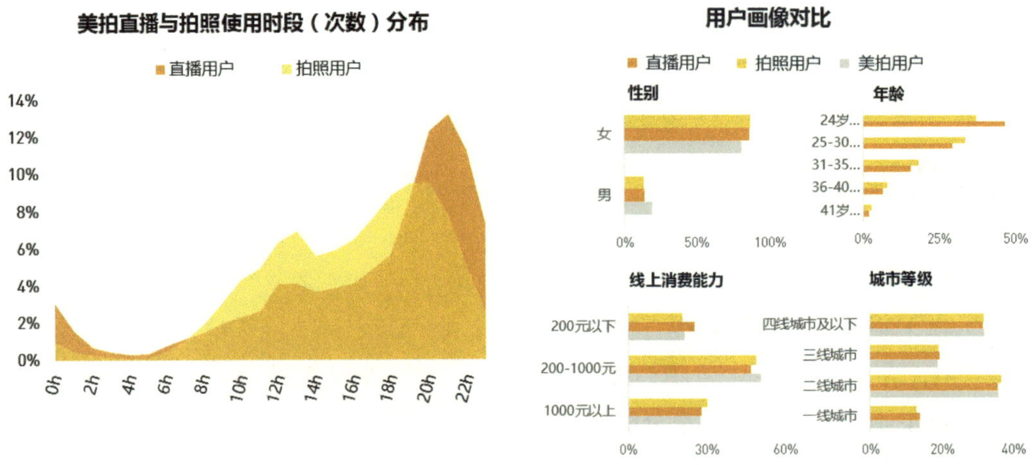

图4-21　美拍数据统计

项目五

抖音数据分析

学习目标

知识目标

1. 知悉抖音数据分析的内容。
2. 知悉抖音数据分析的意义。
3. 掌握抖音数据分析的重点模块。
4. 掌握抖音数据分析的主要指标及含义。

技能目标

1. 能分析账号基础数据。
2. 能分析视频投放数据。
3. 能根据数据分析优化账号运营。

思政目标

培养大家合理、合规运用数据分析并解决问题的意识。

单元导学

抖音平台介绍

抖音，是由今日头条衍生的一款音乐创意短视频社交软件，该软件于 2016 年 9 月上线，作为一个音乐短视频社区平台面向全年龄人群。用户可以通过这款软件选择歌曲，拍摄音乐短视频，形成自己的作品，依靠大数据技术，该平台会根据用户的爱好推送用户喜爱的视频。

作为一个拍摄工具，抖音的美颜和滤镜功能不输相机。其对嘴表演模式解决了普通人拍摄短视频的创意与配音困难，将 PGC（如音乐）与 UGC（如视频）结合，既把门槛降到最低，又增添了趣味性。作为一个内容平台，抖音利用了今日头条的算法优势，保证了内容的分发效率。

如图 5-1 所示，抖音平台具有 5 个特点。

图5-1　抖音平台的特点

1. 泛

抖音平台的个性化推送机制，使得娱乐性的短视频在平台中得以被快速传播，而一些过于严肃的内容则难以被用户看到，这一切促使创作者的视频创作风格趋于轻松、愉悦。

2. 弱

抖音的定位是音乐社交平台，但实际上抖音的内容属性远多于社交属性，用户使用抖音主要是为了看视频而不是社交。

3. 短

这一特点可以分为 3 个部分：视频时长短、制作周期短、观看时间短。大部分视频的时长以秒为单位，视频配乐时间短，一般为歌曲的高潮部分。

4. 平

抖音视频的制作基本没有门槛，其提供的简易拍摄方法，让每一个用户都可以在平台中进行创作。

5. 快

这一特点也可以分为 3 个部分：产品迭代快、市场反馈快、热点更新快。

① 产品迭代快：抖音版本更新快，视频拍摄的调整、优化快。

② 市场反馈快：对于违规内容进行快速审理和删除、对违规账号进行快速封禁、对用户反馈进行快速接受与调整。

③ 热点更新快：热门视频出现快，消失也快，视频更替速度快。

任务一　账号基础数据分析

一、粉丝增长率分析

粉丝增长率这一概念应建立在所选的前一段时间的粉丝数实现增长的基础上。

下面以一个抖音账号为例：打开抖音，依次点击首页右下角的“我”→“创作者服务中心”→右上角“查看更多”，在图 5-2 所示的数据中心页面上点击“粉丝数据”。

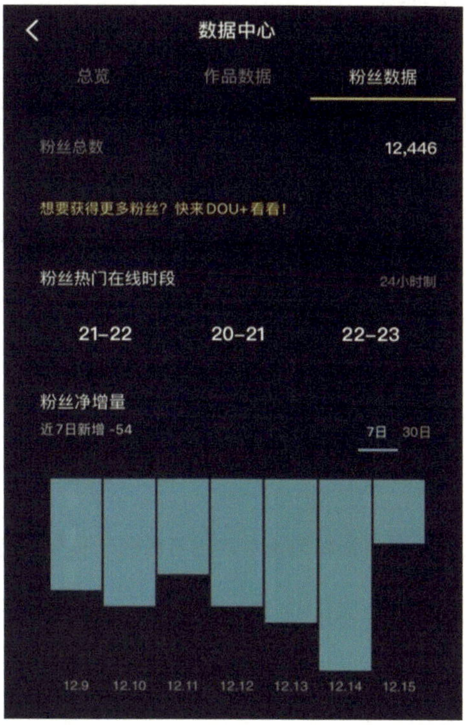

图5-2　某抖音账号数据中心页面

在这个页面中可以清楚地看到近 7 日或近 30 日的粉丝净增量情况。点击柱形图可以显示当天的粉丝净增量。

如果要想清楚、直观地展现粉丝增长率变化，则需要算出粉丝增长率并绘制折线图。首先要计算出一段时间内的粉丝增长率。例如，需要分析日增长率。

根据公式粉丝增长率=增量÷增长前总量×100%，首先要计算出增长前总量。在上述抖音账号中，经过数据查询，上一周的粉丝数量持续增长，净增量为 1500 人，而增长后粉丝总数显示为 13 500 人，可以计算出上一周的增长前总量为 12 000 人。通过点击每日的柱状图得到数据：上一周每日的粉丝增加量分别是 200 人、200 人、300 人、100 人、200 人、200 人、300 人。再计算出每天的增长前总量，最后算出每日粉丝增长率，所有数据如表 5-1 所示（表中部分数值为保留三位小数后所得，后同）。

表 5-1　某抖音账号上一周每日粉丝增长率

日　期	10 月 2 日	10 月 3 日	10 月 4 日	10 月 5 日	10 月 6 日	10 月 7 日	10 月 8 日
粉丝增加量（人）	200	200	300	100	200	200	300
增长前总量（人）	12000	12200	12400	12700	12800	13000	13200
粉丝增长率	1.7%	1.6%	2.4%	0.8%	1.6%	1.5%	2.3%

根据计算出的粉丝增长率绘制出粉丝增长率折线图，如图 5-3 所示，我们可以直观地看出这一周内每日粉丝增长率的变化趋势。

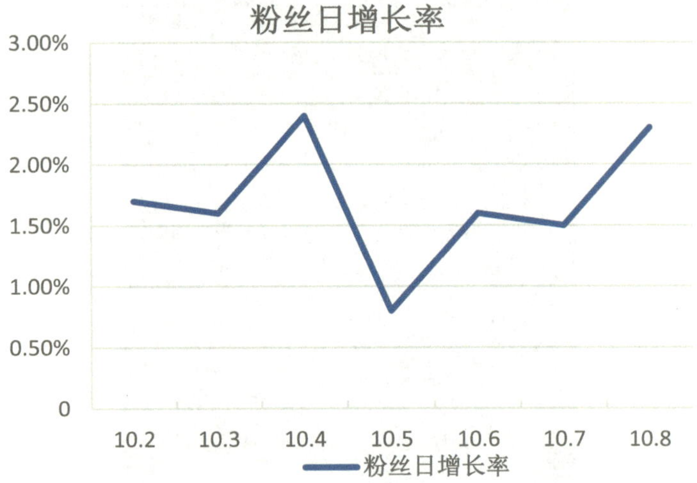

图5-3 某抖音账号上一周每日粉丝增长率折线图

此处仅分析了日增长率，根据个人对统计的需要，增长率可以是日增长率，也可以是周增长率、年增长率等。

二、粉丝流失率分析

粉丝流失率这一概念应建立在所选的前一段时间粉丝数减少的基础上。查找数据的步骤和粉丝增长率相同，此处不再赘述。

如果要想清楚、直观地展现粉丝流失率变化，则需要算出粉丝流失率并绘制折线图。首先要计算出一段时间内的粉丝流失率。例如，需要分析每日粉丝流失率。

根据公式粉丝流失率=流失量÷流失前总量×100%，首先要计算出流失前总量。在上述抖音账号中，经过数据查询，有一周的粉丝数量持续减少，净减少量为 2000 人，而减少后粉丝总数显示为 9500 人，可以计算出这一周减少前总量为 11 500 人。通过点击每日的柱状图得到数据：这一周每日的粉丝减少量分别是 400 人、100 人、300 人、100 人、700 人、200 人、200 人。再计算出每天的流失前总量，最后算出每日粉丝流失率，如表 5-2 所示。

表 5-2 某抖音账号一周内每日粉丝流失率

日　期	11 月 11 日	11 月 12 日	11 月 13 日	11 月 14 日	11 月 15 日	11 月 16 日	11 月 17 日
粉丝流失量（人）	400	100	300	100	700	200	200
流失前总量（人）	11500	11100	11000	10700	10600	9900	9700
粉丝流失率	3.5%	0.9%	2.7%	0.9%	6.6%	2.0%	2.1%

再根据计算出的粉丝流失率绘制出粉丝流失率折线图，如图 5-4 所示。

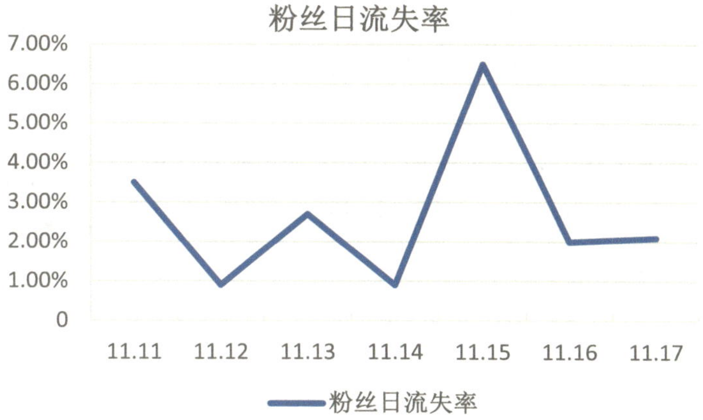

图5-4　某抖音账号一周内每日粉丝流失率折线图

根据个人对统计的需要，流失率可以是日流失率，也可以是周流失率、年流失率等。

三、制定涨粉策略

1. 对抖音账号定位，确定内容创作方向

找准定位，明确内容创作方向是获得大量优质粉丝的基础。若要实现定位准确，运营者应做到以下几点。

（1）明确内容方向

首先要明确视频内容的目标人群。根据巨量算数2020年2月发布的《抖音用户画像报告》，抖音平台用户男性约占52%、女性约占48%，男女分布较为均衡。男性关注的内容多为理性内容，如手机硬件的性能、军事、政治内容；而女性关注的内容以感性为主，如美食、口红推荐、电视剧推荐等。抖音用户的年龄分布目前呈现以青年为主，老年用户缓慢增长的态势。青年人比较关注职场态势、购房购车、情感问题等；而老年人喜欢看广场舞、养生、旅游一类的视频。除此之外，用户分类还有很多，如地域分布情况等。找准目标人群之后，就基本确定了视频内容的大致范围。接下来需要确定视频内容的专属属性，如打造特定的人物外形、人物的口头禅、经典表情及动作。这些独一无二的特点将是整个作品的核心，也是最能吸引目标人群的地方。

（2）拍摄优质内容

拍摄内容选题要切合目标内容方向，尽量做到紧跟热点，内容真实，表达完整，去繁从简，还要弘扬正确的价值观。

拍摄过程要做到流畅，拍摄时镜头不要抖动，保持画面舒适感。

拍摄手法要独特，后期配乐及特效制作要切合视频内容，打造出独特的画风。

2. 利用个人信息包装，快速吸引粉丝

在确定了内容方向并制作好优质视频后，还需要对抖音账号进行包装，尽可能迎合目

标用户的喜好和需求，这是实现快速涨粉的关键一步。抖音账号个人信息基本包括名字、头像、个人简介、个人主页。下面对这些个人信息包装方法进行一一讲解。

(1) 取一个好名字

一个好的抖音账号名字，能够带给用户好的第一印象。好名字不仅能表达我们的愿景或期许，还更容易让大家记住这个抖音账号，有利于迅速传播。一个好名字要同时具有好记忆、好理解、好传播这三大特点。

① 好记忆。

名字要尽量做到短而精，能够在短时间内吸引用户的注意力，这样才会方便用户记忆。如果名字冗长，不仅无法吸引用户，还容易被很快遗忘。例如“黑脸 V”，他的视频风格充满神秘和科技感，而他的抖音名字与他的视频内容联系紧密，用很少的字概括了他的视频风格，做到了短而精，使人印象深刻。

② 好理解。

并不是越深奥、越有内涵的名字就是好名字。使用抖音的用户多是普通大众，且观看抖音多作为工作之余的消遣。好的名字能让人一目了然，一看就能知道这个账号的视频内容大概是什么。例如“跟着小明学英语”，用户一看其名字便知道视频内容是关于学英语的，这个名字就是易于被人理解和接受的。

③ 好传播。

好的名字不需要做过多的解释，在进行宣传之后便能进入用户的潜意识，当用户提起这个名字时可以轻易地想到与这个名字相关的内容。

(2) 选一个好头像

头像相比名字给人的视觉冲击更大，能直观地展现出抖音账号的形象。抖音中很常见的头像是风景、动漫等图片，而作为抖音账号的运营者，不能将这些缺乏辨识度的图片作为头像，否则将无法直观地向用户展示账号的视频类型。如果是个人运营的抖音账号，可以选择个人形象加特定场景，如美妆类型的账号，可以选择自己在涂口红时的照片作为头像；如果是企业运营的账号，可以使用企业特有的标识配以文字。例如樊登读书，如果头像只有一本书，那么会使用户产生迷惑，而配以樊登读书这 4 个字，便可以提升辨识度。对于不同风格的账号，应当使用不同类型的图片作为头像。视频内容偏于严肃，如对法律问题的讲解，就要使用相对正式的头像；而对于搞笑类视频，头像应该偏轻松、幽默。

(3) 写具有吸引力的个人简介

和好名字、好头像一样，一个好的个人简介同样能给用户留下好的第一印象。好的个人简介需要将抖音账号的视频内容用简短的语言概括出来，用很少的字让用户了解足够的信息。例如，同样是卖化妆品的抖音账号，一个抖音账号的个人简介是：公司主营产品包括口红、眼霜、粉底液、睫毛膏……并提供各种售后服务，快递包邮，送货上门；而另一个抖音账号的个人简介是：专营美妆品牌十年，只为你的精致瞬间。第一个个人简介虽然介绍得很详细，但这些信息没有重点，用户难以记住这些信息；而第二个个人简介不仅概括了主要内容，而且突出该公司历史悠久的特点和客户至上的理念，引人注目。

（4）设计个人主页

个人主页是否具有吸引力，也是决定粉丝数量多少的重要因素。个人主页包括顶部背景图和视频封面。图 5-5 所示为个人主页顶部背景图；图 5-6 所示为视频封面。

图5-5　个人主页顶部背景图

图5-6　视频封面

下面就如何设计顶部背景图和视频封面进行介绍。

① 顶部背景图。

对于已有一些名气的个人用户来说，可以将个人照片作为顶部背景图，来打造个人形象，扩大自己的影响力。

对于还未形成影响的用户来说，可以选择在背景图上添加个人简介、视频类型等，以增加用户对自己的了解。对于视频中一些有特色的台词也可以加入背景中。还可以在关注图标上方写上“一键关注”，这对于吸引真正对视频内容感兴趣的用户成为粉丝有所帮助。图 5-7 所示为某账号个人主页背景。

图5-7　某账号个人主页背景

② 视频封面。

视频制作完成后，在导入视频时，页面左下方会出现一个“选封面”的图标。单击此图标，可以选择视频中的任意一帧画面作为封面。

对于一些有名气的个人用户来说，可以选择富有个人风格的画面作为封面。例如用户“多余和毛毛姐”，多选择视频中自己的搞笑画面作为封面，形成了独特的风格。

对于美食、美妆等类型的用户，可以使用视频中的实物效果作为封面。例如美食用户可以将制作好的美食作为封面，美妆用户可以将自己的化妆效果对比图作为封面。

除此之外，使用文字特效结合特定模板的图片作为封面，也能起到吸粉的作用。要注意的是，尽管封面模板固定，但每个视频封面的关键字要尽可能有所不同，封面中要突出关键字，使其他用户一目了然。

除了能够吸引更多的粉丝，如果个人信息填写完善，那么还会增加抖音账号的基础权重，为视频的传播打下基础。

3. 与粉丝互动，提高粉丝忠诚度

通过前面的方式吸引了一批粉丝之后，还要注意与粉丝的及时互动。如果不及时互动，就会造成这些粉丝不再观看之后更新的视频，变成只关注但不观看的“僵尸粉”，这样的粉丝无法创造流量，没有价值。下面介绍与粉丝互动的技巧。

（1）第一时间回应

要及时留意评论区的信息。当粉丝在评论区称赞作品或提出建议时，要对粉丝致以感谢并做出相应的回复。这样会大大提升粉丝对该抖音账号的好感。如果有粉丝在后台私信，也要及时与其进行简单的交流，让粉丝感到自己得到了应有的尊重，使他们对下次的视频内容更加期待。

（2）选择合适的回复风格

根据自己账号的定位，选择合适的语气和风格进行回复。例如，账号是以讲笑话逗乐用户的视频为主的，当运营者回复粉丝的评论时，语气应当诙谐幽默，而不是用看上去很深奥的内容去回复；而利用企业账号回复粉丝时，内容应该代表公司形象，语气相对官方、正式，这样可以增加粉丝的认可度。

（3）对于特别用户要优先回复

有一些粉丝在对某个抖音账号产生了兴趣之后，经常在评论区留言。对于这类粉丝，要给予特别的关注，优先回复他们的评论，使这些粉丝保持热情。

在评论区中，除了一些带有欣赏性及积极建议的评论，不乏有一些言语粗俗、负面消极的评论。对于这些评论，运营者也应该重点回复。如果置之不理，这些评论会被更多的

人看到，并被认为是运营者不敢回复，进而产生不好的影响。在对这些评论进行回复时，运营者可以选择以理服人，也可以对他们表示歉意，但绝不能以牙还牙。

如果抖音中有名气的用户在评论区中留言，也要积极回应，他们的评论会为账号带来巨大的流量，引起人们的关注。对有名气的用户的回复要谦逊有礼，表示尊敬，以展现账号的良好风貌。

任务二　作品基础数据分析

一、抖音作品数据查询方式

抖音作品数据查询方式有以下两种。

1. PC 端查询

首先，登录抖音创作服务平台的电脑客户端，抖音创作服务平台页面如图 5-8 所示。

图5-8　抖音创作服务平台页面

在抖音创作服务平台页面中单击“视频数据”栏目，即可查看播放总量、视频点赞数、视频评论数等作品基础数据。

2. 手机端查询

打开抖音，在首页的右下角点击“我”，在弹出的页面中依次点击右上角的“三道杠”图标（☰），进入“创作服务中心”→“数据中心”，即可在图 5-9 所示的抖音作品数据总览中查看视频完播率或在作品数据中查看播放量、完播率等数据。

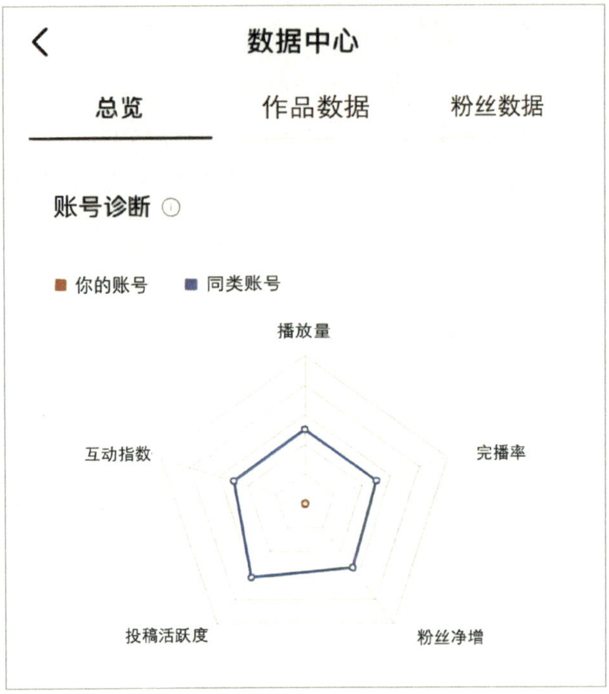

图5-9　抖音作品数据总览

二、完播率分析

1. 完播率的定义

完播率，指的是完整观看视频的人数和点击观看视频的人数之比，用公式表示就是：完播率=完整观看视频人数÷点击观看视频人数×100%。抖音平台上显示的播放数只是点开此视频的人数。完播率在很大程度上决定了视频能否登上热门。如果视频完播率过低，平台会自动判定此视频为劣质视频，不予推荐；而较高的完播率，能使视频有较大的概率出现在推送首页，这对于提高流量很有帮助。

2. 提高完播率的意义

提高完播率具有以下两个方面的意义。

① 提升视频热度，使其更容易被推送至用户首页。

② 完播率在一定意义上反映了视频内容与时长是否匹配。根据完播率可以调整视频内容或视频时长。

3. 完播率数据分析

例如，某视频账号要针对 3 种同一款口红测评视频的完播率进行分析，这 3 种视频分别使用了不同的推荐套路，现在需要对这 3 种视频套路中哪一种最适合这款口红进行调查。将这 3 种视频套路标记为 A 视频套路、B 视频套路、C 视频套路。控制 3 种视频的时间均为 4 分钟。我们可以将这 3 种视频在同一时间段发布，在同一天结束时统计视频播放量和视频完播量，并对得到的数据进行记录，计算出完播率，如表 5-3 所示。

表 5-3 完播率计算

种 类	A 视频套路	B 视频套路	C 视频套路
视频播放量（次）	5700	6000	5900
视频完播量（次）	5600	5300	5400
完播率	98%	88%	92%

注：完播率=视频完播量÷视频播放量×100%

将计算所得的完播率绘制成柱状图，如图 5-10 所示。

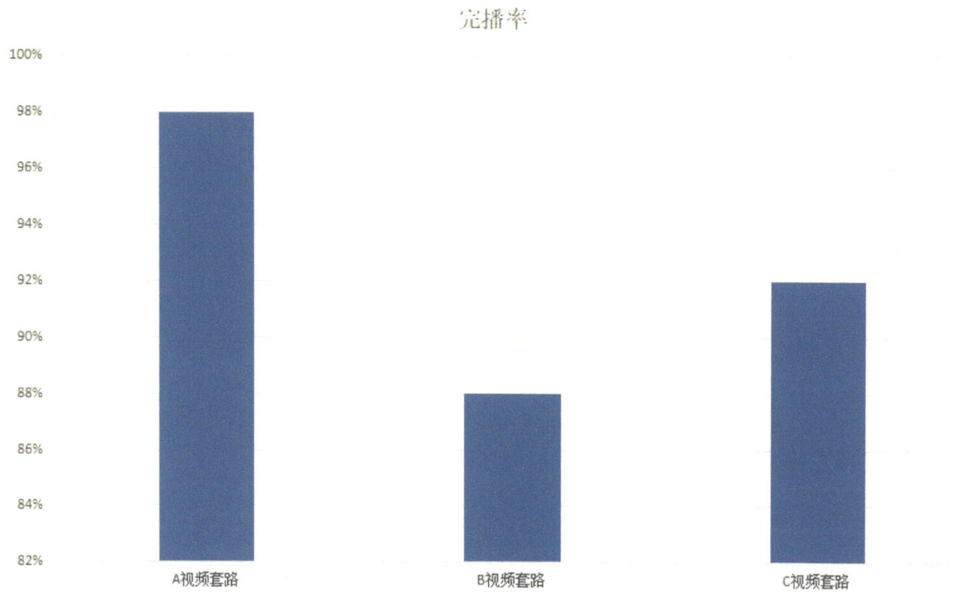

图5-10 完播率柱状图

由图 5-10 可知，在其他条件相同时，使用 A 视频套路的口红完播率最高。由此可知，使用 A 视频套路对该款口红的推广最有利。

接下来对视频的最佳发布时长进行分析。

通过视频文案安排计算出视频的最短播放时间（即能够恰好将推广内容全部说完需要多长时间），此处将最短时间设为 x（单位为分钟）。从 x 开始到 $x+4$ 设置时间梯度为 1 的 5 组对照方案，分别标记为方案一、方案二……方案五，这 5 组视频均使用上面所说的 A 视频套路。记录这 5 组数据的视频播放量与视频完播量，并计算出完播率，如表 5-4 所示。

表 5-4 不同时长完播率计算

种 类	方案一	方案二	方案三	方案四	方案五
视频播放量（次）	6788	6324	6900	7000	7500
视频完播量（次）	5987	6000	6080	6200	6098
完播率	88%	95%	88%	89%	81%

将所得数据记录后绘制成折线图，如图 5-11 所示。

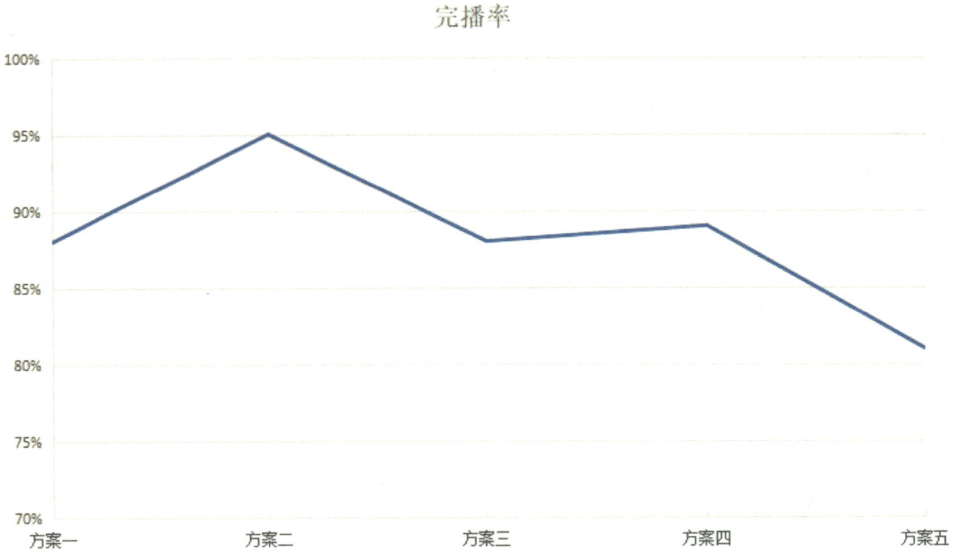

图5-11　完播率折线图

分析可知，方案二（即在最短播放时间后增加 1 分钟）完播率最高，故使用此时长最有利。

4. 如何提高完播率

（1）适当剪短视频时长

视频时长过长，很可能会使用户失去继续观看下去的欲望，造成完播率过低。一般情况下，视频要控制在 5 分钟以内。在控制视频时长的同时，我们也要将最精彩的部分在合适的时间展示出来，不要过早或过晚。

（2）制造亮点

我们可以在视频中特意加入一些容易引人注意的内容，如令人意想不到的反转；还可以在视频中故意表现出引人思考的举动，制造有争议的话题引起用户不同的思索等。例如，在拍摄宠物类视频时，故意把宠物拟人化，并用人声配音模仿宠物说话，就很容易制造亮点，吸引用户。

三、转发和评论数据分析

1. 分析不同视频的评论数和转发数

评论数和转发数是指一条视频下的评论数量和转发数量。对近期所发视频的评论数和转发数进行分析，可以反映出近期视频的最佳发布时间，近期受欢迎的视频类型等，进而及时调整运营策略，优化视频内容。

例如，某生活视频账号要针对 4 种品牌的吹风机测评视频的互动数据进行分析，可以将这 4 种视频在同一时段发布，在同一天结束时统计评论数和点赞数，并将得到的数据制成柱状图。图 5-12 所示为 4 种不同品牌吹风机的互动数据图。

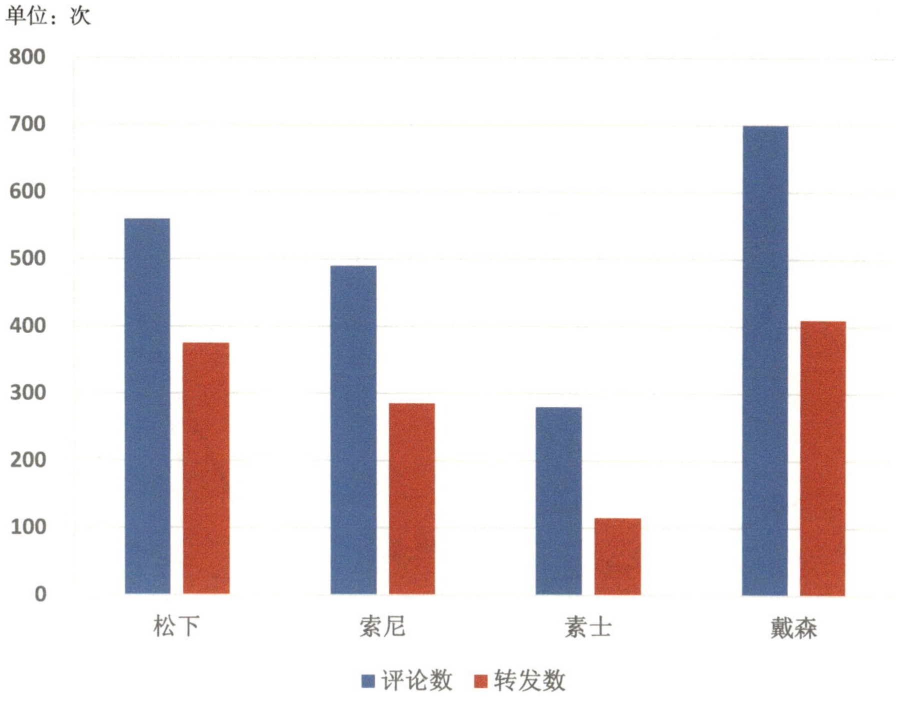

图5-12 4种不同品牌吹风机的互动数据图

对图 5-12 综合分析可知，戴森品牌测评视频的评论数和转发数均高于其他品牌，素士品牌测试视频的互动量较低。可以依据此结果增加发布戴森品牌系列产品测评的视频，以提高账号的影响力。

2. 分析不同时间段的评论数和转发数

账号运营之初，在确定视频内容的大概方向之后，需要确定视频发布的适宜时间段，以达到引流效果。发布时间段可以分为以下两个。

① 单日的某一时刻。

抖音对于用户发布的视频有一套算法，根据视频在发布后的一个小时内评论数和转发数的多少对视频进行加权，决定视频能被多少人看到。因此，对单日的某一时刻的用户评论数和转发数进行分析从而得出不同时间段的用户活跃程度尤为重要。

将同一视频在一天中的不同时刻发布，收集不同时刻视频的评论数和转发数，将所得数据绘制成图表，可以清楚地看到一天之中用户的活跃程度。例如，要分析一天中从上午 8 点到晚上 11 点用户的活跃情况，可以每小时发一次视频，并在发完视频一小时之后记录评论数并删除该视频，再重新发这条视频，以此类推，记录一天之中的评论数和转发数。

完成上述操作，我们将得到的数据制成图表。图 5-13 所示为一日评论数与转发数折线图。

由图 5-13 可知，从上午 8 点到晚上 11 点用户活跃程度呈现先降低后增高的趋势。在下午 2 点到 5 点左右用户最不活跃，所以应避开在下午发布视频。大家可以在上午 8 点上班通勤路上的时间段和晚上 10 点以后娱乐休息的时间段发布视频，这样会获得较高的评论数和转发数。

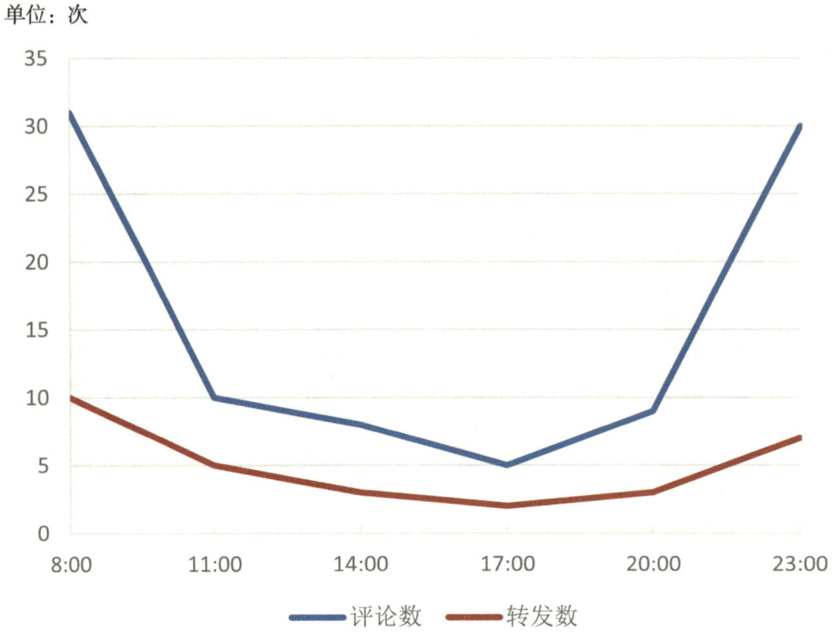

图5-13　一日评论数与转发数折线图

② 多日中的某一天。

这个时间段可以是一个月中的某一天，也可以是一周中的某一天。对一个月或一周中某一天的视频评论数和转发数进行分析可以粗略地判断用户的日活跃度，以确定视频发布的时间。将同一视频在多日发布，收集不同日期视频的评论数和转发数，将所得数据绘制成图表，可以清楚地看到这几日之中用户的活跃程度。例如，要分析一周中用户的活跃程度，可以在每天同一时刻发一条视频，在发完视频 24 小时之后记录评论数并删除该视频，重新发这条视频，以此类推，记录一天之中的评论数和转发数。通过上述过程，我们可以得到如表 5-5 所示的一周评论数与转发数。

表 5-5　一周评论数与转发数

日　期	周一	周二	周三	周四	周五	周六	周日
评论数（次）	800	780	708	750	2104	1510	1602
转发数（次）	640	590	578	630	1098	821	825

我们也可以将数据绘制成如图 5-14 所示的一周评论数与转发数折线图。

由图 5-14 可知，从周一到周日用户活跃程度呈现先平缓后突增再下降的趋势。周一到周四用户活跃程度较低，周五用户活跃程度达到峰值，之后用户的活跃程度有所降低但仍维持在较高水平。所以，我们应避开在周一到周四发布视频，尽量选择在周五、周六、周日发布视频。

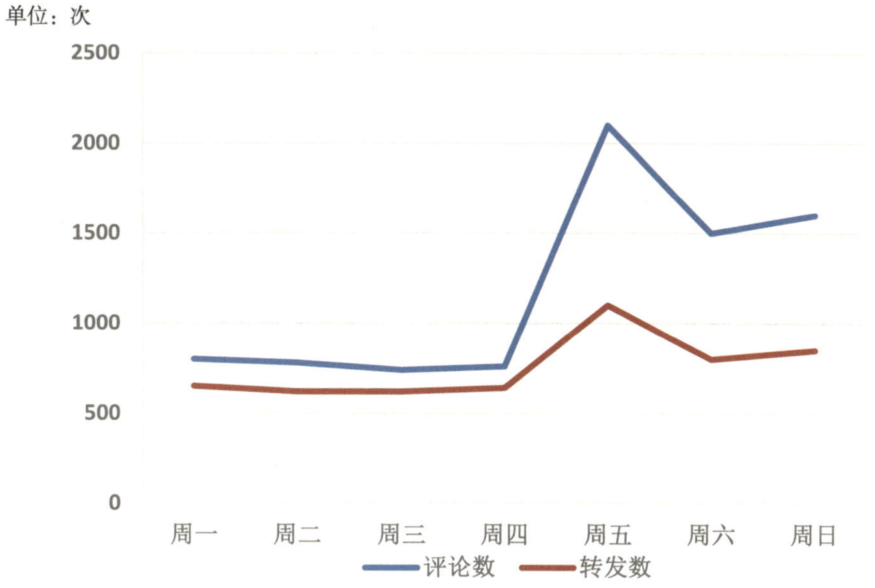

图5-14　一周评论数与转发数折线图

四、点赞率的分析

1. 点赞率的定义

点赞率是指一个视频的点赞量与该视频的总播放量的比值，用公式表示为：点赞率=点赞量÷总播放量×100%。例如，某视频有 20 次点赞，同时有 200 次播放，那么点赞率就是 20÷200×100%=10%。点赞量和总播放量可以在手机端或 PC 端作品数据中查看。

2. 点赞率的意义

点赞率的高低在很大程度上决定着抖音视频的权重大小。抖音对于视频推荐有一套权重机制。当视频通过审核发布后，不论是新人用户还是网红用户都会有权重大小相同的流量池。流量池越大，视频被推荐给的用户数量就会越多。而之后的权重大小主要取决于点赞率。点赞率越高，权重越大，流量池也越大，能看到视频的用户数量就会越多，这就意味着将有更多的机会吸引流量。

3. 对点赞率进行分析

通过分析点赞率，可以看出近一段时间的视频是否占较大权重，进而调整策略，有针对性地改良视频。要分析点赞率，就要先计算出视频的点赞率并将数据绘制成图表。

在上述抖音账号中，经过数据查询，得到如表 5-6 所示的 7 个视频的点赞量和总播放量。

表 5-6　7 个视频的点赞量和总播放量

视频序号	视频 1	视频 2	视频 3	视频 4	视频 5	视频 6	视频 7
点赞量（次）	207	346	15	46	55	27	14
总播放量（次）	120500	210300	34008	45015	50048	36678	26087

最后计算得出如表 5-7 所示的 7 个视频的点赞率。

表 5-7　7 个视频的点赞率

视频序号	视频 1	视频 2	视频 3	视频 4	视频 5	视频 6	视频 7
点赞率	0.17%	0.16%	0.04%	0.10%	0.11%	0.07%	0.05%

图 5-15 所示为根据表 5-7 所得数据绘制出的 7 个视频的点赞率折线图。

图5-15　7个视频的点赞率折线图

由图 5-15 可知，这 7 个视频的点赞率呈现出先降低后有所回升，然后又降低的趋势。总体来看，视频观看人数较多，但点赞数较少，说明此抖音账号虽然具有很大的基础权重，而忽视了视频质量，应当制订相应的计划进行调整。一般而言，点赞率在 1%左右说明视频质量正常，2%以上即可认定为优质视频，而此账号的这 7 个视频的点赞率均低于 1%，说明离标准还有很大距离，需要努力产出优质视频。

任务三　视频投放数据分析

一、视频固有数据的分析

1. 视频固有数据的定义

视频固有数据是指在视频制作、发布的过程中产生的且不可通过外力进行改变的固定指标。例如，发布时间、视频时长、发布渠道等，这些基本就是视频发布后既有的固定属性。

2. 分析视频固有数据的意义

短视频的发布频率和时间是短视频数据分析的重要部分。相关资料显示，抖音 70%以上的用户会在工作日的早/中/晚饭前刷抖音，睡前半小时也是刷抖音的高峰期。图 5-16 所示为抖音视频发布时间分布图。所以，通过视频固有数据的分析，可以在刷抖音的黄金时间段 11:00～13:00、18:00～19:00、21:00～22:00 发布短视频。另外，通过有效的数据分析，可以形成固定的发布频率，从而培养用户的观看习惯，增加用户黏性。

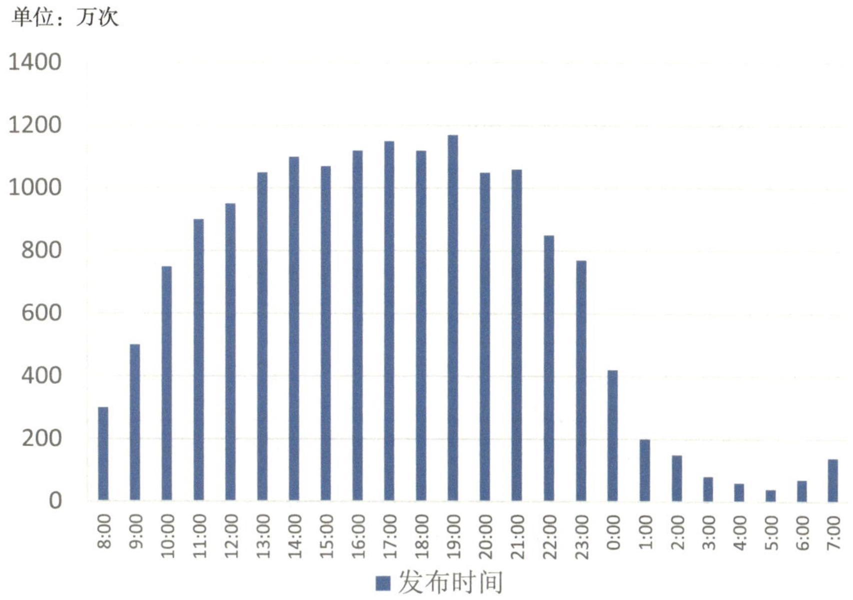

图5-16　抖音视频发布时间分布图

3. 对视频固有数据进行分析

打开“抖音”，点击“我”图标，再点击“作品”图标，显示出图 5-17 所示的“作品发布”页面，可以从视频列表中看到每条视频的时长。

图5-17　抖音的“作品发布”页面

通过分析固有数据，可以看出相关视频的发布时间、视频时长是否与播放量/点赞率存在相关性，进而调整策略，改变视频发布时间。

在上述抖音账号中，经过数据查询，得到了表 5-8 所示的视频发布时间和视频时长统计。

表 5-8　某账号视频的发布时间和视频时长统计

视频序号	视频 1	视频 2	视频 3	视频 4	视频 5	视频 6	视频 7
发布时间	21:18	19:15	13:18	08:36	23:01	15:15	12:30
视频时长（分）	3:12	2:18	3:08	2:36	1:58	2:09	3:42

根据表 5-8 中的数据可知，该账号在抖音上发布的视频时长基本为 2～4 分钟，7 条视频中，3 条视频的时长超过了 3 分钟，3 条视频的时长超过了 2 分钟（未超过 3 分钟），还有一条视频的时长接近 2 分钟。视频的完播率基本都保持在 20%左右，分析其原因可能是由于视频的时长有些过长，视频亮点不够突出，无法吸引用户看完。因此，视频创作者应该精简视频的时长，并且寻找能够吸引用户眼球的内容。

二、视频实际结果量的分析

视频创作者将视频拍摄完成后发布到抖音平台上，接下来最需要关注的就是实际的“播放量”。视频的播放量要通过两个方面来进行评估：一是实际结果量，二是“同期视频对比播放量”。

1. 视频实际结果量的定义

视频实际结果量，也就是累计播放量，是指从视频发布到目前为止，视频在网上播放的次数之和。以某期内容为例，在抖音上的累计播放量为 3 万多次，其视频实际结果量即 3 万多次。那视频的实际结果量是如何得出来的呢？这就需要进一步关注该视频在某一具体时刻的表现情况，也就是该视频的每日播放量统计。图 5-18 所示为某视频在 12 月 25 日至 12 月 31 日近 7 日内每日的新增播放量，（其中，12 月 27 日和 12 月 29 日产生了播放的高峰），将这几日的播放量相加即该视频的实际结果量。

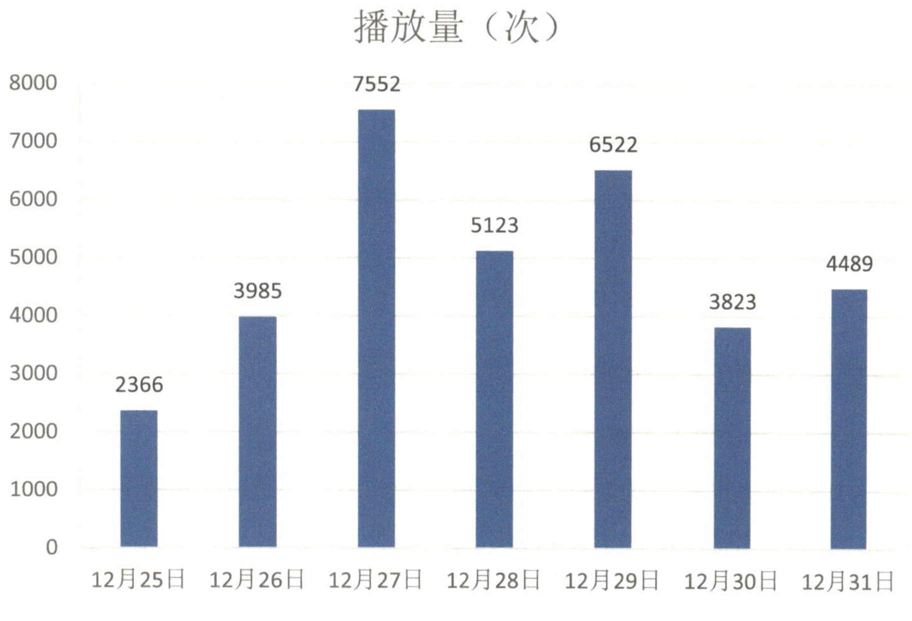

图5-18　某视频在12月25日至12月31日近7日内每日的新增播放量

2. 分析视频实际结果量的意义

视频实际结果量是视频数据分析的重要部分之一。通过分析实际结果量，可以得知一个视频的传播情况，通过分析整体播放的最高峰，针对这个视频，我们应该思考是否在最高峰出现的这一天，产生了如“被推荐”“通过分享带来了高播放量”等现象。

3. 对视频实际结果量进行分析

打开“抖音”，进入“我”的页面，单击“新增播放”按钮下面的“作品数据”按钮，其中有每日数据概要、播放实时趋势（24 小时内）、观看分析等选项可进行深入分析每日不同时段的视频播放高峰。图 5-19 所示为某视频的每日播放量统计图，我们可以看到今日视频播放量为 15 次，累计视频播放量为 119 237 次。其中，视频播放量在 4 月 11 日达到高峰，将 4 月 10 日至 4 月 12 日的播放量相加，即可得到该视频的实际结果量。

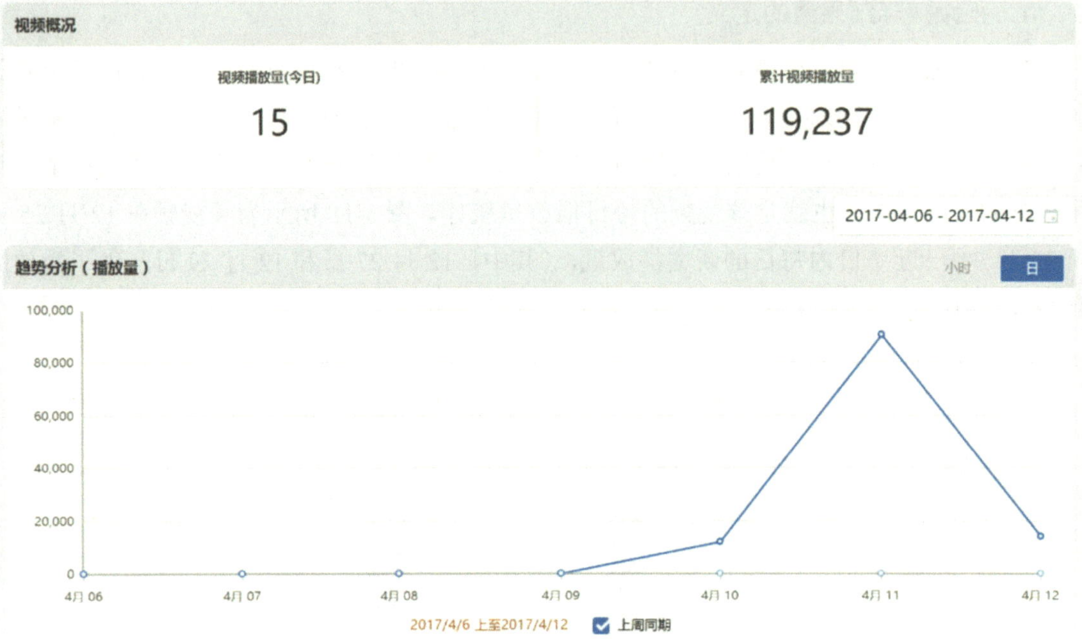

图5-19　某视频的每日播放量统计图

三、视频对比播放量的分析

1．分析视频对比播放量的意义

视频的对比播放量也是视频数据分析的重要部分之一，通过分析视频对比播放量可以知道同样的一个视频在哪个平台上比较受欢迎，以及得知哪种题材的视频适合在哪个平台进行播放。另外，通过有效的数据分析，可以形成在某平台固定发布某些题材的定式及视频固定的发布频率，从而吸引固定用户，增加用户黏性。

2．分析视频对比播放量的方法

分析视频对比播放量，主要从以下两个方面进行：一是对比同期视频的播放量情况；二是比较相近题材视频的播放量情况。

（1）对比同期视频的播放量情况

同期视频的播放量是指同一个视频同时发布在不同的平台上，在各个平台获得的播放量。表 5-9 所示为某短视频对比同期视频的播放量情况，从中我们可以看到，视频自发布以来，全网累计播放量达到 3.4 万次以上，主要的播放渠道有抖音、快手、美拍、秒拍等。该账号的视频在抖音平台上的播放量是最高的，达到了 13 328 次，在抖音和快手平台上的播放量均超过了 1 万次，美拍和秒拍平台上的播放量都没超过 1 万次，其中秒拍的播放量最低。可见当下比较受用户欢迎的短视频主流平台是抖音和快手，秒拍相较于抖音和快手平台的受欢迎程度要低一些。

表 5-9 某视频对比同期视频的播放量情况

平　台	抖音	快手	美拍	秒拍
播放量（次）	13 328	12 860	5438	2788

（2）比较相近题材视频的播放量情况

从表 5-10 中可以看出，不论从总播放量来看，还是从不同的视频平台的播放量来看，美妆主播沉浸式护肤视频的播放量都要更加高一些，这说明比起非专业的护肤视频，用户会更倾向于观看专业的护肤视频。

表 5-10 相近题材视频播放量

序　号	头　题	总播放量（次）	抖　音	快　手	美　拍	秒　拍
1	大学生宿舍沉浸式护肤 2020-10-15　19:25:57	34414	13328	12860	5438	2788
2	美妆主播沉浸式护肤 2020-11-15　19:27:17	63466	22683	28066	7458	5259

知识拓展

CTR

CTR（Click-Through-Rate，点击通过率），是互联网广告常用的术语，指网络广告（图片广告、文字广告、关键词广告、排名广告、视频广告等）的点击到达率，即该广告的实际点击次数（严格来说，可以是到达目标页面的数量）除以广告的展现量（Show Content）。

CTR 是衡量互联网广告效果的一项重要指标。

思政园地

利用抖音第三方数据分析工具提高工作效率

数据分析是指用适当的统计分析方法对收集来的大量数据进行分析，将它们加以汇总和理解并消化，以求最大化地开发数据的功能，发挥数据的作用。作为一名新媒体运营者，除了要学会捕捉热点，具有数据分析能力也相当重要！而利用抖音第三方数据分析工具可以明显地提高工作效率。飞瓜数据前文已经介绍过，下面再介绍 3 个抖音第三方数据分析工具。

1．新抖

新抖是新榜旗下的数据分析网站，页面比较简洁明了，功能相对齐全，首页还会有一些参考知识、干货、行业点评，由于多家媒体引用的数据均来自新抖，专业度较高、行业认可度高、信息准确。另外，新抖还有快手版（和抖音版价格相同）和 B 站版（正在开发中）。

2. 抖查查

抖查查的基本功能比较齐全，适用于短视频分析，也适用于抖音电商分析。抖查查的免费功能有很多，如果只是查看榜单、初步搜索和粉丝分析，则基本可以免费使用；如果需要按照标签进行高级搜索或想获得深度分析、导出数据，则需要升级成为会员，会员价格与新抖相比会贵一些。抖查查的缺点是及时性稍微弱一些，并且信息会滞后。

3. 蝉妈妈

蝉妈妈是一个综合性的数据分析网站，主要倾向于抖音短视频分析和电商分析，关于淘宝的功能较少。蝉妈妈的及时性比抖查查强，但功能相对较少。蝉妈妈直播带货的功能较少，重心更倾向于抖音达人分析。其中，基础分析、视频分析和粉丝分析属于免费功能，电商分析和直播分析则需要升级为会员才可使用。除了数据查询，蝉妈妈还提供一些配套服务，如鹊桥培训等。

蝉妈妈的特色功能是“明星直播间”和“运营圈”。其中“运营圈”是一个知识社区，里面分为“问答”和“文章”两部分，内容质量参差不齐，对于运营入门新手会有一些帮助。

不管做什么平台，数据分析都是非常重要的工作。通过专业的数据分析，不仅能了解行业的最新动态，还能学习同行的热门“套路”，事半功倍。第三方数据分析工具还有很多，作为一名新媒体从业人员应当学会使用这些工具来更有效率地完成工作。

资料来源：合正传媒（有改写）

讨论并思考：

比较分析不同的抖音第三方数据分析工具，新媒体从业人员应如何选取合适的工具进行数据分析来提高工作效率？

职业技能训练

1. 单选题

（1）如果你是一个抖音平台的博主，那么以下哪种行为不是涨粉的有效途径？（　　）

A. 对抖音账号定位，确定内容创作方向

B. 利用个人信息包装，快速吸引粉丝

C. 发布大量不同题材的视频

D. 与粉丝互动，提高粉丝忠诚度

（2）在 PC 端无法查询到的抖音作品数据是（　　）。

A．直播回放　　B．完播率　　C．点赞数　　D．评论数

2．多选题

（1）视频对比播放量应该从（　　）分析。

A．首页视频的播放量情况

B．同期视频的播放量情况

C．相近题材视频的播放量情况

D．所有相关视频的播放量情况

（2）以下属于抖音数据分析可以利用的第三方数据分析工具的是（　　）。

A．飞瓜数据　　B．抖查查　　C．新抖　　D．蝉妈妈

3．思考题

（1）完播率的定义是什么？

（2）某抖音视频运营团队希望你可以对其视频数据进行分析，并着重展现与粉丝数量有关的因素，请你先列举出重点要分析的数据指标。

4．实践题

图 5-20 为某非物质文化遗产科普主播的抖音账号在 2020 年 5 月 24 日至 6 月 2 日发布的 10 个作品的获赞数、评论数和分享数的变化趋势。请你结合所学，分析相关数据并为运营者提供建议。

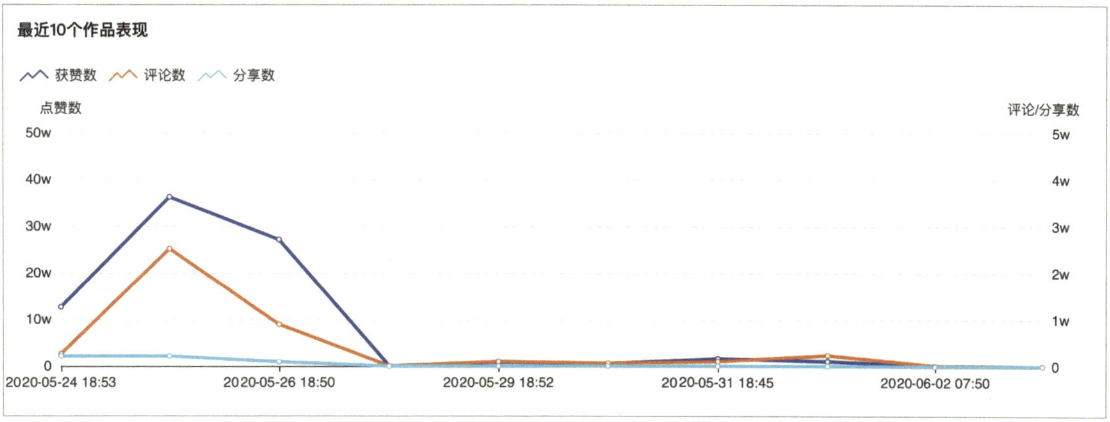

图5-20　某非物质文化遗产科普主播的抖音账号的数据变化趋势图

项目六

今日头条数据分析

学习目标

知识目标

1. 列举粉丝数据的类型。
2. 列举粉丝属性的类型。
3. 简述粉丝偏好。
4. 简述头条指数。

技能目标

1. 能分析用户基础数据。
2. 能分析内容数据。
3. 能分析用户兴趣热度。

思政目标

培养大家运用数据解决问题时实事求是的态度。

单元导学

今日头条

“今日头条”于 2012 年 8 月上线，是一款基于数据挖掘技术的个性化推荐引擎产品，它为用户推荐有价值的、个性化的信息，提供连接人与信息的新型服务，是国内移动互联网领域成长最快的产品之一。图 6-1 所示为今日头条 Logo 与宣传标语。

图6-1 今日头条 Logo 与宣传标语

今日头条核心产品有以下几项。

1. 推荐引擎——今日头条

推荐引擎是一项技术，今日头条通过推荐引擎给用户提供符合其阅读偏好的信息。图 6-2 所示为今日头条推荐页面。

今日头条客户端以用户建模为基础、以推荐为引擎、以头条号作者为内容源，也是其他产品内容的流量分发地。

2. 搜索系统

图 6-3 所示为今日头条搜索栏。

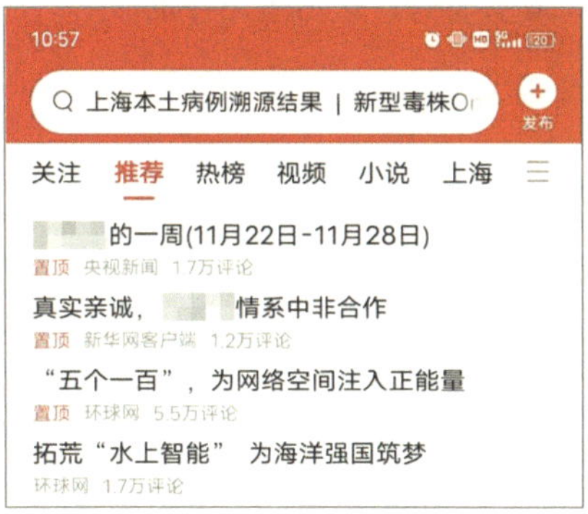

图6-2 今日头条推荐页面

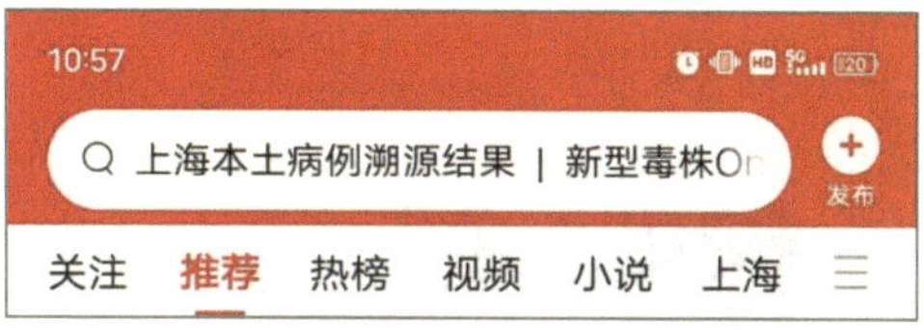

图6-3 今日头条搜索栏

当点击搜索框后，子页面会有“热搜词”“搜索历史”“猜你想搜”3 个模块，搜索页面如图 6-4 所示。

在这个页面的搜索框输入想要搜索的词语后，会出现具体内容，包括“综合”“视频”“问答”“资讯”“小视频”等几个聚合的分类，搜索结果页面如图 6-5 所示。

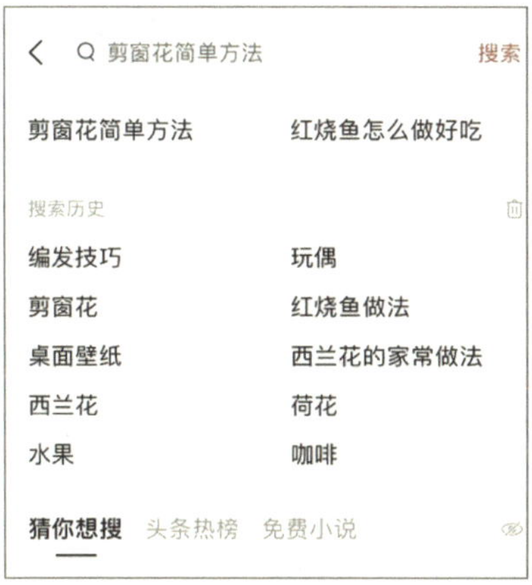

图6-4 搜索页面

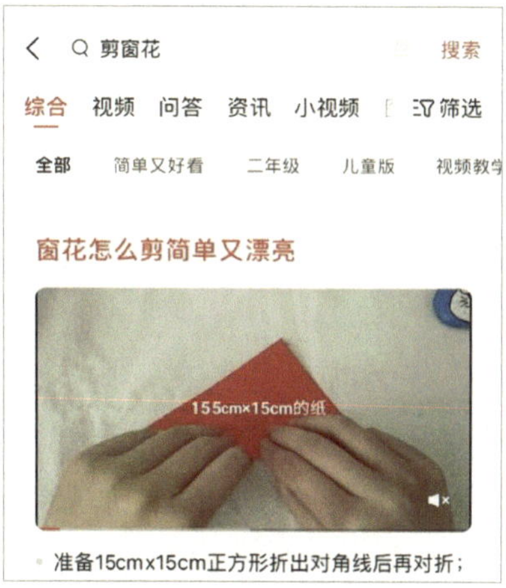

图6-5 搜索结果页面

用户想要了解某个概念、查询某些资料、了解某个热门事件或人物、深度了解某个知识或方法论、了解某个电影/美妆/母婴知识等，都可以通过搜索系统进行主动搜索。

3. 问答——悟空问答

今日头条中有一个分类“问答”，它也有独立 App——悟空问答，是今日头条客户端重要的流量分发地，今日头条问答页面如图 6-6 所示。

头条问答是今日头条最新推出的协同创作工具，创作者可以在这里分享自己对某个领域或某个具体问题的经验和见解，优秀的回答有机会被推荐上头条。

4. 内容社交——微头条

微头条和微博的内容特征、产品设计很像，微头条页面如图 6-7 所示。

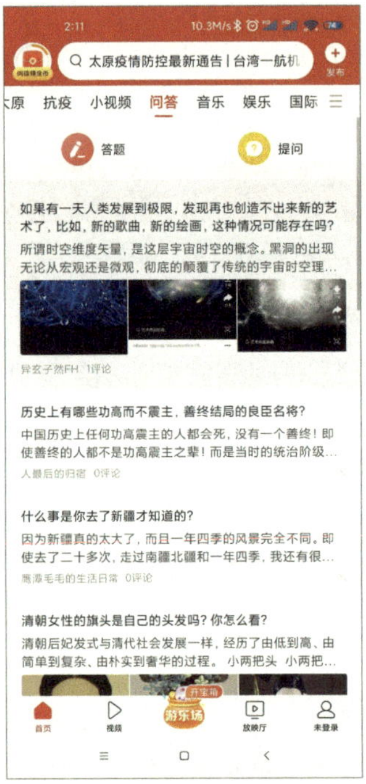

图6-6　今日头条问答页面

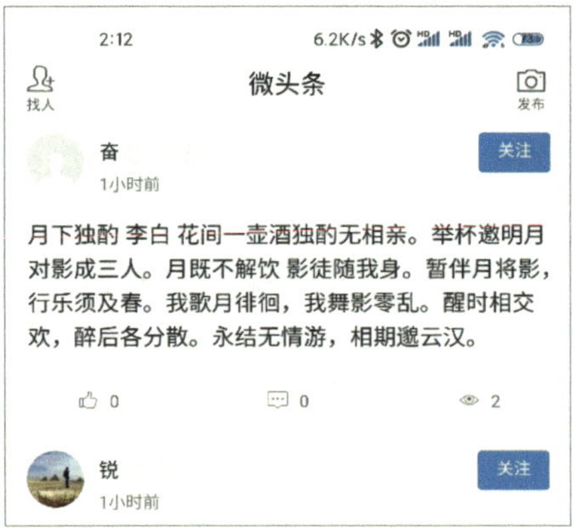

图6-7　微头条页面

微头条是轻量级头条号，点击右上角的“发布”按钮即可创作，有视频、文字、图片形式。

今日头条之前都是长文，内容篇幅长会引起用户阅读疲劳。另外，若微头条上的内容写得好，就会被自动推送给所有对此感兴趣的头条用户，这个机制会促使更多创作者不断提高创作内容的质量。

5. 短视频——西瓜视频/火山小视频/抖音短视频

短视频作为网络信息传播的介质之一，能承载更丰富的信息内容，也能快速吸引用户的注意。目前，今日头条下有西瓜视频、火山小视频、抖音短视频（还有其收购的 Musical.ly）等。

西瓜视频、火山小视频、抖音短视频等有其独立的 App。图 6-8 所示为今日头条的小视频栏目，可以实现视频源的共享，极大地提高了传播的范围。

图6-8 今日头条的小视频栏目

“头条号”是今日头条针对媒体、国家机构、企业及自媒体推出的专业信息发布平台，致力于帮助内容生产者在移动互联网上高效率地获得更多的曝光和关注。用户可以通过注册头条号来发布内容，头条号还会对用户发布的内容和粉丝提供数据分析，以便用户了解自己所发内容的传播数据。登录头条号账户，即可看到头条号管理页面。在图 6-9 所示的“数据”栏目中，头条号为用户提供收益数据、作品数据和粉丝数据 3 项数据的查询操作功能。下面我们来具体介绍这 3 项数据。

图6-9 头条号“数据”栏目

任务一　收益数据分析

收益数据是指头条号的创作者通过创作图文、视频等内容获得的收益的相关数据。

登录头条号，在电脑端中单击页面左侧“收益数据”栏目或在移动端个人中心板块查看头条号的收益数据，如图 6-10 所示。

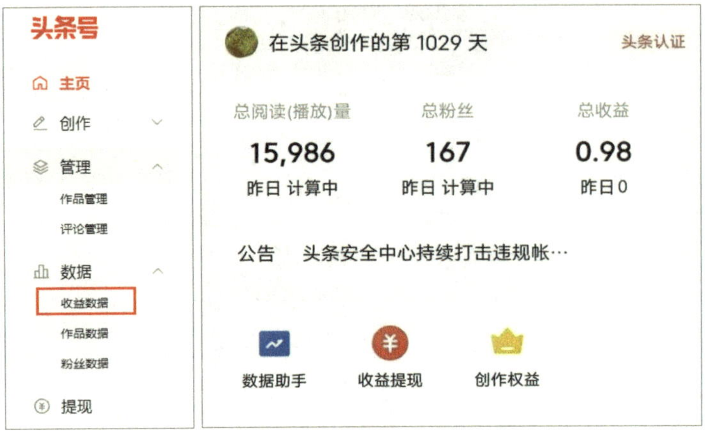

图6-10　收益数据

头条号的收益类型主要分为图文类收益和视频类收益。查看收益数据，可以帮助创作者了解作品发布后带来的收益情况，收益的多少直接反映了创作内容质量的高低。因此对收益数据进行分析能帮助创作者了解创作内容的质量，为其不断优化内容提供帮助。

一、收益计算

在头条号内容创作中，图文类和视频类内容收益计算相同，都包括两部分：基础收益和补贴收益。下面以图文类收益为例讲解头条号收益数据分析。

1. 基础收益

基础收益的计算公式为：基础收益=获利阅读（播放）量×千次阅读单价

（1）获利阅读（播放）量

并不是所有的阅读都会产生收益，目前是在今日头条平台里通过推荐、相关文章、推送和搜索这些渠道产生的阅读（播放）量，才算得上获利阅读（播放）量。在这种情况下，链接分享出去产生的阅读，就未被计入，而且从个人主页点进去的目前也没有被纳入统计。

提高阅读（播放）量，一方面可以通过了解推荐机制，在平台获得更多的推荐流量进而提高阅读（播放）量；另一方面可以通过增加粉丝量，让粉丝从关注入口进入内容产生阅读。

（2）千次阅读单价

千次阅读单价是衡量收益的一个重要指标。千次阅读单价并不是一个固定值，而是根据阅读时长系数、内容价值系数、粉丝阅读占比 3 项数值不断变化的。

① 阅读时长系数。它不是以阅读时长来计算的，它是内容相较于站内整体阅读时长的一个相对水平。通常来说，这个系数越高，说明这篇文章让用户停留的时间就越长。

② 内容价值系数。它衡量的是内容包含的商业价值的高低，系数越高，表示发布的作品相对于其他作品的价值就越高。

③ 粉丝阅读占比。每天粉丝阅读（播放）量与当日总阅读（播放）量的比例。平台重视创作者与粉丝之间的互动，粉丝阅读的收益比非粉丝阅读的收益高。

以上就是对于图文类内容来说，影响千次阅读单价的 3 项数值，这些也会影响整体收益中的基础收益。

2. 补贴收益

除基础收益之外，还有一部分是补贴收益。补贴收益是指参加各项创作活动（见图 6-11）获得的收益。参加头条号活动可以享受平台给予的补贴收益，如 2020 年的“闪光时刻”活动，参与主题创作活动，就有可能享受最高 3 倍的收益激励。

图6-11 创作活动

二、收益数据分析

在收益数据页面，单击“文章”按钮即可看到文章的收益数据。在趋势图中我们可以清晰地看到创作收益、基础收益、补贴收益的数据变化。

1. 总数据

通过查看总体数据趋势，能够把握一段时间内的收益变化方向。例如，在图 6-12 中，设置查看时间为“2021-10-31～2021-11-29”，就可以看到这一个月时间的创作收益、基础收益和补贴收益。它们三者的关系为：

创作收益=基础收益+补贴收益

从数据走势来看：

① 补贴收益本月变动不大，总体呈现缓慢的上升趋势。这说明该头条号参加的平台活动带来的收益比较稳定；补贴收益小于基础收益，说明主要的收益来源还是基础收益。

② 基础收益在 11 月缓慢上升，于 11 月中旬出现了下降的趋势，11 月 15 日达到最低值，11 月 16 日后又逐渐上升。数据上升说明创作者发布的文章内容比较优质，能够吸引其他用户和粉丝阅读，获得较高的获利阅读（播放）量。反之，数据下降也可能是由于内容的获利阅读（播放）量和千次阅读单价不高引起的。

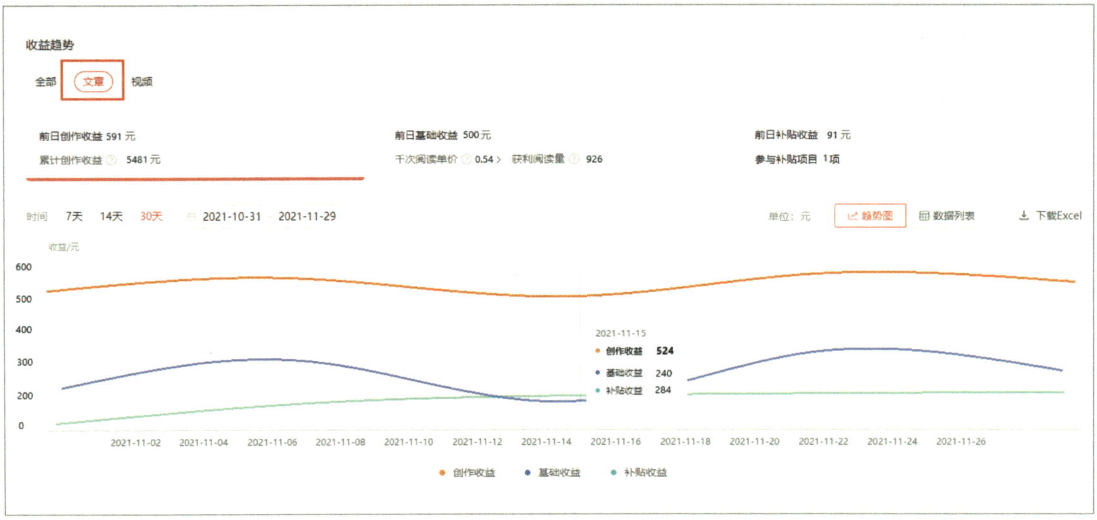

图6-12 收益趋势图

趋势图只能看出数据走向，对于趋势图上的异常数据（最高数据或最低数据）还需要通过数据明细进一步分析当天数据上升或下降的原因。

2. 单篇作品数据

在“文章”数据页面还可以看到“单篇作品收益”数据，如图 6-13 所示。单篇作品收益数据包括创作收益、基础收益、补贴收益、获利阅读（播放）量。在数据明细中，可以详细查看每一篇文章的数据。例如，在图 6-14 所示的某篇文章的收益数据明细中可以看到，11 月 15 日这篇作品的创作收益为 524 元，基础收益为 240 元，补贴收益为 284 元，获利阅读量为 3640 次。

单篇作品收益

收益类型 文章 视频

发布时间 2021-10-31 - 2021-11-29

作品	时间	创作收益	基础收益	补贴收益	获利阅读(播放)量
《冬季护肤必备技巧》	2021-11-29	578	352	226	7812
《法制解读》	2021-11-28	487	400	87	5724
《每日一笑》	2021-11-27	540	520	20	24816
《植物百科》	2021-11-26	624	600	24	24812
《法制小故事》	2021-11-25	587	512	75	24750

图6-13　“单篇作品收益”数据

作品	时间	创作收益	基础收益	补贴收益	获利阅读(播放)量
《宅家新科技》	2021-11-15	524	240	284	3640

图6-14　某篇文章的收益数据明细

由以上数据分析可以得出：

补贴收益高于基础收益。本篇作品是参加平台活动的作品，因此获得了平台的补贴收益。

基础收益为 240 元，获利阅读（播放）量为 3640 次，千次阅读单价=240÷3640=0.066（元/千次）。千次阅读单价是由阅读时长系数、内容价值系数、粉丝阅读占比决定的，因此要从这些方面分析这篇文章存在的问题。

任务二　作品数据分析

登录头条号，在页面左侧单击“作品数据”按钮，即可查看作品的全部数据，如图 6-15 所示。

图6-15　作品数据

作品数据是指创作者发布的文章、视频等所产生的数据，包括展现量、阅读（播放）量、粉丝展现量、粉丝阅读（播放）量、点赞量等数据。分析作品数据，可以帮助创作者更好地了解其创作的内容是否符合用户的信息需求，进而为其不断优化创作内容提供数据借鉴。

一、内容基本数据

1. 展现量

单击“作品数据”栏目，在数据趋势中勾选“展现量”，即可看到在头条号中发布内容的展现数据。

展现量是指自己创作的内容在其他用户搜索结果中出现的次数，当内容符合用户搜索的关键词时，文章就会出现在搜索结果页面上。另外，今日头条在给用户推荐阅读内容时，会根据该用户的阅读偏好推荐文章，如果某一篇文章符合用户的阅读偏好，那么今日头条也会自动将文章展现在用户的浏览页面上。

在图 6-16 所示的展现量趋势图中，作品的展现量在 11 月 28 日及之前没有变化，11 月 29 日至 12 月 3 日出现大幅上升，12 月 3 日后又开始大幅回落，据此推断 11 月 29 日至 12 月 3 日该头条号发布的作品获得的关键词检索或推荐度较高。

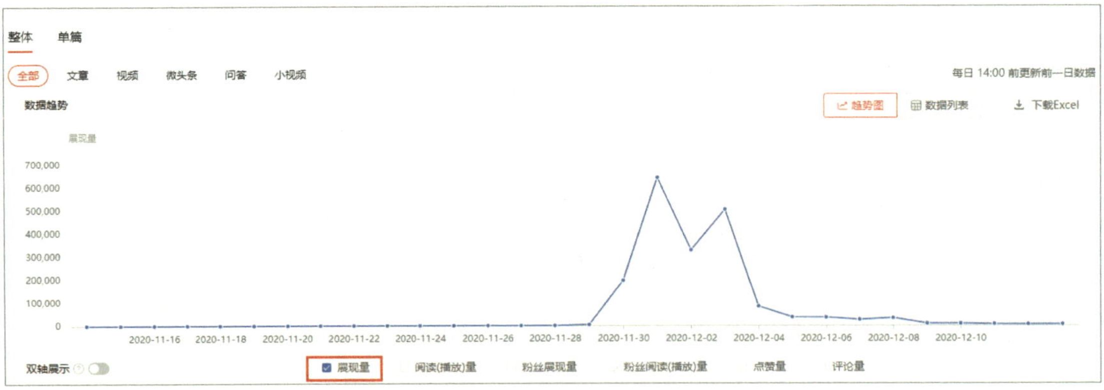

图6-16　展现量趋势图

展现量与文章的关键词、用户热度相关，想要提高文章的展现量必须优化文章的关键词，了解目标阅读受众的兴趣点。

2. 阅读（播放）量

单击“作品数据”栏目，在数据趋势中勾选“阅读（播放）量”，即可看到在头条号中发布内容的阅读数据。

阅读（播放）量与展现量不同，展现量只是推荐或用户检索结果中展现的次数，阅读

（播放）量是指被用户点击打开具体的作品内容页面后产生的数据。阅读（播放）量更能反映作品的吸引力，当用户看到解锁结果页面的标题时，只有标题能真正符合其阅读需求，并且具有吸引力，用户才会打开。

在图 6-17 所示的阅读（播放）量趋势图中，作品的阅读（播放）量在 11 月 29 日至 12 月 3 日出现大幅上升，说明这个时间段该头条号发布的作品除了关键词符合用户需求，还富有吸引力，能够吸引用户打开内容页面进行阅读。

作品阅读量的提升不仅要求创作者优化文章的关键词，还需要抓住社会热点和用户痛点，通过创作富有吸引力的作品标题来吸引用户阅读。

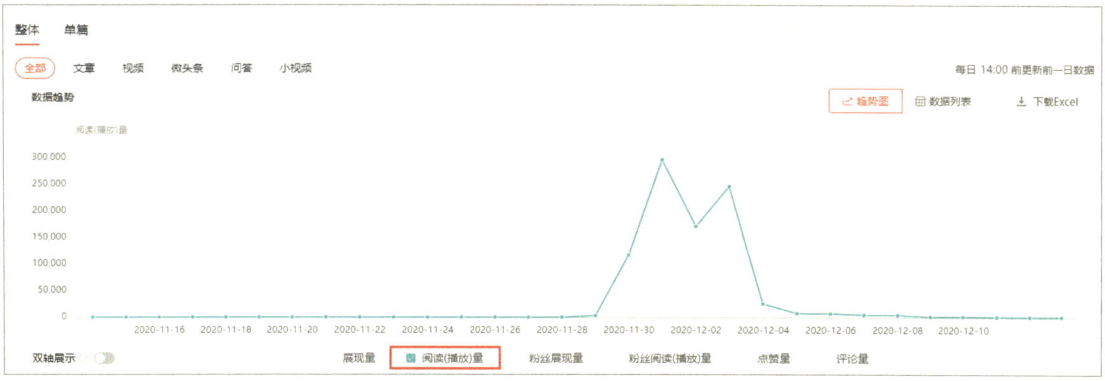

图6-17 阅读（播放）量趋势图

在头条号中，提高文章阅读量的一个重要因素，就是“文章打开率”。“文章打开率”越高，文章就越容易获得系统的推荐，而决定“文章打开率”的关键就是标题。

二、内容投放数据

1. 粉丝展现量

单击“作品数据”栏目，在数据趋势中勾选“粉丝展现量”，即可看到在头条号中发布内容的粉丝展现数据。

粉丝展现量是指作品在粉丝浏览页面的展现数量。粉丝是指关注过头条号的用户，这些用户能够成为粉丝，说明其是头条号的目标受众，符合头条号创作的推广目标。这部分用户的展现量能反映目标用户的推广覆盖面积的大小。

在图 6-18 所示的粉丝展现量趋势图中，粉丝展现量在 11 月 29 日至 12 月 3 日出现大幅上升，说明在这个时间段该头条号发布的作品在粉丝浏览页面展现次数较多。

作品粉丝展现量的提升要求创作者了解粉丝特点，根据其特点创作作品，这样发布的作品才能符合自身粉丝的阅读需求和阅读习惯。

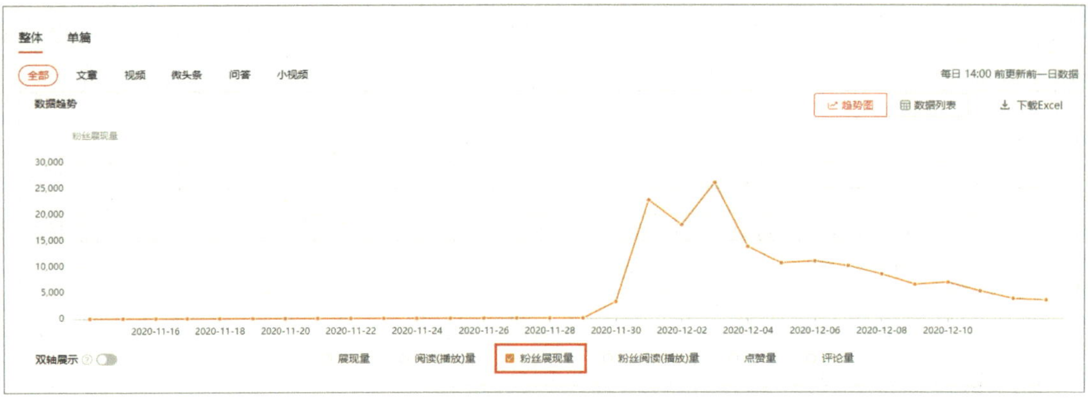

图6-18　粉丝展现量趋势图

2. 粉丝阅读（播放）量

单击“作品数据”栏目，在数据趋势中勾选“粉丝阅读（播放）量”，即可看到在头条号中发布内容的粉丝阅读数据。

粉丝阅读（播放）量是指作品被粉丝阅读的次数，而粉丝展现量是指作品被呈现在粉丝的浏览页面，可能粉丝并没有打开内容页面进行阅读。但是，粉丝阅读（播放）量就是粉丝打开内容页面后阅读所产生的数据，比粉丝展现量更能反映作品的热度。

在图 6-19 所示的粉丝阅读（播放）量趋势图中，粉丝阅读（播放）量在 11 月 29 日至 12 月 3 日出现大幅上升，说明在这个时间段该头条号发布的作品被粉丝阅读的次数较多。

想要提高作品的粉丝阅读（播放）量，就要提高作品内容创作的要求，尤其是作品的标题要富有吸引力，这样才能够吸引粉丝打开页面来阅读。

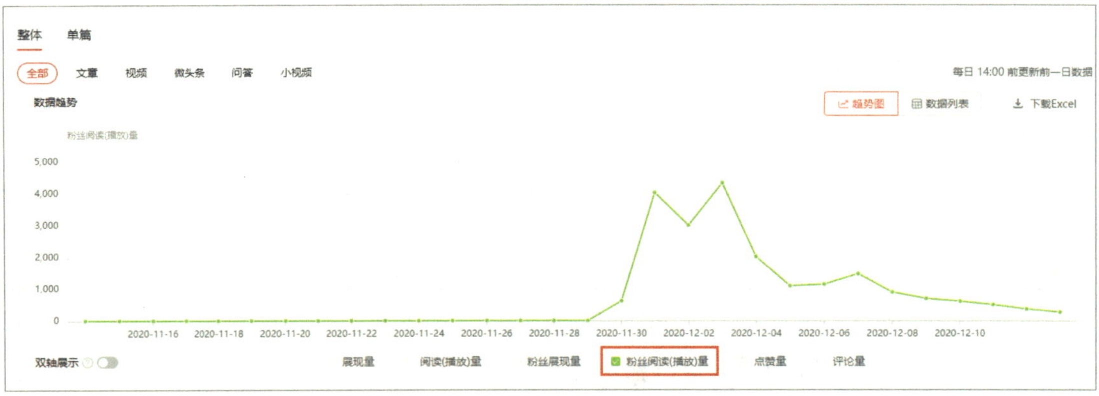

图6-19　粉丝阅读（播放）量趋势图

3. 点赞量

单击“作品数据”栏目，在数据趋势中勾选“点赞量”，即可看到在头条号中发布内容的用户点赞数据。

点赞量是指作品被用户阅读后点赞的次数，点赞数据不仅限于粉丝点赞，非粉丝点赞也会被统计。点赞量的产生是因为用户在阅读作品之后，能够认同作品的内容，进而通过点赞这种方式来表达自己对文章或创作者的支持。

点赞的行为是新媒体平台评判文章权重的重要数据之一，今日头条收集这项数据有以下用处：

① 可以作为评判操作账号活跃性的条件之一；

② 可以作为今日头条评判该文章内容是否符合用户兴趣的条件之一；

③ 可以作为今日头条是否对该文章给予更多流量推荐的条件之一；

④ 站在用户的角度，文章获得点赞数量的多少，会成为用户是否观看该文章的选择条件之一。

从新媒体的角度来说，点赞、评论、收藏、转发这 4 项数据的多少，基本可以判断出文章或视频内容是否优质。

在图 6-20 所示的点赞量趋势图中，粉丝点赞量在 11 月 29 日至 12 月 3 日出现大幅上升，说明这个时间段该头条号发布的作品质量较高。

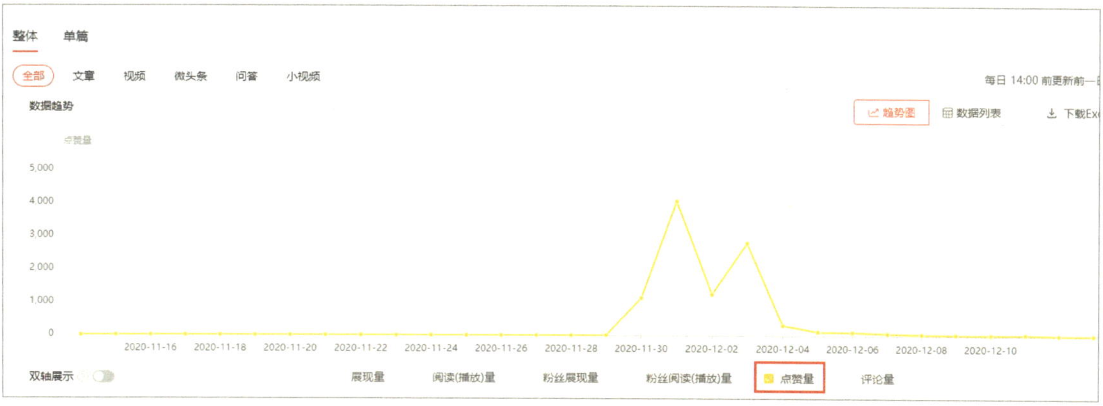

图6-20　点赞量趋势图

一个头条号作品，通过富有吸引力的标题能够吸引用户点击阅读，但是想要用户点赞，那么作品的内容也必须足够优秀。

4. 评论量

单击“作品数据”栏目，在数据趋势中勾选“评论量”，即可看到在头条号中发布内容的用户评论数据。

评论量是指用户在阅读和观看平台发布的内容后，在作品的评论栏发布自己评论的数据，用户的评论行为比点赞行为更能体现作品的质量。作品的内容不仅能引发用户的兴趣，还能激发用户发表自己观点的欲望，或认同、或反对。

在图 6-21 所示的评论量趋势图中，评论量在 11 月 29 日至 12 月 3 日出现大幅上升，说明在这个时间段该头条号发布的作品能够引发用户的评论。

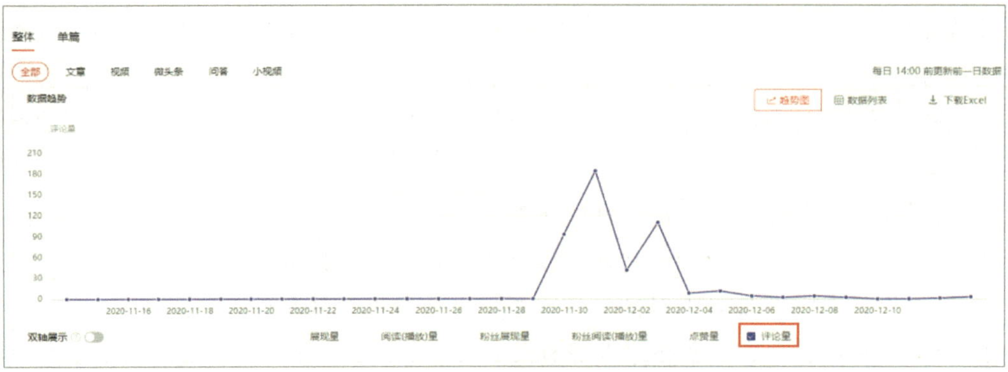

图6-21 评论量趋势图

头条号的作品想要提高评论量，除了优质的选材，还可以在作品中注意以下几点进而提升评论量：

① 设置几种具有冲突的不同观点，吸引用户留言并表示自己支持哪种观点；

② 设置悬念，留下开放式的结局，引发用户想象并留言；

③ 设置与主流观点不同的观点，另辟蹊径，引发少数派用户的评论。

在看完单项数据后，选择所有的数据选项，就可以看到所有数据的汇总，通常展现量、阅读（播放）量、粉丝展现量、粉丝阅读（播放）量、点赞量、评论量这 6 项数据呈现相同的变化趋势，如图 6-22 所示。这 6 项数据在 11 月 29 日至 12 月 3 日都出现了大幅上升，尤其是在 12 月 1 日这一天出现了所有数据的峰值，头条号的创作者应分析出现峰值背后的原因，可能是这一天该头条号发布的作品从标题到内容都比较优质，能激发用户的兴趣，同时也符合当下的热点。

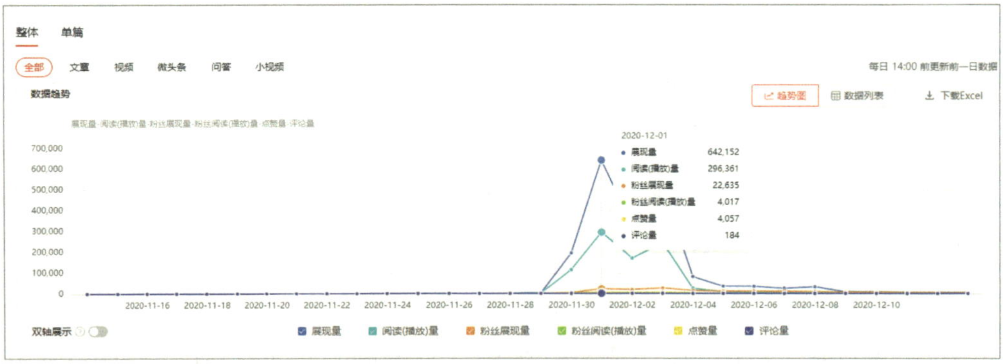

图6-22 各数据汇总趋势

知识拓展

头条号如何创造一个高打开率的文章标题

① 制造悬念。

制造悬念，是头条号标题创作的一个重要方法。只要标题能快速抓住用户的注意力，让用户产生好奇，让用户想点进文章一探究竟，就能快速提升打开率。

要制造悬念，首先抛出一个切中用户痛点的问题，然后故意留出悬念，不直接告诉用户问题的答案，让用户点击文章正文寻找答案。某头条号知名创作者发布的一篇文章的标题为《头条号上什么时候才有收入？3点揭秘增加头条号收益的方法！》

其中，“3点揭秘增加头条号收益的方法”，没有直接告诉用户答案，而是让用户点击标题到正文中寻找答案。

② 给用户巨大利益。

如果文章是对用户有价值的，就要把价值承诺写进标题，告诉用户文章能给用户提供什么帮助，让用户有哪些收获。利益型标题是写作的关键点，因此，在取标题的时候要把利益写得与用户切身相关，并且利益越具体、越明确越好。

在写利益型标题时，要注意与数字相结合，比如某推广培训的文章标题为《4000字干货——0成本涨粉2万粉丝，1篇文章赚5600元》。

③ 引发情绪共鸣。

标题能引发用户情绪变化，可以增加文章的阅读量。比如，环球网上发布的一篇文章其标题为《“我左脚没了！”高中男生在家突然痛苦大叫，陷入昏迷！检查结果却让人意外》；又比如，某创作者发布的一篇文章其标题为《660元一份的黑珍珠套餐吃了3份都没饱？失算了！》，这些文章标题中使用了情绪性标题，用到一些高唤醒的情绪性词语，引发用户的共鸣，进而吸引用户点击文章阅读。

任务三 粉丝数据分析

登录头条号个人账户，在页面左侧选择“数据”下面的“粉丝数据”栏目。

粉丝数据是指关注头条号的粉丝的相关数据，这些数据分为统计数据、属性数据和偏好数据3类。分析粉丝数据可以帮助创作者更好地了解粉丝数的变化情况，掌握账号运营的效果；帮助创作者更好地了解粉丝的行为特征，以便不断改进创作内容；帮助创作者了解粉丝的偏好，以便更好地创作符合粉丝阅读偏好的内容。

一、粉丝统计数据分析

粉丝变化数据是衡量头条号质量的重要数据，头条号粉丝越多，说明它的营销推广效果越好。头条号粉丝越多，其发布的作品被头条号推荐的机会就越大，也就会被越多的粉丝阅读到，给创作者带来更高的收益。粉丝数据包括以下几种。

1. 总粉丝数

单击“粉丝数据”栏目，在数据趋势中选择“总粉丝数”，即可看到在头条号中的总粉丝数据。如图6-23所示，该头条号在11月29日后总粉丝数发生了较大的变化。粉丝数的变化与头条号发布的作品直接相关，优秀的作品越多，就越能够吸引更多的用户关注自己的账号，从而成为自己的粉丝。

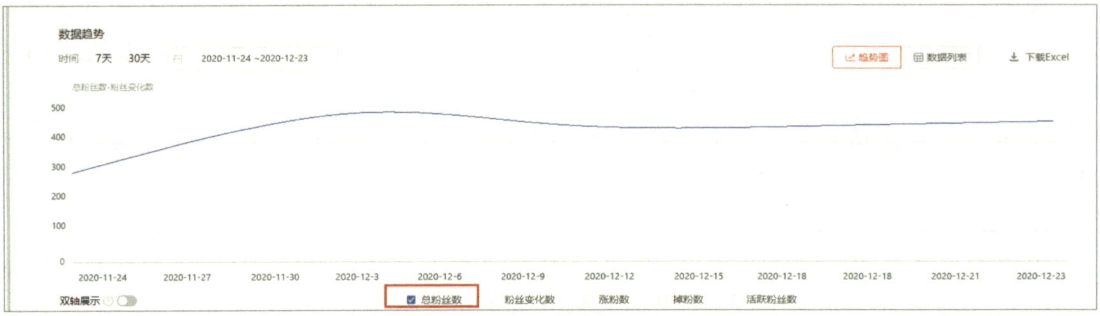

图6-23　总粉丝数数据趋势图

2．粉丝变化数

单击“粉丝数据”栏目，在数据趋势中勾选“粉丝变化数”，即可看到在头条号中的粉丝变化数数据。

粉丝变化数包括了粉丝的增加数或减少数，其计算公式为：

粉丝变化数=|前期粉丝数-当期粉丝数|

粉丝变化数是衡量头条号粉丝稳定性的一项数据，粉丝变化数越小说明头条号粉丝比较稳定，粉丝变化数越大说明头条号粉丝越不稳定。

在图 6-24 所示的粉丝变化数数据趋势图中，11 月 29 日至 12 月 4 日的粉丝变化数较大。

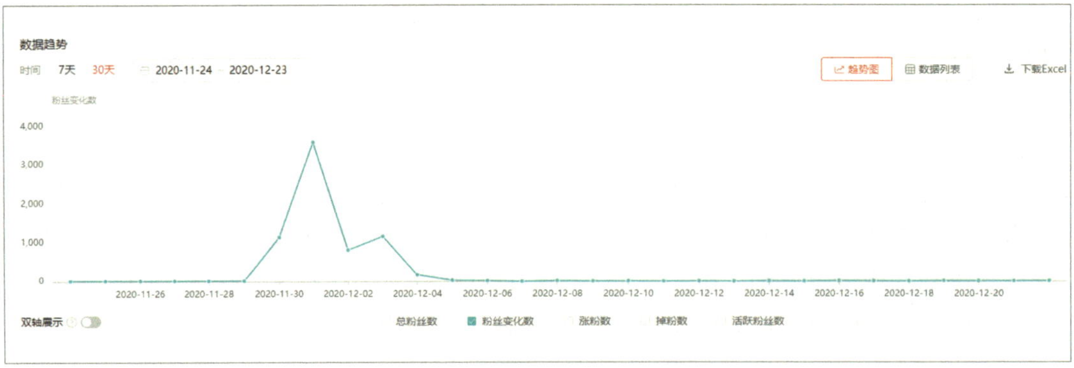

图6-24　粉丝变化数数据趋势图

3．涨粉数

单击“粉丝数据”栏目，在数据趋势中勾选“涨粉数”，即可看到在头条号中的粉丝增加数据。

涨粉数仅包括粉丝的增加数，其计算公式为：

涨粉数=当期粉丝数-前期粉丝数

涨粉数通常为一个正整数，当期的粉丝数大于前期的粉丝数才会有涨粉数。

在图 6-25 所示的涨粉数数据趋势图中，11 月 29 日至 12 月 5 日出现涨粉数，说明这段时间内该头条号粉丝数有所增加，有新的用户通过关注自己的账号，成了自己的粉丝。

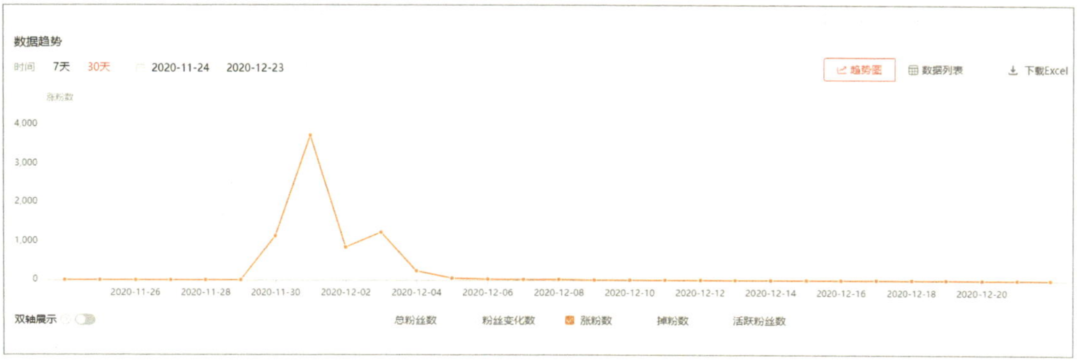

图6-25　涨粉数数据趋势图

4．掉粉数

单击“粉丝数据”栏目，在数据趋势中勾选“掉粉数”，即可看到在头条号中的粉丝减少数据，掉粉数仅包括粉丝的减少数，其计算公式为：

掉粉数=前期粉丝数−当期粉丝数

当期粉丝数小于前期粉丝数才会有掉粉数。

在图 6-26 所示的掉粉数数据趋势图中，11 月 30 日至 12 月 22 日一直有掉粉数，说明这段时间内该头条号有粉丝取消对其的关注。

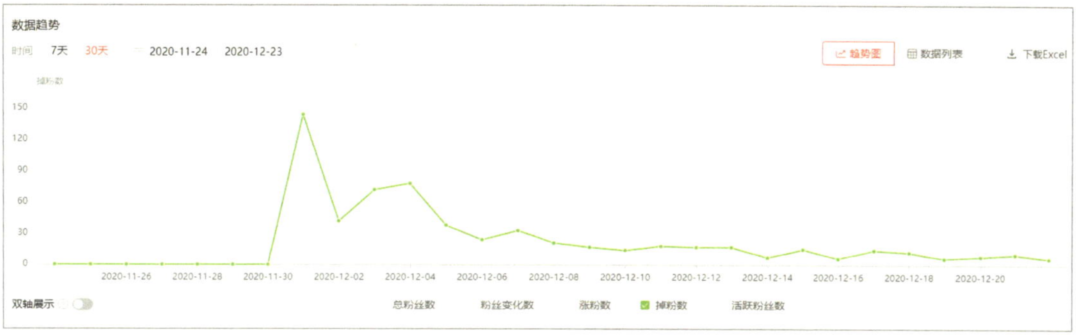

图6-26　掉粉数数据趋势图

5．活跃粉丝数

单击“粉丝数据”栏目，在数据趋势中勾选“活跃粉丝数”，即可看到在头条号中活跃粉丝的数据。

符合以下特征的粉丝被称为活跃粉丝：

① 一周内有登录和浏览记录；

② 一周内有至少 1 次互动记录。

这些粉丝被称为活跃粉丝，与其对立的是静默粉丝。相比静默粉丝，活跃粉丝更能为头条号带来热度。

在图 6-27 所示的活跃粉丝数数据趋势图中，11 月 29 日至 12 月 22 日活跃粉丝数持续增加并保持了下来，说明该头条号在这段时间内创作的内容能引发粉丝的互动。

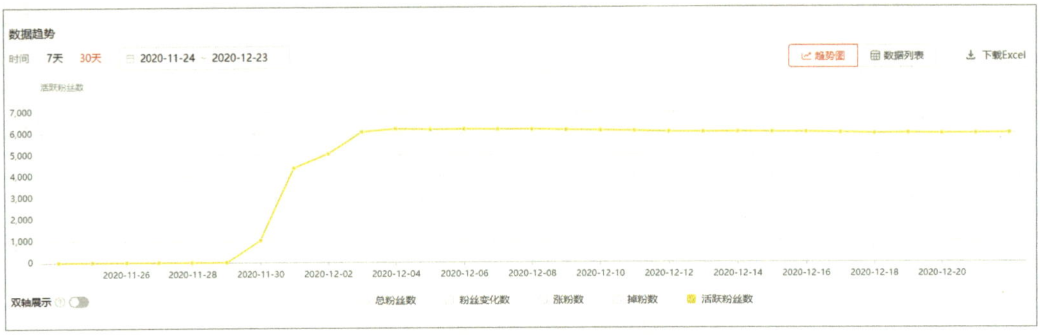

图6-27　活跃粉丝数数据趋势图

二、粉丝属性数据分析

粉丝属性数据是创作者在创作内容时需要分析的数据，了解粉丝的属性，能够帮助创作者创作出更加符合粉丝需求的作品。

1. 性别分布

性别分布是指粉丝性别的分布比例，如图 6-28 所示。在该头条号的性别分布中，男性占比较多，说明该头条号的作品主要是针对男性的，那么创作者在创作作品时就需要从男性的角度出发。

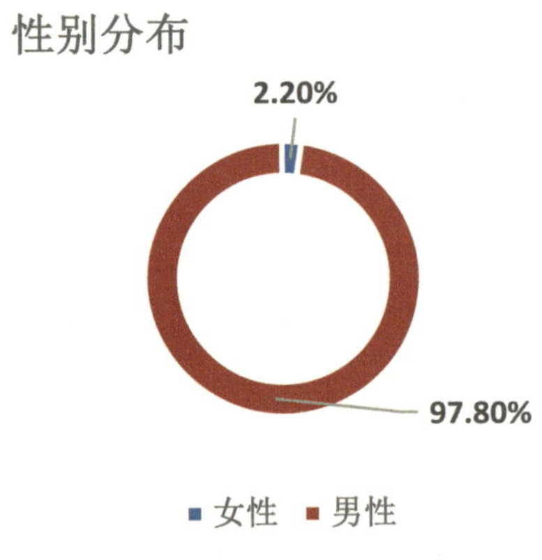

图6-28　性别分布饼图

2. 年龄分布

年龄分布是指粉丝年龄的分布比例，如图 6-29 所示。在该头条号的年龄分布中，31～40 岁的人群占比较多，那么创作者在创作作品时就需要多从这个年龄阶段的人群角度出发，作品内容要符合这个年龄阶段人群的关注热点。

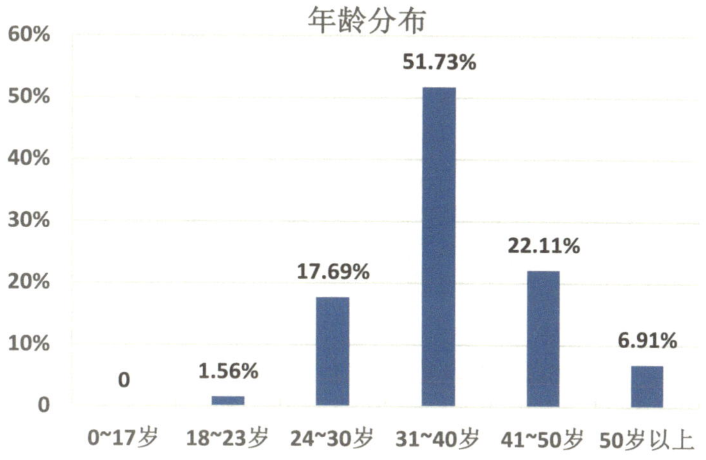

图6-29 年龄分布条形图

3. 粉丝地域分布

地域分布是指粉丝所处地理区域的比例，如图 6-30 所示。在该头条号的粉丝中，江苏省的粉丝数量最多，那么创作者在创作内容时就可以添加该地域的地理、人文特色，以引发粉丝的共鸣。

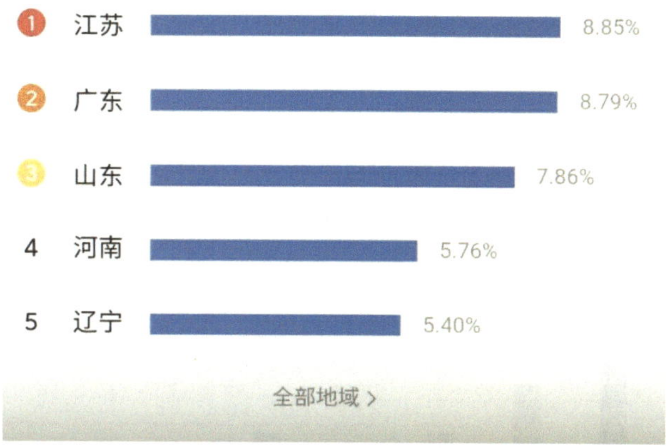

图6-30 粉丝地域分布条形图

4. 粉丝使用手机机型价格分布

粉丝使用手机机型价格分布是指粉丝所使用手机机型的价格数据，粉丝使用的手机机型价格能从一定程度上反映粉丝的经济水平，经济水平又对粉丝的阅读习惯和消费行为有较大的影响。

图 6-31 展示了两段时期内使用不同手机机型粉丝的增长情况，那么创作者在创作内容时就需要考虑到这部分粉丝的阅读和消费倾向，从而进行创作。

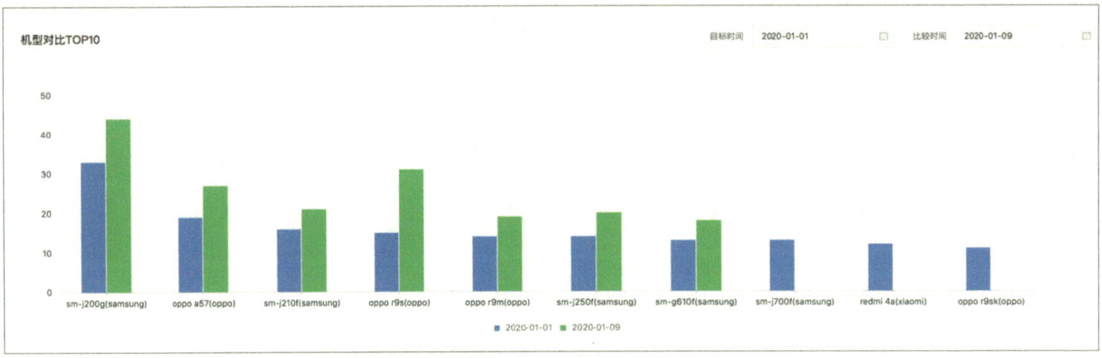

图6-31　粉丝使用手机机型价格条形统计图

三、粉丝偏好数据分析

粉丝偏好是指粉丝的浏览阅读习惯，在新媒体数据分析过程中，了解粉丝偏好可以帮助创作者了解粉丝喜欢看哪些类型的作品，对这些作品及其类型进行统计和分析，可以更好地了解粉丝，以帮助创作者进行粉丝画像。

在图 6-32 所示的粉丝喜欢的文章类型中，可以看到该头条号的粉丝喜欢哪些分类的文章，这些作品就是粉丝的阅读偏好。根据统计可以看出该头条号的粉丝喜欢阅读搞笑、娱乐、情感、生活、社会等类型的作品。其中，搞笑类型的作品占比为 26%，占比最大，那说明该头条号的粉丝习惯阅读这类文章，作为创作者，可以多创作此类文章，引发粉丝的关注。

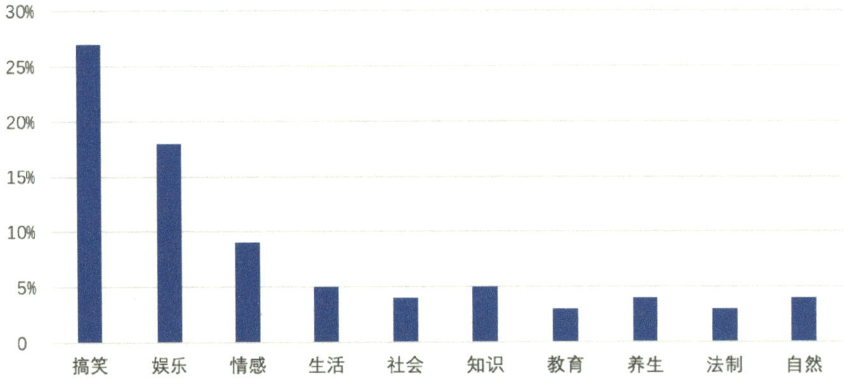

图6-32　粉丝喜欢的文章类型

除了粉丝喜欢的文章类型，还可以查看粉丝关注的关键词，如图 6-33 所示。

可以看到该头条号的粉丝喜欢文章中的哪些关键词，这些关键词可以帮助创作者更好地了解粉丝的阅读习惯。根据统计可以看出该头条号的粉丝喜欢阅读包含“娱乐”“明星”“育儿”等关键词的文章。其中，“娱乐”关键词占比为 72%，占比最大，那说明该头条号的粉丝在阅读中，喜欢选择文章中带有“娱乐”关键词的文章，作为创作者，可以在创作内容时加入占比较大的关键词，增加被推荐给粉丝的概率，这样才能使文章被粉丝所阅读。

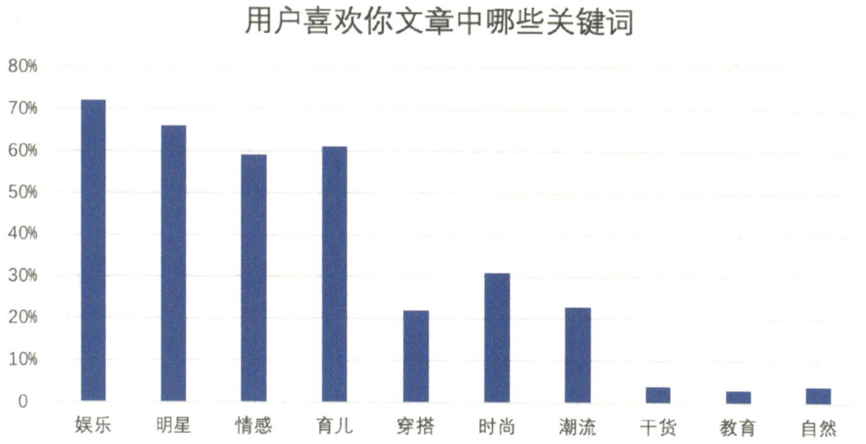

图6-33 粉丝关注的关键词

除了查看粉丝喜欢阅读哪些作品，还可以通过粉丝关注的其他头条号作者，了解粉丝关注的热点。查看自己的粉丝还关注了哪些头条号的创作者，通过点击这些创作者的头像进入他们的主页，这样就可以了解粉丝喜欢关注哪些类型的创作者，通过了解粉丝的关注偏好，创作者可以不断优化自己的创作内容。

思政园地

打击数据黑市 完善数据市场体系

数据贩卖已成为大数据产业的灰色地带，个人信息倒卖黑市猖獗，对个人人身财产甚至生命安全都造成了极大的危害。2022 年，新年伊始国务院印发的《“十四五”数字经济发展规划》中提出，严厉打击数据黑市交易，营造安全有序的市场环境。国家发改委等部门也联合发布相关文件，明确提出严厉打击平台企业超范围搜集手机个人信息等违法行为，从严防控非必要搜集数据行为，依法依规打击黑市数据交易。

有统计显示，2017 年我国数据黑市黑产人员规模或达 150 万人，由于进入门槛低，收入可观，当前我国数据黑市规模仍然庞大。数据黑市行为藏匿于不断迭代的数据技术背后，监管难度确实较大，补齐法律及监管短板的紧迫性更加凸显。合法数据交易渠道的付之阙如，也是数据黑市猖獗的重要原因之一。数据本身作为重要的要素参与社会生产过程，相关的交易渠道目前还在探索中。这在一定程度上阻碍了数据要素的正常流通，需求与供给之间断层的出现，催生了数据黑市。

打击数据黑市已是刻不容缓。对于合法的数据需求，要进一步建立并完善相应的数据要素流通渠道，将供需两侧串联起来。在这个过程中，可充分借助市场的力量，鼓励形成新的大数据基础产业公司，进一步丰富相应的数据交易产业链，健全数据交易链环节，提高数据交易的透明度和效率。鼓励形成行业自律协会，发挥企业间的监督作用，督促数据黑市整改，并融入合法的数据交易市场体系，共同打造科学、完备、合法、共赢的数据交易市场体系。

作为新媒体数据分析从业人员，一方面要注重数据安全的保护，另外一方面要主动抵制数据黑市，维护新媒体行业的健康有序发展。

资料来源：光明日报（有改写）

讨论并思考：

1. 在数据黑市搜集数据的危害有哪些？
2. 新媒体从业人员应当如何避免在数据黑市搜集数据？

职业技能训练

1. 单选题

（1）粉丝数据不包括哪一项？（　　）

A. 涨粉数　B. 掉粉数　C. 活跃粉丝数　D. 粉丝展现量

（2）头条号的收益数据不包括（　　）。

A. 获利阅读（播放）量　B. 平台红包

C. 千次阅读单价　D. 补贴收益

2. 多选题

（1）今日头条平台的作品数据包括哪几项？（　　）

A. 阅读（播放）量　B. 展现量

C. 活跃粉丝量　D. 点赞量

（2）今日头条平台的粉丝属性数据一般包括哪几项？（　　）

A. 性别　B. 使用手机机型

C. 地域　D. 年龄

3. 思考题

如果让你针对某头条号进行收益数据的分析，那么你应该从哪些方面进行分析呢？

4. 实践题

请注册一个头条号账号，并发布至少 5 篇作品，搜集作品数据，观察数据的变化。

项目七

微博数据分析

学习目标

知识目标

1. 知悉昨日关键指标。
2. 知悉博文转评赞数据指标。
3. 掌握微博基础数据分析的步骤。
4. 掌握微博账号对比分析的步骤。
5. 掌握微博推广数据分析的步骤。

技能目标

1. 能分析微博基础数据。
2. 能对比分析微博账号。
3. 能分析微博推广数据。

思政目标

培养大家实事求是分析数据的态度。

单元导学

微博

微博是指一种基于用户关系信息分享、传播及获取的通过关注机制分享简短实时信息的广播式的社交媒体、网络平台。

起初，微博只是个人和个人之间的信息共享和互动工具。用户可以通过电脑或手机随时随地通过文字或图片发送看到、听到和想象的内容，与朋友进行分享，并共同讨论。用户还可以关注朋友的微博账号并即时查看朋友发布的信息。随着微博用户的增多，企业也发现了微博发布的便利性和与客户互动的便利性。因此，越来越多的公司也加入了微博用户大军。

微博的主要功能如下。

1. 发布功能

登录微博，点击右上角的“+”图标，可以发布微博内容，内容可以是文字、图片、视频、点评，也可以开通直播，如图 7-1 所示。

2. 转发功能

用户可以把自己喜欢的内容一键转发到自己的微博，转发时还可以加上自己的评论，如图 7-2 所示。转发后所有关注自己的用户（也就是自己的粉丝）都能看见这条微博，他们也可以选择再转发，加入他们自己的评论，如此无限循环，信息就实现了传播。

图7-1　发微博

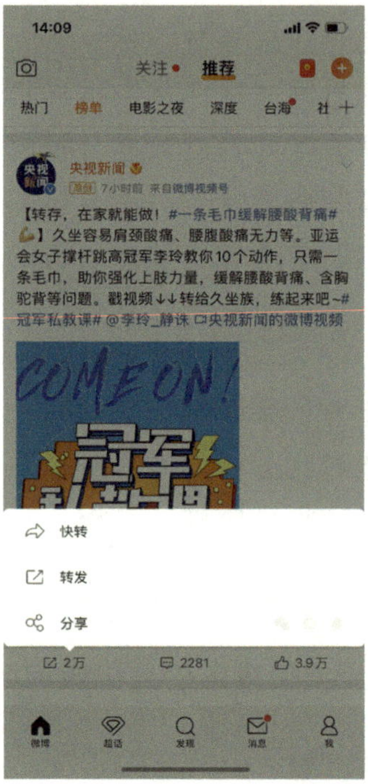

图7-2　转发微博

3. 关注功能

用户可以对自己喜欢的用户进行关注，如图 7-3 所示。成为这个用户的关注者（即“粉丝”），那么该用户的所有更新内容就会同步出现在用户自己的微博首页上。

4. 评论功能

用户可以对任何一条微博进行评论，如图 7-4 所示。

图7-3　关注

图7-4　评论

5. 搜索功能

用户可以点击“发现”图标，页面就会出现搜索框，如图 7-5 所示。用户在搜索框中输入想要搜索的内容，页面就会出现与搜索内容相关的微博，实现信息的聚合。

6. 消息功能

用户可以点击“消息”图标，如图 7-6 所示。给微博上任意的一个开放了私信端口的用户发送私信，这条私信将只被对方看到，实现私密的交流。

图7-5　发现

图7-6　消息

任务一　账号数据分析

账号数据是指微博内容、粉丝、互动等多项行为产生的数据。查看并分析微博数据能帮助运营者掌握微博运营的状况和质量，及时发现问题并不断优化。微博数据主要包括基础数据、粉丝数据、互动数据、阅读数据、影响力数据。

一、基础数据

使用微博账号和密码登录微博，单击“我的管理中心”栏目，再单击“数据助手”按钮，如图 7-7 所示。

图7-7　微博“我的管理中心”页面

在“数据助手”的“数据概况”栏目中，即可看到微博基础数据：“昨日关键指标”，如图 7-8 所示。

“昨日关键指标”包括以下 8 项数据。

1. 净增粉丝数

- 数据查看：该微博账号昨日净增粉丝数为 117 个，较前日增长 23.5%，较上周增长 12.1%，较上月增长 23.1%。
- 数据分析：净增粉丝数是指微博昨日增加的粉丝数量。净增粉丝数是衡量微博运营能力的一个重要指标，关注自身微博账号的粉丝越多，说明微博的运营能力越强。

2. 阅读数

- 数据查看：该微博昨日阅读数为 323 次，较前日增长 12.3%，较上周增长 13.2%，较上月增长 14.5%。

- 数据分析：阅读数是指该账户页面的阅读数，也就是页面浏览量。阅读数的高低与账号发布的内容质量直接相关，越高质量的微博内容越能吸引粉丝打开进行阅读。

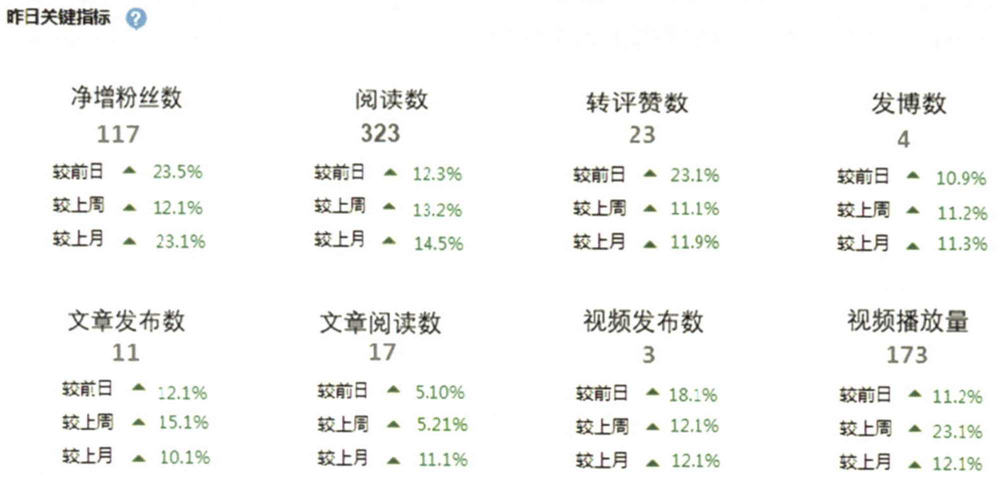

图7-8　微博基础数据："昨日关键指标"

3. 转评赞数

- 数据查看：该微博昨日转赞评数为 23 次，较前日增长 23.1%，较上周增长 11.1%，较上月增长 11.9%。
- 数据分析：转发、点赞、评论这 3 类数据是微博用户对微博内容高度关注的、赞成的体现，好的微博内容能引发用户的共鸣，进而产生转评赞行为。转评赞数据上升，说明该微博发布的内容比较优质。

4. 发博数

- 数据查看：该微博发博数为 4 条，较前日增长 10.9%，较上周增长 11.2%，较上月增长 11.3%。
- 数据分析：发博数是所有内容发布的次数之和，包括转发他人微博、发布图文微博、发布视频微博。发博数是衡量微博账号活跃度的数据指标之一。但是，发博数并非越多越好，如果发博数太多，就会使得主要信息被大量的其他信息湮没，还可能会令用户反感，应根据用户在微博上的活跃时间来决定。用户活跃度低谷期间隔两小时左右发布一条，用户活跃度高峰期间隔半小时到 1 小时发布一条，上班时间发布 8 条左右，晚上发布 2 条左右，一天总共发布 10 条左右。每天以这个数量和频率来发布，既保证了微博的曝光和与用户的沟通互动，又不会造成刷屏令用户反感。

5. 文章发布数

- 数据查看：该微博昨日文章发布数为 11 篇，较前日增长 12.1%，较上周增长 15.1%，较上月增长 10.1%。
- 数据分析：文章发布数能反映微博文章内容的创作频率，该微博创作频率较上周和前日都有所增长，微博创作频率加快。

6. 文章阅读数

- 数据查看：该微博昨日文章阅读数为 17 次，较前日增长 5.10%，较上周增长 5.21%，较上月增长 11.1%。
- 数据分析：文章阅读数与文章本身的内容质量密切相关，优质的文章更能吸引用户阅读浏览。优质的文章需要从标题、文字、配图等多个方面着手。一篇优质的微博需要具备有吸引力的标题，这样才能快速抓住用户的眼球。

7. 视频发布数

- 数据查看：该微博昨日视频发布数为 3 个，较前日增长 18.1%，较上周增长 12.1%，较上月增长 12.1%。
- 数据分析：视频微博比图文微博更能生动地展现信息，企业可以通过发布视频来进行产品介绍、广告宣传等。视频发布数也是反映微博活跃度的数据之一，发布数越多说明微博越活跃，与图文微博一样，视频发布数也需要保持在一定的范围内，否则会带来负效用。

8. 视频播放量

- 数据查看：该微博昨日视频播放量为 173 次，较前日增长 11.2%，较上周增长 23.1%，较上月增长 12.1%。
- 数据分析：视频播放量与视频内容质量密切相关，高质量的视频都具备有吸引力的标题、优质的视频内容和富有创意的视觉展现。

二、粉丝数据

在微博个人主页中单击“我的管理中心”栏目，再单击“数据助手”按钮，在“数据助手”下面的“粉丝分析”栏目中，即可看到粉丝趋势分析，选择分析时间为“近 30 天”就可以看到该账号近一个月的粉丝变化数据，如图 7-9 所示。

数据查看：在该账号近 30 天的数据中，12 月 14 日至 1 月 4 日的数据没有变化，1 月 4 日之后的数据发生了较大的变化。

① 当前粉丝数：1043 人。

② 粉丝增加总数：1008 人。

③ 主动取关粉丝总数：0 人。

④ 平均粉丝增长率：17.96%。

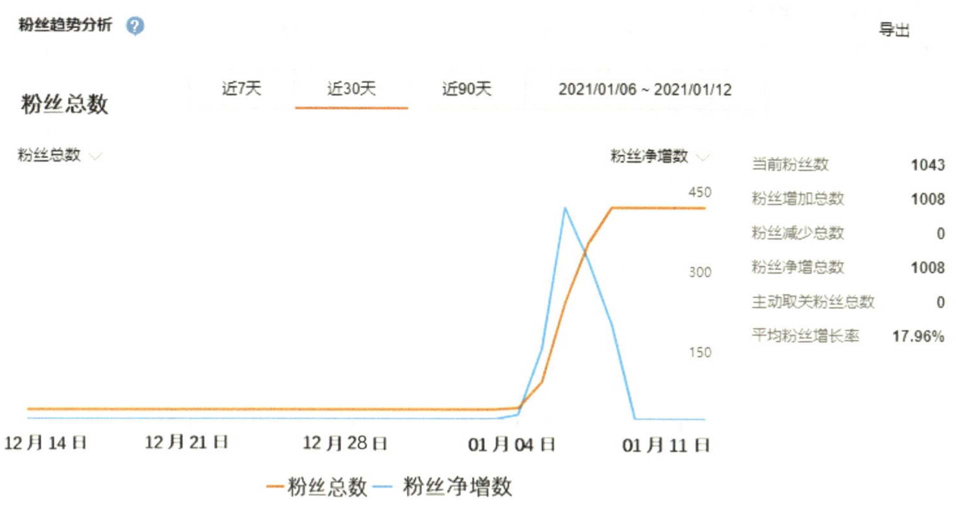

图7-9 近30天粉丝变化数据

数据分析：该微博账号在 1 月 4 日至 6 日，粉丝总数增加较多，数据出现较大变化可能与微博发布的内容、活动相关。优质的微博内容和具有吸引力的活动能大大地提升微博粉丝的数量。

微博的粉丝数量提高技巧有以下几种：

① 微博应用增加粉丝：微博推出来一些微博应用，可以通过这些应用来增加自己的粉丝，如粉丝汇、粉滔滔、粉丝大师等。

② 互粉增加微博粉丝：加入一些互粉的豆瓣微博小组、微博互粉 QQ 群、微博互粉贴吧，可以先关注别人，这就有可能让别人也关注自己。

③ 活动营销：如抽奖、关注有礼、赠送礼物、有奖问答等，通过这些创意活动来吸引粉丝关注。

④ 富有创意的微博内容：微博内容创作要有创意，要保证原创度和独特性，这样才能吸引微博用户的阅读和关注。

三、互动数据

在微博个人主页中单击“我的管理中心”栏目，再单击“数据助手”按钮，在“数据助手”下面的“博文分析”栏目中，即可看到“微博转发、评论和赞”数据，选择时间为“近 7 天”，即可看到近 7 天的转评赞数据。转评赞数据是衡量微博与用户之间互动情况的主要数据，如图 7-10 所示。

数据查看：该账号近 7 天的数据表现如下。

① 转评赞总数：587 次。

② 转发总数：178 次。

③ 评论总数：89 次。

④ 赞总数：320 次。

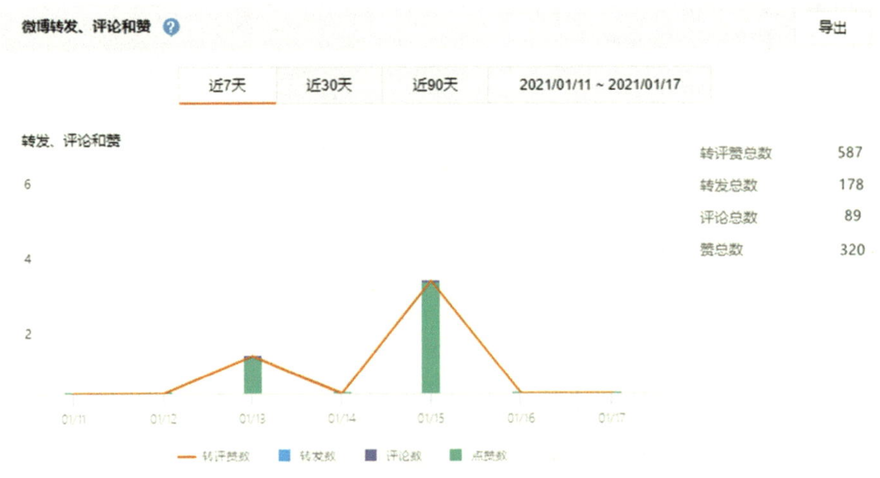

图7-10　近7天博文分析

数据分析：在该微博账号中，1 月 13 日和 15 日的数据变化较大，点赞数增加较多，点赞行为代表用户对微博观点的认同，这两天点赞数据增多可能是由能引发认同感的微博内容所造成的。

提高微博的转评赞的方法有以下几种。

1．提高粉丝忠诚度

在众多粉丝中，只有忠诚粉丝转评赞的可能性最大，所以运营者要经常保持与这部分粉丝的联系，并且还需要通过一些营销活动培养新的忠诚粉丝。

2．提高微博内容质量，选择热点话题

运营者要优化微博内容质量，使自己的文章得到其他用户的认可、赞同，这样高质量的微博就会引发其他用户的转发和点赞；要吸引用户评论，就需要设置一些话题，运营者可以在博文中设计一些独特的观点、开放式的结局等，以便吸引用户在评论区发表自己的观点或参与讨论。

3．选择适当的微博发布时间点

运营者如果在不恰当的时间发布微博，那么其发布的微博就会被其他微博湮没。所以运营者要选择在合适的时间发布微博，让自己发布的微博在第一时间被其他用户看到，这样才有可能被转发。

喜欢看微博，对微博黏性比较高的人群，其对微博关注的时间呈现出了一定的规律性。

4. 互推微博

运营者要主动去关注别人的账号，帮别人转发，在一些热门的话题下积极地参与讨论和评价，这样就会使自己的微博获得他人的关注和评论。

四、阅读数据

在微博个人主页中单击“我的管理中心”栏目，再单击“数据助手”按钮，在“数据助手”下面的“博文分析”栏目中，即可看到“微博阅读趋势”，如图 7-11 所示。

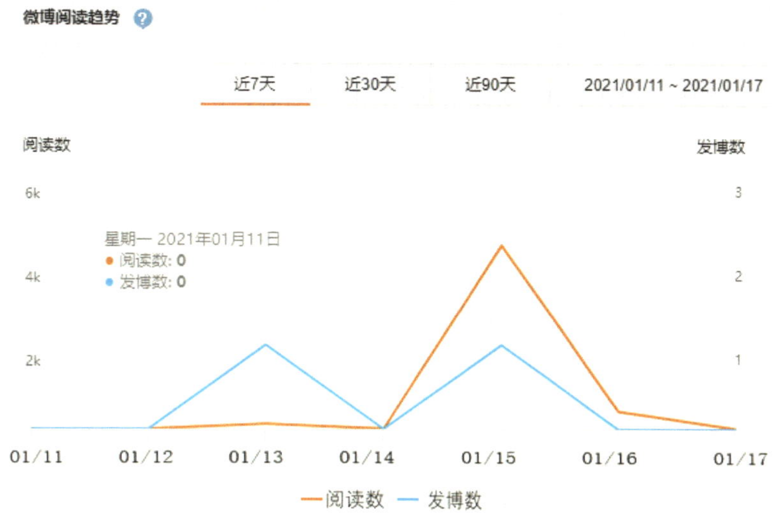

图7-11　微博阅读趋势

数据查看：可以查看该账号近 7 天的数据表现。

数据分析：在该微博账号中，1 月 13 日和 15 日的数据变化较大。13 日发博数为 1 篇，阅读数 153 次；15 日发博数 1 篇，阅读数 4120 次。1 月 15 日这一天发博的阅读数远高于 1 月 13 日的阅读数，这说明 1 月 15 日发布的微博质量要高于 1 月 13 日所发布的微博质量。

提高阅读数的方法有以下几种。

1. 文字简练

微博是基于用户关系进行信息分享、实时传播及快速获取信息的平台。微博内容文字要尽量简短，方便用户在短时间内就能了解微博的主题内容。

2. 语言易懂

尽量少用行业内的专业词语，或者也可以将专业的词语用通俗的文字表达，便于理解。

3. 情感真挚

可以在微博中加入真挚的感情，微博透露出的真挚能够很好地感染用户，形成传播。

4. 娱乐精神

微博价值观之一“幽默吸引人”，因此微博的内容要尽可能地具备娱乐精神。对于企业微博来说，具备娱乐精神能对微博营销起到一定的帮助。

5. 结合热点

所谓热点是指大多数人感兴趣的内容。将自身产品与微博热点有机结合，能有效地促进用户转发、评论，增加用户黏性。

6. 善用图片

微博配图是对微博文字内容的进一步阐述，也是首先吸引用户观看微博内容的最好方法。图片应尽量选择优质的图片，用图片吸引用户，留住用户。

五、影响力数据

微博作为一个开放式社交平台，其影响力指数主要基于用户的微博数据，结合行业市场规模、排名等因素综合加权计算得出。

在微博个人主页中单击“我的管理中心”栏目，再单击“数据助手”按钮，在“数据助手”下面的“互动”栏目中，即可看到“本月粉丝互动 Top 10”“我的影响力”“我发出的评论”这 3 项数据分析。

图7-12　本月粉丝互动 Top 10

1. 本月粉丝互动 Top 10

某账号本月粉丝互动 Top 10 情况如图 7-12 所示。可以称与博主互动频率最高的 10 个账号为“铁杆关注者”。在微博运营的过程中，可以通过给互动 Top 10 奖励的方式来回馈关注者的互动，或者发起 Top 10 互动奖励活动来提高微博互动量。

2. 我的影响力

“我的影响力”是微博从活跃度、传播力和覆盖度 3 个维度统计的微博影响力，即影响力=活跃度+传播力+覆盖度。活跃度指发布微博的频率，发布微博越频繁，活跃度分值就越高；传播力指微博内容的阅读量和互动情况，阅读量越高、转发互动越多，传播力就越强；覆盖度指 1 条微博发布后的传播覆盖范围，关注者基数越大、影响力越广，则覆盖度就越高。图 7-13 所示为某账号近 7 天的影响力相关指标的变化情况，整体增长较为平稳。

3. 我发出的评论

图 7-14 所示为某账号“我发出的评论”近 7 天的数据趋势图，该账号近 7 天发出的总

评论数为 8 条。微博的互动是双向的，微博不仅鼓励运营者创作优质的内容进行传播，也鼓励运营者自身多进行互动。在运营微博时不能只追求粉丝与自己互动，运营者自身也应积极出击，主动与粉丝进行互动，并对粉丝的评论和转发进行回复处理。保持频繁的双向互动，既能提高微博整体的互动率，又能提高粉丝的黏性。

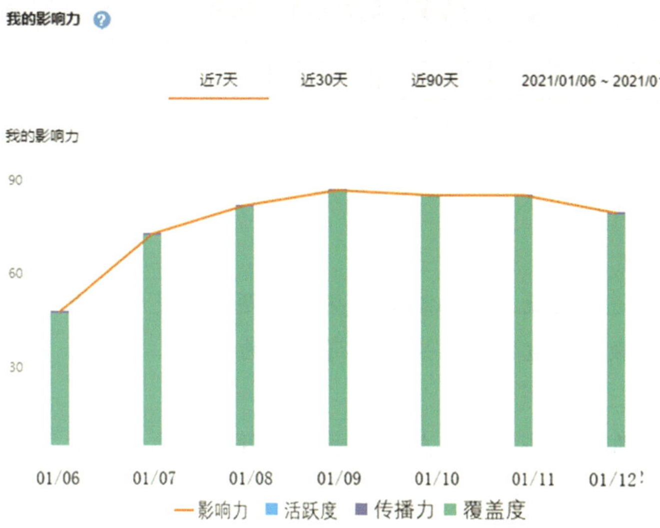

图7-13 "我的影响力"近7天数据趋势图

图7-14 "我发出的评论"近7天数据趋势图

从整体上来说，在运营微博时主要考量粉丝、传播和互动 3 个维度的数据指标，三者是相辅相成、相互促进的。有了优质的内容，就会有好的传播数据和粉丝增长，进而才能带来互动量的增加。任何一个维度数据的缺失，都会造成另外两个维度数据的下降。在运营企业微博时，应该以内容为基础，以互动为核心，通过创作优质内容和持续互动来实现曝光传播和粉丝增长，这是微博运营保持良性增长的必由之路。

知识拓展

微博文案写作要点

1. 明确文案主题

首先要明确主题，确认用户群体及写作目的。针对不同的目的，写作方法也会有所不同，所达到的效果也是不同的。当文案达到一定的目的后，这则文案才算成功，而不是文案达到转发、评论就算成功了。

2. 借助热门话题

借助热门话题来进行文案正文的编写。热门话题营销是一种借势营销，凭借话题的高关注度来进行产品或服务的宣传可以快速获得受众的关注。

3. 运用图片和视频

微博文案不仅能发布文字，还能加入图片、视频等多媒体元素，采用图片或视频的形式会使内容变得丰富多彩，还会获得粉丝的更多关注。

4. 选择合适的发布时间

一般来说，周五是用户转发微博的高峰期，同样每天下午 3 点以后发布微博也会增加转发率。在合适的时间发布微博，对于阅读量会有很大的提升。

5. 保证微博的更新频率

每天发布微博的数量不要过多，尽量控制在 5～8 条左右，发布微博的条数太多会引起用户反感。同时每条微博发布的间隔时间不要太短，若时间间隔太短，则很容易使用户忽略运营者所发布的信息。

任务二　账号对比分析

除了掌握自己微博的相关数据，运营者还需要把自己的微博与其他微博进行对比，查看对比数据以便更好地优化自己的微博。

一、添加账号

相关账号可以是竞争对手、行业翘楚等账号，添加这些账号后，就可以了解这些账号的部分数据。

① 单击“相关账号分析”按钮，购买或免费试用该功能，接下来单击“添加账号”按钮，如图 7-15 所示。

② 在弹出的对话框中输入想要添加的微博账号，如图 7-16 所示。

③ 选择一些与自己账号类型相同、粉丝量相当的账号作为对比账号。例如美食类账号，通过搜索找到这些账号，单击账号后的“添加”按钮，就可以把该账号添加进来了，如图 7-17 所示。

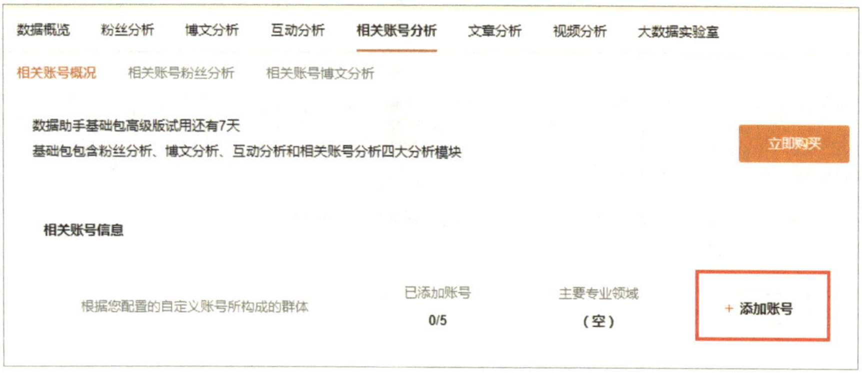

图7-15　单击“添加账号”按钮

图7-16　搜索微博账号对话框

图7-17　添加微博对比账号对话框

④ 同样的方法，再添加几个账号，以方便后面的对比，如图 7-18 所示。

⑤ 添加完成后，可以在相关账号列表中查看已经添加好的账号，第一个账号是自己的账号，后面 5 个是添加的对比账号，如图 7-19 所示。

图7-18　已添加账号页面

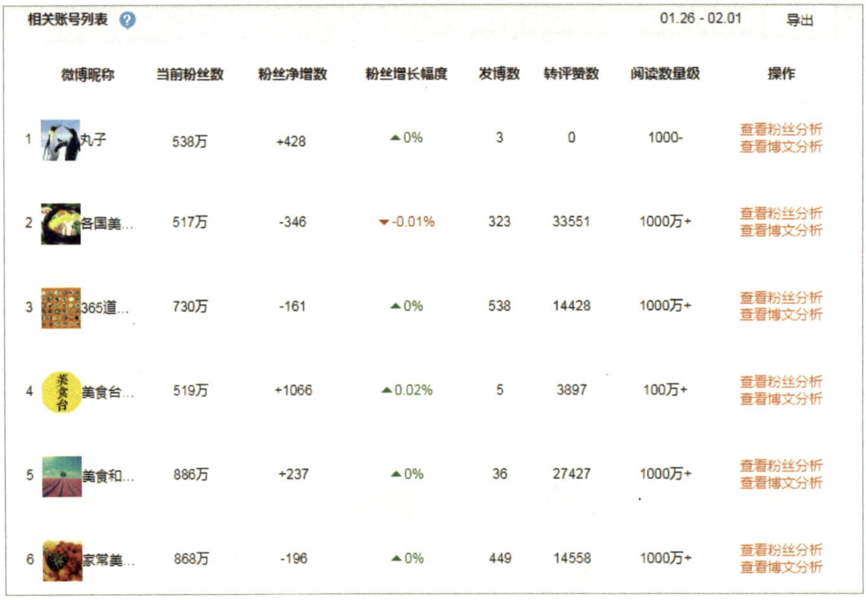
相关账号列表　01.26 - 02.01　导出

	微博昵称	当前粉丝数	粉丝净增数	粉丝增长幅度	发博数	转评赞数	阅读数量级	操作
1	丸子	538万	+428	▲0%	3	0	1000-	查看粉丝分析 查看博文分析
2	各国美…	517万	-346	▼-0.01%	323	33551	1000万+	查看粉丝分析 查看博文分析
3	365道…	730万	-161	▲0%	538	14428	1000万+	查看粉丝分析 查看博文分析
4	美食台…	519万	+1066	▲0.02%	5	3897	100万+	查看粉丝分析 查看博文分析
5	美食和…	886万	+237	▲0%	36	27427	1000万+	查看粉丝分析 查看博文分析
6	家常美…	868万	-196	▲0%	449	14558	1000万+	查看粉丝分析 查看博文分析

图7-19　相关账号列表页面

⑥ 单击第二个账号后的“查看粉丝分析”按钮，就可以看到该账号的粉丝数变化、粉丝类型、粉丝性别/年龄、粉丝地区分布几项数据。

某微博近 30 天的粉丝增长数据，该微博粉丝下降了 346 个，如图 7-20 所示。

数据分析：粉丝增长数据为负，说明 30 天内粉丝流失较多，粉丝流失跟微博内容质量、发博频率、发博时间、微博活动等多种因素有关，需要从多个方面进行综合分析，进而做出改善。

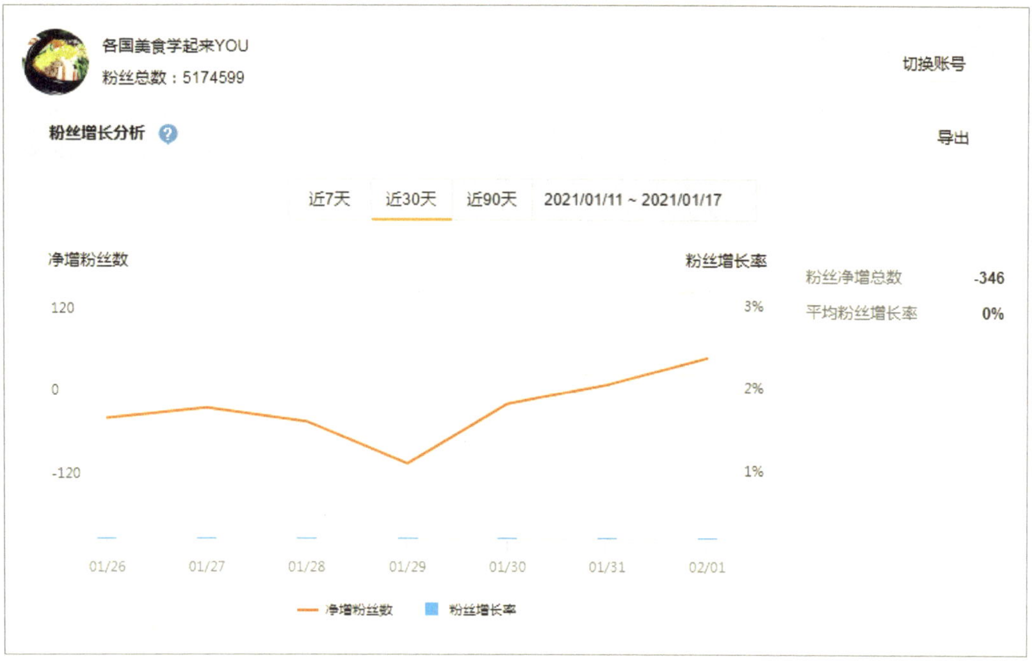

图7-20　粉丝增长分析页面

在该微博的粉丝类型中，0.9%属于认证用户，99.1%属于普通用户，如图 7-21 所示。

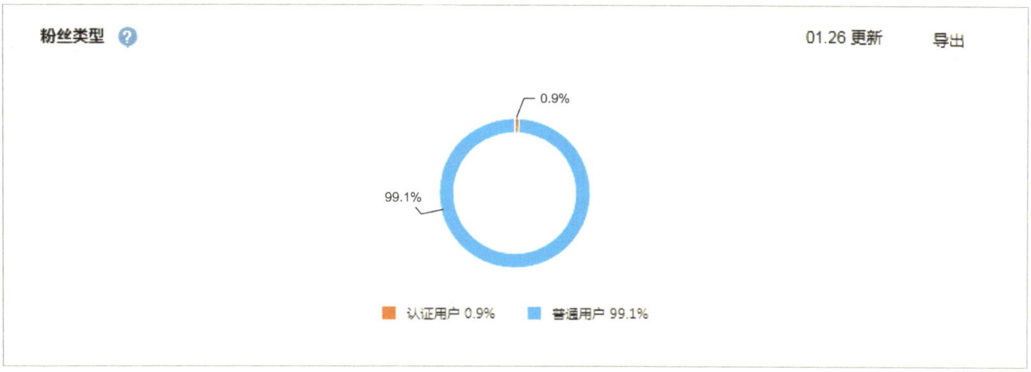

图7-21　粉丝类型页面

数据分析：普通用户较多，普通用户的流动性比认证用户的流动性高，因此需要不断地维护粉丝，提高粉丝的忠诚度。

在该微博粉丝中，18～24 岁的男性粉丝数量最多，如图 7-22 所示。

数据分析：查看粉丝性别和年龄，能帮助运营者了解粉丝属性，在进行内容创作时可以抓住主要的粉丝属性，创作更有针对性的内容，从而引发粉丝的互动。

该微博粉丝地域分布数据：主要集中在广东省、北京市、江苏省这 3 个地区，如图 7-23 所示。

数据分析：查看粉丝的地区占比，能帮助运营者了解粉丝所在的地域，在进行内容创作时可以结合地方特色，引发粉丝的共鸣，从而引发粉丝的互动。

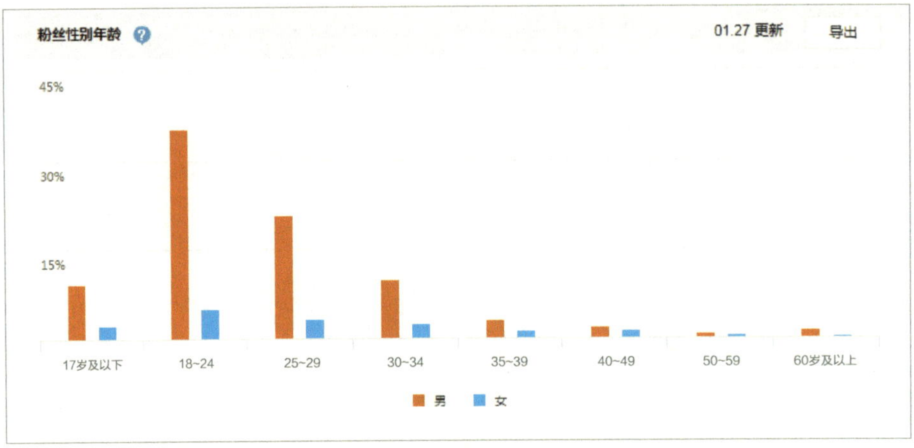

图7-22　粉丝性别/年龄页面

排序	地区	粉丝数占比
1	广东省	12.2%
2	北京市	8%
3	江苏省	6.8%

图7-23　粉丝地域分布

⑦ 单击第二个账号后的“查看博文分析”按钮，可以看到该微博近 7 天的发博总数、发出的评论总数、原创微博总数、转发总数、评论总数、点赞总数、转评赞总数，如图 7-24 所示。

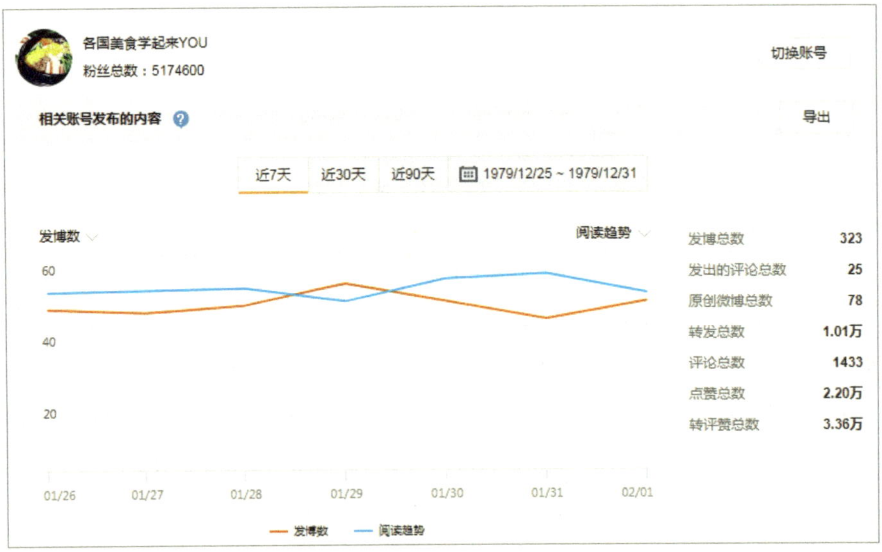

图7-24　发博数和阅读趋势

该微博近 7 天发布的每一篇微博及每一篇微博的转评赞数，如图 7-25 所示。

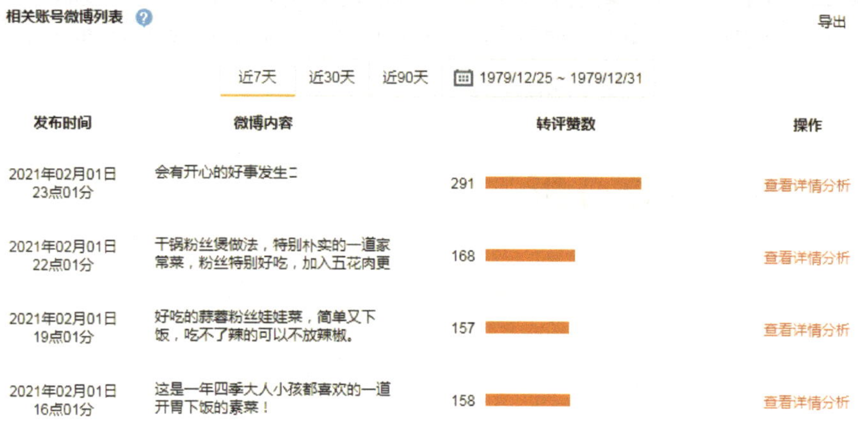

图7-25　微博内容与转评赞数

二、对比分析

除了分别查看添加的相关账号的数据，还可以在“相关账号分析”中查看自己账号与相关账号的对比数据，如图 7-26 所示。

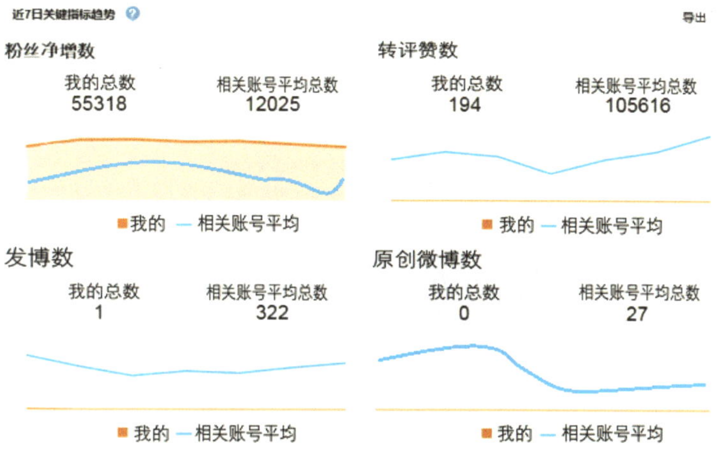

图7-26　近7日关键指标趋势

在表 7-1 所示的数据比较中，可以比较自己账号与相关账号各项指标的平均总数。

表 7-1　数据比较

比 较 项 目	我 的 总 数	相关账号平均总数
粉丝净增数（人）	55318	12025
转评赞数（次）	194	105616
发博数（次）	1	322
原创微博数（次）	0	27

七

在与相关账号的比较中，我们可以发现该账号的粉丝净增数远大于相关账号平均总数，这可能与博主使用了微博推广功能相关；该账号微博的转赞评数、发博数和原创微博数均低于相关账号平均总数，从中可以看出该博主还需要不断加强微博内容的创新，通过高质量的微博内容引发粉丝转发、评论和点赞。

任务三　推广数据分析

平台电商不管是产品上新，还是活动宣传，通过微博获得海量曝光和店铺引流是最快捷的方式。

使用粉丝头条能帮助打破博文发布时间的排序，将推广的博文推送到粉丝关注页首位，让粉丝在打开微博时第一眼就能看见自己的博文，获得优质流量。

一、粉丝头条推广

淘宝网某服装电商主播，在产品上新期间借助粉丝头条推广自己的产品，将博文推送到粉丝关注页首位，高效触达自己的粉丝，博文热度迅速提升。图 7-27 所示为该主播微博推送内容及转赞评次数，预热期便引发了 1.1 万次的转发，互动量较平时提升 16 倍，阅读量提升 10 倍，效果显著。

图7-27　淘宝网某服装电商主播微博推送内容及转赞评次数

粉丝头条的六大板块（推广给我的粉丝、潜在粉丝、兴趣用户、指定账号粉丝的相似用户、指定商圈用户、关键词搜索用户）可以独立或搭配起来使用，投放更加灵活多样。图 7-28 所示为粉丝头条六大功能模块及相应的推送依据。（注：软件版本更新较快，书中所述可能与现在的版本有所不同）

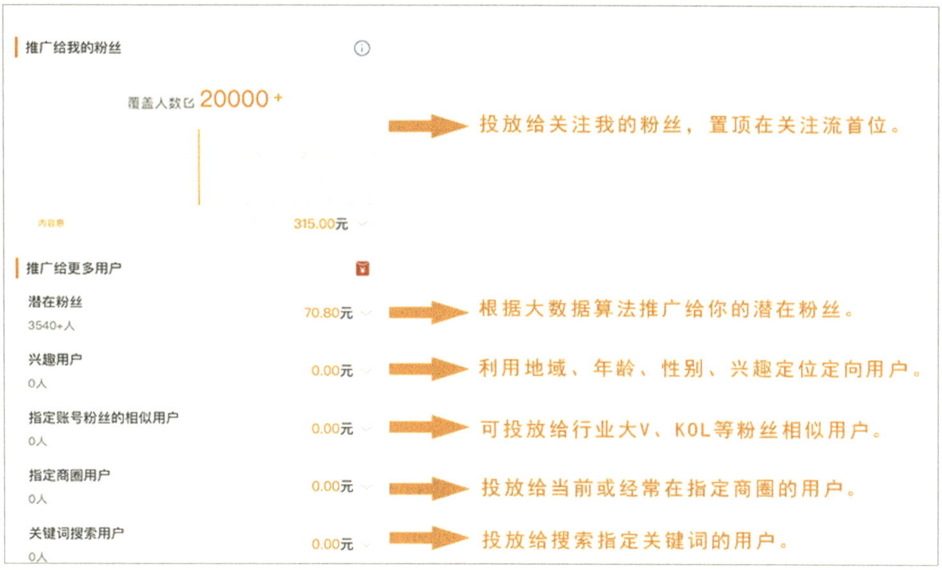

图7-28 粉丝头条六大功能板块及相应的推送依据

粉丝头条六大功能模块如下。

1. 功能一：推广给我的粉丝

顾名思义，此功能是针对已关注自己的用户。它可以将指定的微博置顶在粉丝信息流，打破微博按发布时间排序显示的限制，让博文在推广期内置顶显示在粉丝信息流中，粉丝打开微博第一眼就能看到该博文，让信息传播无死角。

拖动刻度尺或手动输入数字，即可选择想要的投放量，可以按照选择的覆盖人数来预估投放量，如图 7-29 所示。

图7-29 推广给我的粉丝页面

2. 功能二：潜在粉丝

通过社交关系挖掘对你的微博有兴趣但还没有关注你的微博用户，你的博文会展示在其微博的信息流前列，带“广告”标签，是智能化推广神器之一。

拖动刻度尺或手动输入数字，即可选择想要的投放量，如图 7-30 所示。

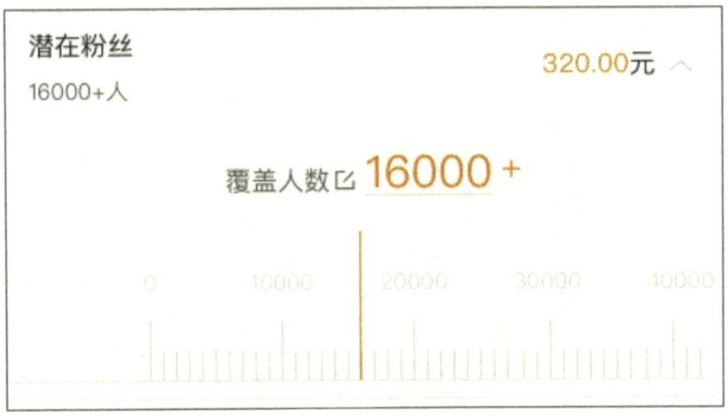

图7-30 潜在粉丝页面

3. 功能三：兴趣用户

通过大数据计算，把具体相同标签的用户整合到一起，分批成包，这样可以让运营者通过兴趣包的命名直接找到想要的目标人群。例如女装推广，也可以直接选择“女装”兴趣包，拉动滑竿选择想要覆盖的人群数量即可，触达目标用户更加高效。同时，运营者也可进行多方面的拓展。还以女装推广为例，选择“女装”兴趣包的同时也可以尝试选择“化妆品”等兴趣包。

选择兴趣包再通过地域和性别细化定向，拖动刻骨尺或手动输入数字，即可选择想要的投放量。营销推广页面如图 7-31 所示。

图7-31 营销推广页面

4. 功能四：指定账号粉丝的相似用户

此功能可以把微博推送给指定账号的粉丝及相似粉丝。只需要添加想要指定的账号（目前可添加 20 个账号），就能直接触及目标用户群体。

单击“+”图标添加想要投放的指定账号，如图 7-32 所示。

5. 功能五：指定商圈用户

指定商圈用户功能是本地商家的营销“神器”，各大热门商圈及机场、火车站、景点应有尽有，只需选择想要投放的区域，系统便会将你的博文推广给当前或经常在该商圈活动的用户。

选择想要投放的热门商圈，拖动刻度尺或手动输入数字，即可选择想要的投放量，如图 7-33 所示。

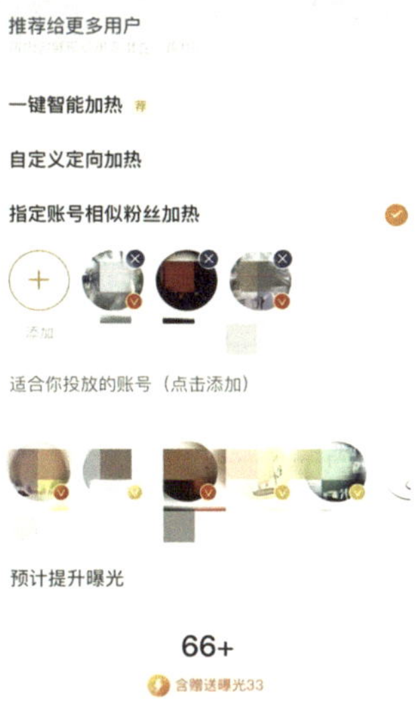

图7-32　指定账号粉丝的相似用户页面

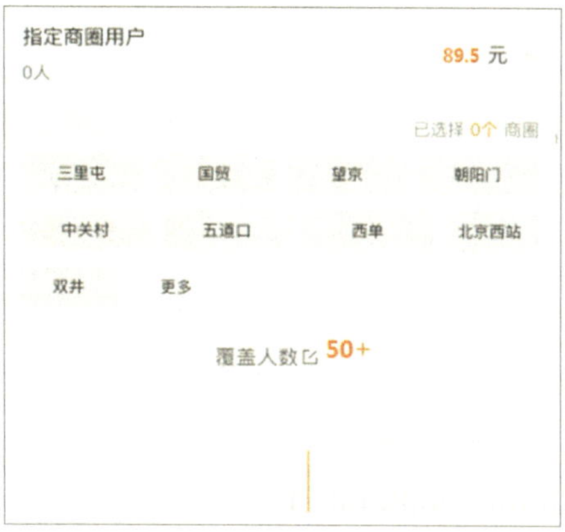

图7-33　指定商圈用户页面

6．功能六：关键词搜索用户

通过用户选择的关键词进行精细化的定向投放，将博文投放到特定内容的搜索结果页显著位置。当用户搜索用户购买词或与用户购买词强相关时，在搜索结果页即可展现用户推广内容。

设置完成后，微博可推送给关注账户的粉丝或更多的用户，他们在微博页面浏览信息时将会获取到推送信息，如图 7-34 所示。

推广给我的粉丝

推广给更多的用户

图7-34　关键词搜索用户页面

二、推广比较分析

例如，某博主打算出版一本书，于是在自己的微博发布了一条新书预告微博，为了提高新书预告微博的曝光量与覆盖人数，运营者购买了粉丝头条推广业务。

购买粉丝头条推广后，该条新书预告微博会被迅速推送到粉丝的页面，呈现在粉丝浏览页面，这样更容易被粉丝阅读，阅读量会随之不断提升，如图 7-35～图 7-37 所示。

图7-35　推广1分钟后的阅读量变化

图7-36　推广1小时后的阅读量变化

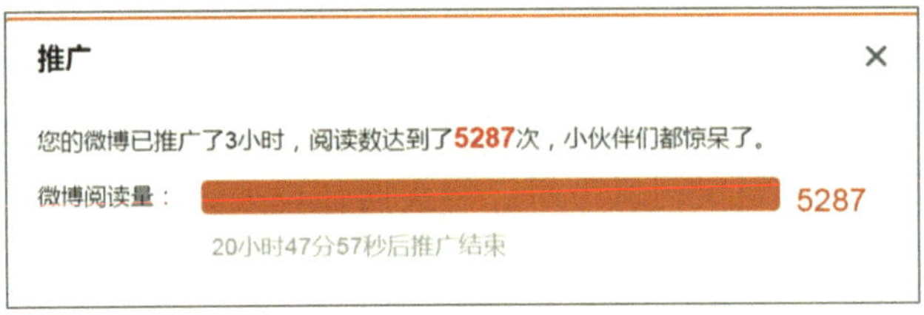

图7-37　推广3小时后的阅读量变化

24 小时结束后该新书预告的微博共被阅读了 7420 次，远高于近期发布微博的阅读量，效果提升明显，如图 7-38 所示。

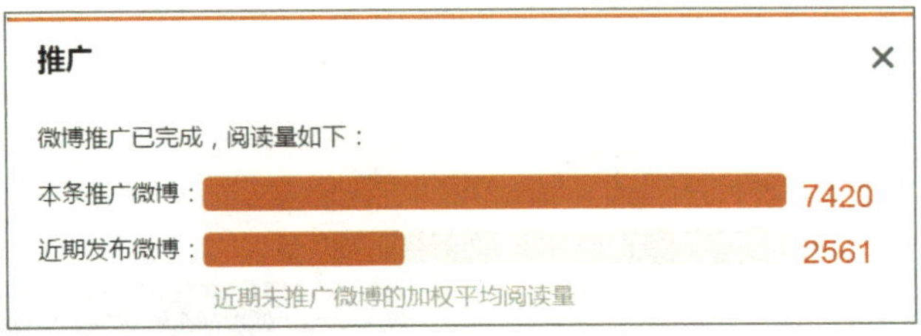

图7-38　推广24小时后的阅读量变化

除粉丝头条提供的指标之外，粉丝的互动指标，如转发、评论和点赞，增长最多的是转发，增长 12 倍；其次是点赞，增长 11 倍；最后是评论，增长近 0.7 倍。图 7-39 所示为粉丝头条推广前后互动指标对比。

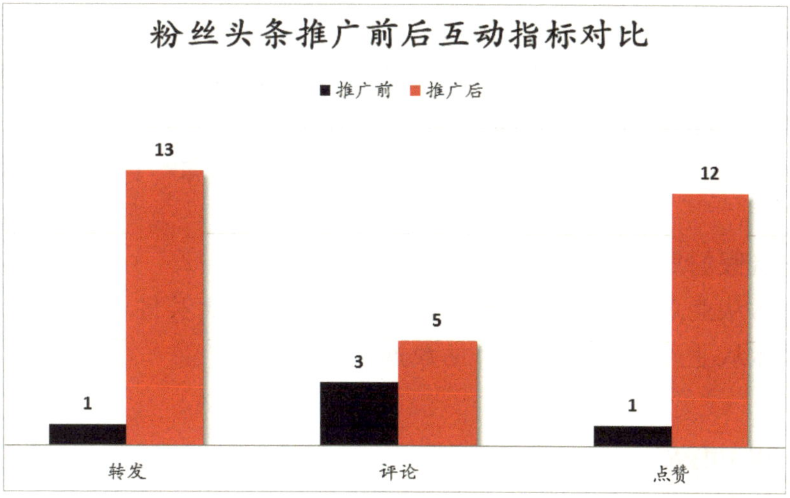

图7-39 粉丝头条推广前后互动指标对比

在本次推广过程中，运营者使用粉丝头条给企业微博带来了较高的流量，达到了企业推广的目标效果，为新书的发布打好了用户基础。

思政园地

避免数据造假 离“真实”近一点

“某明星一条微博转发量过亿次”事件，在2018年引发舆论对流量造假的关注。按照当时的微博用户数量，转发量1亿次意味着每3个微博用户中就有一人转发了该明星的微博。

“1亿次转发”怎么来的？——刷量！“刷量”是互联网时代流量造假的主要表现形式。而刷量则是借助了一个工具“星援”App，利用“星援”App刷流量的行为在粉丝圈内被称为“轮博”。据新浪微博安全团队负责人介绍，2018年5月起，微博发现“星援”App后开始收集证据，准备报案。该负责人说“微博面临的困难是实名制问题，大量虚拟运营商号段被用于非实名注册。”目前，作为应对“轮博”的方式，新浪微博已经将转发、评论量设置成“100万+”的显示上限。而对于违法设计“星援”App的人，中国裁判文书网公布了对他的判决书，其因提供侵入计算机信息系统程序罪一审获刑五年。

流量造假情况在如今的各行各业都屡见不鲜，更有甚者，另辟蹊径从中寻找发财“门路”。很多网友都收到过“小号托管，自动赚钱”的广告，只要把账号授权登录在一些挂机平台上，供平台用于刷阅读量、刷投票等刷量任务，就可以轻松赚取收益。

对于互联网生态圈来说，流量造假势必会导致“劣币驱逐良币”，从而破坏市场秩序，损害商业诚信体系；对于刷单者个人而言，看似唾手可得的收益，实际上是用贱卖个人信息安全为代价所换来的。新媒体数据分析从业人员应秉持实事求是的职业守则，杜绝数据造假，追求客观真实的数据分析结果。

资料来源：贵州都市报（有改写）

讨论并思考：

1. 数据造假的危害有哪些？
2. 新媒体从业人员在收集数据时如何辨别数据的真实性？
3. 新媒体从业人员如何避免产生数据造假的行为？

职业技能训练

1. 单选题

（1）以下不属于微博粉丝数提升技巧的是（　　）。

A. 转发敏感内容以提升关注度　　B. 互粉增加微博粉丝

C. 活动营销　　D. 富有创意的微博内容

（2）提高阅读数的方法不包括（　　）。

A. 长篇大论　　B. 语言易懂　　C. 情感真挚　　D. 娱乐精神

2. 多选题

（1）下列哪几项是微博数据后台的昨日关键指标？（　　）

A. 新关注人数　　B. 取消关注人数

C. 发博数　　D. 文章阅读数

（2）下列有关微博数据分析的说法错误的是（　　）。

A. 粉丝头条分为六大板块：推广给我的粉丝、潜在粉丝、兴趣用户、指定账号粉丝的相似用户、指定商圈用户、关键词搜索用户

B. 影响力=活跃度+传播力+评论数

C. 使用微博粉丝头条推送给“我的粉丝”功能后，发出的微博带有“广告”标识

D. 转评赞数据是昨日关键指标之一

3. 思考题

为了优化自己的微博，你准备将自己的微博账号与其他同类型的账号进行数据对比，哪些是值得对比的数据指标？

4. 实践题

结合本项目所学知识，试使用粉丝头条功能对某条微博进行推广，并对推广前后的数据进行统计和对比分析。

项目八
微信数据分析

学习目标

知识目标

1. 列举微信公众号的基础数据。
2. 列举微信图文数据的相关指标。

技能目标

1. 能分析微信公众号的用户增长数据。
2. 能分析微信公众号的用户属性。
3. 能分析菜单点击次数与点击人数。

思政目标

大家在分析微信数据时要实事求是，数据不可造假。

单元导学

微信公众号介绍

微信公众平台，简称公众号，2012 年 8 月 23 日正式上线，曾命名为“官号平台”“媒体平台”“微信公众号”，最终定位为“公众平台”。从微信公众平台的名称变化可以看出，微信公众平台定位的一系列改变，代表着腾讯官方对于微信公众平台发展的期待——“再小的个体，也有自己的品牌”。

利用微信公众平台，账号主体可以进行一对多的自媒体行为活动，如消息推送、品牌传播、活动推广等一系列的营销活动。截至 2019 年 8 月，微信公众平台上已经注册了超过 2000 万个公众账号，众多自媒体人通过原创内容形成了自己的品牌，成为微信公众平台上的创业者。

微信公众平台的账号分类目前有 4 种：微信服务号、微信订阅号、微信小程序和企业微信。

1. 微信服务号

微信服务号（以下简称“服务号”）主要偏向于服务交互，认证前后每月都可以群发 4 次消息。服务号可以给企业和组织提供强大的业务服务和用户管理能力，帮助企业快速实现全新的公众号服务平台。不适用于个人。

2. 微信订阅号

微信订阅号（以下简称“订阅号”）主要偏向于为用户传达资讯，可以为媒体和个人提供一种新的信息传播方式，构建与用户之间更好地沟通与管理模式。认证前后每天都只可以群发一条消息。

3. 微信小程序

微信小程序（以下简称“小程序”）是一种新的开放功能，开发者可以快速地开发一个小程序，并在微信内被快捷地获取和传播，同时具有出色的使用体验。

4. 企业微信

企业微信（原企业号），是面向企业级市场的产品，目前已经发展成为独立的 App，是企业的专业办公管理工具。企业微信提供与微信一致的沟通体验，提供丰富免费的办公应用，并与微信消息、小程序、微信支付等互通，助力企业高效办公和管理。企业微信适用于企业、政府、事业单位或其他组织。

对于微信公众平台的选择，如果只是想简单地发送消息，达到宣传效果，那么建议选择微信订阅号；如果想用公众号获取更多的功能，如开通微信支付等，那么建议选择微信服务号；如果想在企业内部使用，如用来管理内部企业员工、团队，那么建议选择企业微信。

其中，微信订阅号是被大众所熟知，也是账号最多、用户数量最多的微信公众平台，本项目所进行的数据分析皆以微信订阅号为例。

任务一　基础数据分析

一、微信公众号的基础数据

1. 微信公众号数据统计模块

微信公众平台的数据统计功能于 2013 年 8 月 29 日正式上线，至此，公众平台的用户数据才可以被量化分析。

如图 8-1 所示，微信公众号的基础数据整体上分为六大板块，分别是用户分析、内容分析、菜单分析、消息分析、接口分析和网页分析。

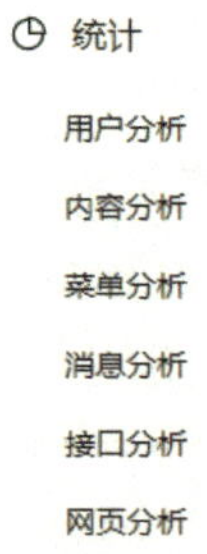

图8-1　微信公众号基础数据

其中，接口分析和网页分析数据只对成为运营者的用户可见，一般公众号运营很少用到这两个方面的数据分析。因此，作为公众号的运营者，重点学习用户分析、内容分析、菜单分析和消息分析这 4 个板块的数据分析即可。

（1）用户分析

如图 8-2 所示，用户分析包括 3 个方面的数据，分别是用户增长、用户属性和常读用户分析。其中，用户增长和用户属性数据是运营者需要重点掌握的数据，通过对用户增长数据进行分析，运营者可以了解账号粉丝增长的趋势和原因，通过对用户属性进行分析，可以让运营者更加熟悉粉丝的情况。

（2）内容分析

如图 8-3 所示，内容分析包括两个方面的数据，分别是群发分析和多媒体分析。群发分析又可分为全部群发和单篇群发；多媒体分析分为全部视频、单个视频和音频。

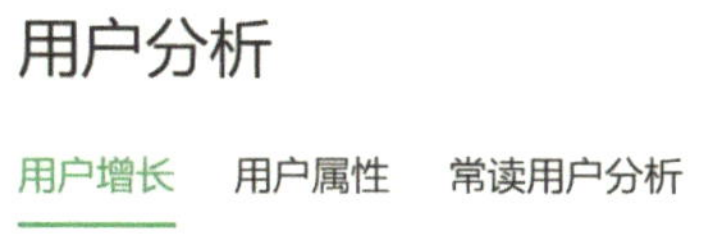

图8-2　用户分析板块

图8-3　内容分析板块

（3）菜单分析

菜单用于公众号与粉丝进行互动，微信公众号可以在会话界面底部设置自定义菜单。菜单可以按照实际需求设定，还可以设置响应动作，用户通过点击底部菜单项跳转到指定页面，如线上活动报名、参加的入口等。如图 8-4 所示，是某微信公众号设置的 3 个子菜单：“订阅优惠”“招牌栏目”“更多精彩”，用户可根据个人需求去选择感兴趣的菜单，再点进去看里面的内容。

（4）消息分析

如图 8-5 所示，消息分析包括两个方面的数据，一是消息分析，二是消息关键词。运营者可以在“微信公众平台”→“数据统计”→“消息分析”中，查看消息发送人数、消息发送次数、人均发送次数等数据。

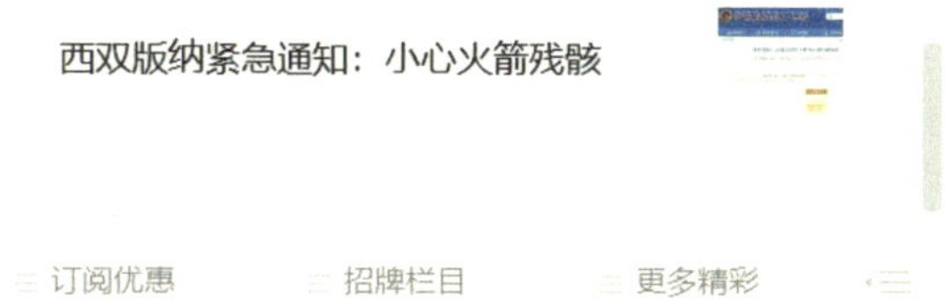

图8-4　公众号菜单页面

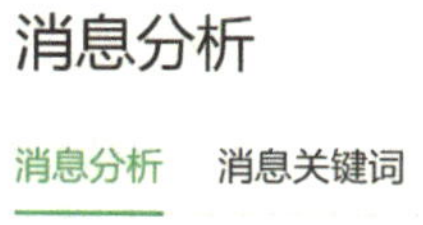

图8-5　消息分析板块

2. 微信公众号数据统计分析的意义

微信公众号的统计功能为运营者提供了多样的分析视角，对于公众号运营及微信公众号营销都具有重要的意义。

（1）掌握微信公众号的影响力度

通过对用户关注数、图文阅读人数、转发人数等数据的分析，可以了解公众号用户的增长趋势、用户属性等特征，刻画用户画像，掌握公众号的影响范围。

（2）指导公众号推送消息的内容定位和风格选择

通过对推送消息的送达人数、阅读人数等指标的分析，找出图文阅读量增长变化的趋势，了解粉丝内容偏好。通过对话题内容、问题风格等进行交叉分析，确定公众号粉丝喜爱的话题内容，指导公众号图文创作的内容选择。

（3）分析用户来源，找出核心用户所在渠道

通过对用户来源渠道等分析，判断粉丝来源途径，找出核心用户所在渠道，为企业精准营销造势。

掌握公众号数据分析，能够帮助微信公众号运营者更好地运营公众号，及时发现运营中出现的问题，提高各项运营数据。

二、微信公众号用户增长数据分析

（1）用户增长指标概述

在微信公众号后台中，运营者可以了解用户增长板块的 4 个关键指标。如图 8-6 所示，是 2021 年 8 月 16 日某时装微信公众号在微信后台查看到的“昨日关键指标”数据：新关注人数有 4 人，取消关注人数为 0 人，净增关注人数为 4 人，累积关注人数为 3498 人。

图8-6　某时装微信公众号的“昨日关键指标”数据

① 新关注人数：新关注的去重用户数。

② 取消关注人数：取消关注的去重用户数。

③ 净增关注人数：净增长的去重关注用户数。

④ 累积关注人数：当前关注的总用户数。

需要特别注意的是，我们在表述公众号的运营情况时，通常会说“总用户数”，即公众号后台首页数据。图 8-7 所示为账号整体情况，可知这个指标不能代表公众号运营的实际情况，公众号真正的实际关注人数是“累积关注人数”。

图8-7　账号整体情况

在这 4 个指标中，运营者需要重点关注“新关注人数”及“取消关注人数”，以便及时掌握微信公众号粉丝的增长趋势。

在监测“新关注人数”时要特别注意数据的突然变化，即峰值问题。例如，某一天新关注人数突然增多，运营者需要分析背后的原因，是当天的内容、选题或传播渠道刚好满足用户需求，还是其他推广活动造成了新关注人数的增加，以便借鉴其中的经验，找到运营的方法和技巧，优化后续运营策略。

同理，如果某一天新增粉丝数突然降低，或者取消关注人数突然增加，运营者就需要仔细分析造成用户取消关注的原因。

（2）用户增长同比与环比

微信公众号后台可以自动生成最近 7 天、15 天、30 天或任意两个月的数据，运营者可以以周、半月、月为单位对用户增长数据进行同比或环比分析。

情感类微信公众号“桔柚甜文”在 2020 年 10 月 28 日至 2020 年 11 月 26 日一个月间该公众号新关注人数的折线趋势图，如图 8-8 所示。从图中可以明显看出：在 2020 年 11 月 2 日新关注人数有较大幅度的上升，这可能是因为 11 月 2 日当天公众号举办了一个征文活动，并在各大新媒体平台上做广告推广；在 2020 年 11 月 12 日与 2020 年 11 月 23 日，新关注人数也有一定幅度的上升，这可能与当天发表了与之前不同的文章类型有关。因此，运营者可以通过进行广告推广及发布用户喜欢的文章来吸引更多用户的关注。

同比是指今年第 n 月与去年第 n 月相比，主要是用来说明本期发展水平与去年同期发展水平对比而达到的相对发展速度。例如，今年 11 月与去年 11 月相比。在公众号运营中，经常使用这个指标来对比本期数据与同期数据的增长速度，用以分析特定时间段内哪种内容和运营方式更受用户喜爱。

环比是本期数据与上期数据相比，用以表示连续两个统计周期内的量的变化。例如，2020 年 11 月与 2020 年 10 月相比。

相对来说，环比数据分析的价值大于同比数据分析的价值。运营者可以通过环比数据更加直截了当地了解当前账号运营发展情况及当前用户对内容的喜爱程度。

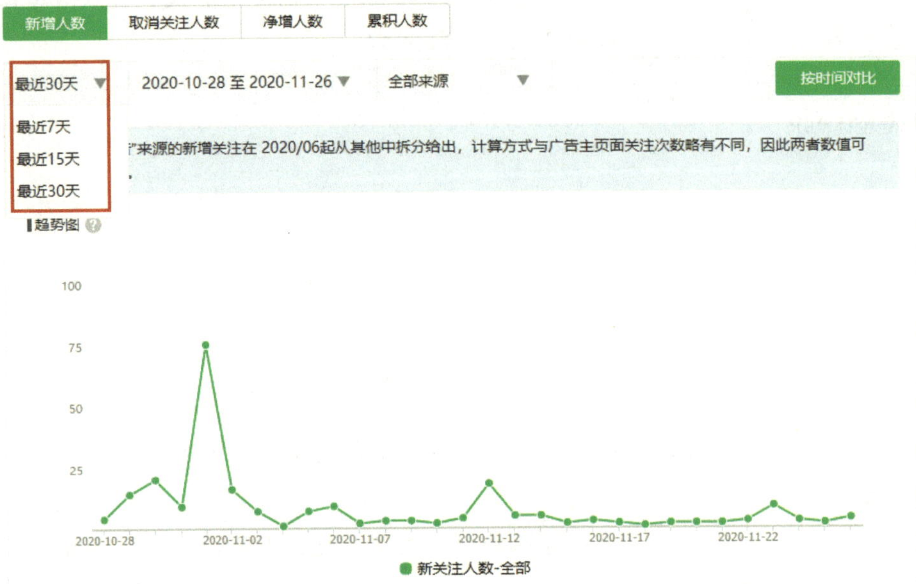

图8-8　新关注人数的折线趋势图

（3）新增人数来源分析

在监测用户增长数据时，运营者可以查看新增用户来源。如图 8-9 所示，单击图中“全部来源”下拉列表，运营者可以看到新增用户来源的主要途径，即搜一搜、扫描二维码、文章内账号名称、名片分享、支付后关注、他人转载、微信广告等。

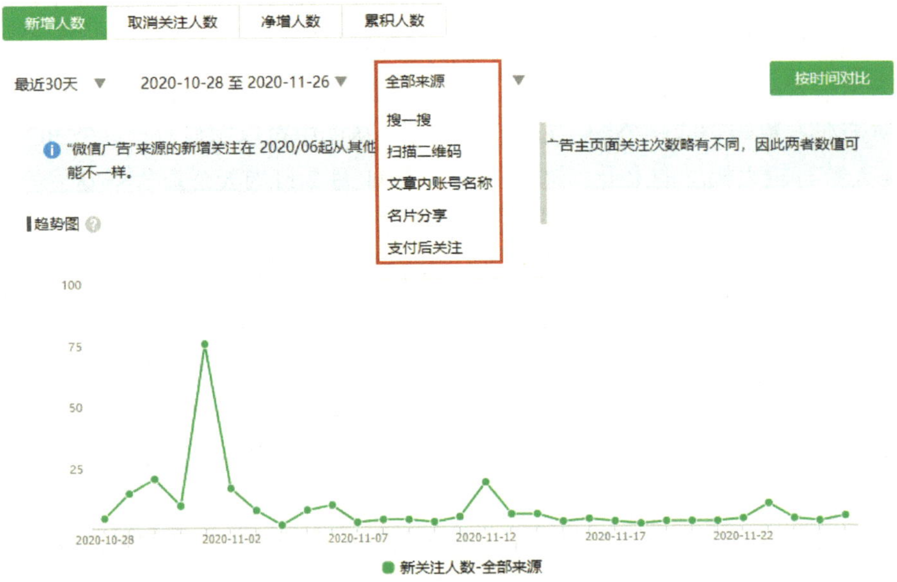

图8-9　新增用户来源

① 搜一搜：是指用户通过搜索微信公众号名称或微信 ID，从而关注微信公众号的行为。

② 扫描二维码：是指用户通过扫描微信公众号所对应的二维码从而关注微信公众号的行为。微信公众号二维码可以出现在多种场景中，如公众号互推时放置二维码、图文文末放置二维码引导关注，以及放置在各种推广宣传海报中等。

③ 文章内账号名称：是指图文消息页面中，单击左侧蓝字"账号名称"即进入公众号简介和关注页面。

④ 名片分享：是指用户通过好友或群内分享公众号名片而产生关注的行为。

⑤ 支付后关注：账号必须是认证过且开通微信支付功能的账号，是指用户通过刷卡支付、公众号支付、扫码支付、App 支付等任一方式支付后关注微信公众号。前三种支付方式支付成功后会显示默认关注公众号，App 支付则需要额外申请。

⑥ 他人转载：是指用户将公众号推送的内容转载给其他人浏览并引发关注的渠道。

此外，除了查看用户数据，微信后台还支持数据导出。如图 8-10 所示，是某运动类微信公众号 2020 年 11 月 1 日至 2020 年 11 月 7 日新关注人数、取消关注人数、净增关注人数和累积关注人数的数据统计情况，单击右上方"下载表格"图标，选择合适的时间即可将用户数据导出，通过对 Excel 的数据进行处理、计算、分析，运营者能够得出更多有效的信息。

2020-11-01 至 2020-11-07　　下载表格

时间	新关注人数	取消关注人数	净增关注人数	累积关注人数
2020-11-07	2	2	0	3450
2020-11-06	9	2	7	3450
2020-11-05	7	2	5	3443
2020-11-04	1	0	1	3438
2020-11-03	7	0	7	3437
2020-11-02	16	0	16	3430
2020-11-01	75	1	74	3414

图8-10　用户数据统计情况

三、微信公众号用户属性分析

在用户属性板块中，运营者可以看到粉丝的人口特征、地域归属和访问设备等数据，通过这些数据可以帮助运营者分析粉丝的属性和质量。

（1）人口特征

人口特征板块包括 3 个指标：性别分布、年龄分布和语言分布。

性别分布数据可以帮助运营者更好地调整账号的内容和风格。如果账号男性粉丝偏多，运营者的写作风格可以偏理性且更加有逻辑，以得到更多男性粉丝的喜爱。同时，男女比例不同的公众号，适合推广的内容也不同，如男性粉丝多的账号更适合在公众号中投放体育、汽车等内容资讯。

年龄分布则可以帮助运营者掌握账号粉丝的年龄结构，找准用户定位，更加有针对性地调整账号的内容和风格。

语言分布则可以帮助运营者了解粉丝使用的语言，如当粉丝使用的语言既有简体中文又有英文时，则说明有相当一部分粉丝来自海外，运营者需要针对这部分用户发布相应的内容或做出合适的推广。

图 8-11 所示为某养生类微信公众号“养生吧”用户的年龄分布饼图，从图中我们可以明显看出：超过 90%的用户年龄是 18 岁以上的成年人，18 岁以下的用户只有极少的一部分，36～45 岁的用户占比最大。因此，运营者可以推送与 36～45 岁年龄段相关的养生内容，以吸引更多的用户关注。

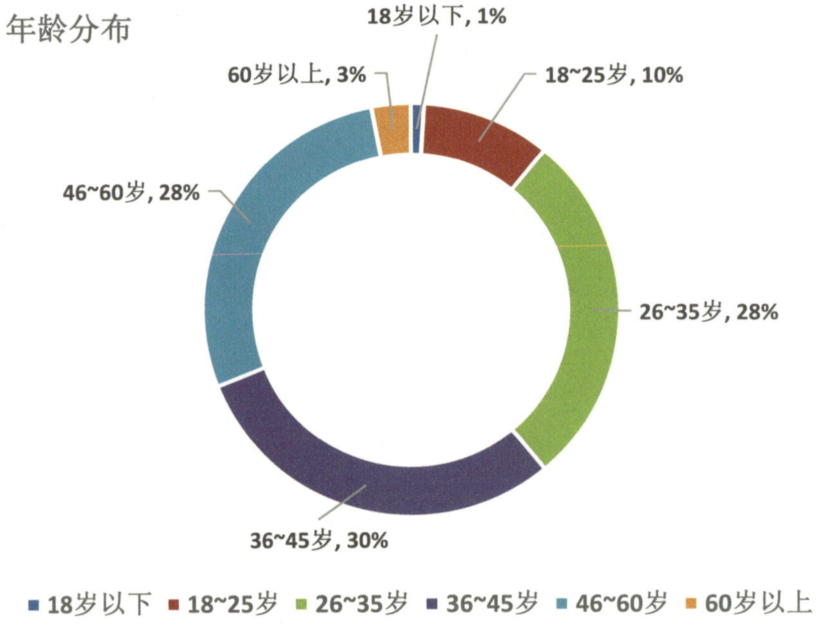

图8-11　年龄分布

（2）地域归属

地域归属数据即粉丝所在省市数据，图 8-12 所示为某公众号粉丝的省级分布。从图中我们可以看出该微信公众号的粉丝集中在浙江省、江苏省，这个数据能够为运营者提供以下几个方面的参考：一是此账号粉丝付费能力较强；二是在举办线下活动时需要优先选择在浙江省、江苏省举办；三是在内容创作中要尽量贴近本地文化特点。

地域	用户数	占比
浙江省	459	16.29%
江苏省	384	13.63%
山东省	237	8.41%
广东省	207	7.35%
安徽省	190	6.74%
河南省	173	6.14%
上海市	117	4.15%

图8-12 省级分布

（3）访问设备

微信公众平台的统计功能经过数次的更新，目前，在访问设备中只能观测到用户终端分布，无法像以前提供一个详细的手机机型分布，访问设备数据的用处被大大削弱。

但手机机型对于判断用户属性依然有一定的帮助，特别是在 App 或“手游”（运行于手机上的游戏软件）推广时，广告主或企业会特别看重某一手机机型的比例，以便选择更加适合自己的账号进行推广合作。图 8-13 所示为终端分布图，以 Android 为主，若某家企业开发了仅适合 Android 的游戏，则这家企业肯定会选择 Android 用户居多的账号进行推广宣传。

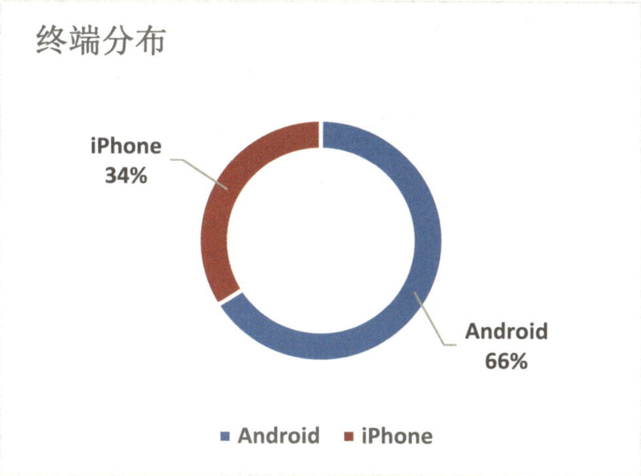

图8-13 终端分布

知识拓展

一、微信开放平台

微信开放平台是一个第三方移动程序提供接口的平台，用户可以将第三方程序的内容发送给微信或分享至微信朋友圈，使得第三方内容借助微信平台获得更加广泛的传播。微信开放平台赋予了非微信内应用使用微信功能的能力。

目前，微信开放平台支持移动应用开发、网站应用开发、公众账号开发及第三方平台开发。

1. 移动应用开发。接入微信开放平台，开发者的移动应用将支持微信分享、微信支付和微信收藏等功能，能够获得增加应用传播的优势能力，让开发者的移动应用可以被用户快速进行社交传播。

2. 网站应用开发。接入微信开放平台，让开发者的网站支持用户使用微信账号登录，即用户可以使用微信账号快速登录开发者的网站，降低注册门槛，提高用户留存。同时也支持同一用户使用微信登录开发者的不同应用和公众账号，以达到不同业务间的账号统一。

3. 公众账号开发。微信公众账号成为开发者后能够更加容易获得用户、支持微信支付、申请微信认证等优势能力。

4. 第三方平台开发。开发者可以在微信公众平台中成为第三方平台，为广大微信公众号提供运营服务和行业解决方案。简单来说，第三方平台开发能够让微信公众号的运营者在面向垂直行业需求时，可以通过一键登录授权给第三方开发者来完成相关能力。如图 8-14 所示，是微信开放社区页面。

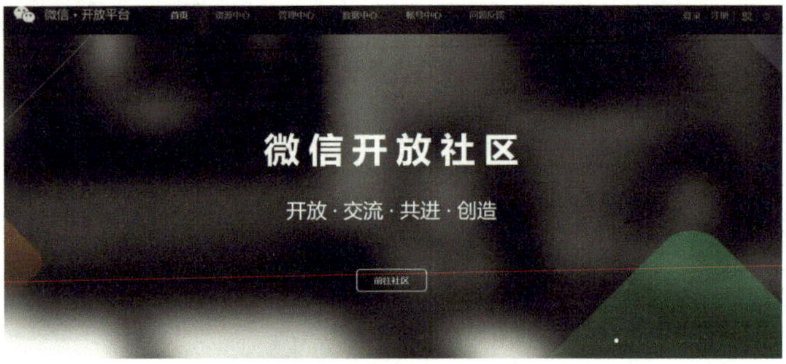

图8-14　微信开放社区页面

与微信公众平台相比，两者有以下 3 个不同点。

一是功能不同。微信开放平台为第三方程序提供接口，使第三方内容可以借助微信平台获得更好的传播。微信公众号提供的是一对多的媒体性行为活动。

二是面向的用户不同。微信开放平台面向第三方移动程序；微信公众平台主要面向政府、媒体、企业及想要从事自媒体活动的公众。

三是接口类型不同。微信开放平台提供的是第三方程序的接口类型，即接口可以集成到第三方程序中，在第三方程序中即可使用微信的分享功能；微信公众平台提供的则是微信端的消息推动、群发、分享、定位等接口类型。

二、常读用户

常读用户是指能够在订阅号顶部“常读的订阅号”中看到此号的用户，本部分数据在 2019 年 6 月开始拆分统计，如图 8-15 所示。

图8-15 “常读的订阅号”

常读用户分析包括常读用户总览、性别分布、年龄分布、城市分布和终端分布。常读用户是账号的忠实粉丝，直观地反映用户黏性，体现地是账号的真实粉丝价值，也为广告投放提供了更加精准的数据参考。

如图 8-16 所示，是某美妆类微信公众号 2020 年 1 月至 2020 年 10 月常读用户数变化的条形统计图。从条形图中可以明显看出，1～4 月常读用户数是在小幅度不断上升的，从 4 月之后，常读用户数就开始出现小幅度的不断下降。这可能是因为公众号推送的文章内容与风格发生了变化。

图8-16 某美妆类公众号常读用户数变化的条形统计图

任务二 图文数据分析

一、图文数据的相关指标

图文数据是除用户数据外，微信公众号的又一重要数据模块。在了解图文数据分析之前，要先了解图文数据相关关键指标的定义。

① 运营者送达人数：图文消息群发时送达的人数（若粉丝设置了屏蔽消息，则不计算在内）。

② 图文页阅读人数：点击图文页的人数（不包括重复点击），包括非粉丝人数。

③ 图文页阅读次数：点击图文页的次数（同一粉丝重复点击计算在内），包括非粉丝的阅读。

④ 图文转化率：图文转化率=图文阅读人数÷送达人数。

⑤ 原文页阅读人数：点击原文页的人数（不包括重复点击），包括非粉丝人数。

⑥ 原文页阅读次数：点击原文页的次数（同一粉丝重复点击计算在内），包括非粉丝的阅读。

⑦ 原文转化率：原文转化率=原文页阅读人数÷图文页阅读人数。

⑧ 分享转发人数：转发或分享至微信好友、朋友圈、微博的用户数（不包括重复转发分享），包括非粉丝分享或转发。

⑨ 分享转发次数：转发或分享至微信好友、朋友圈、微博的总次数，包括非粉丝的分享或转发。

⑩ 朋友在看次数：通过在看阅读文章的次数。

其中，原文页是指粉丝收到消息后点击“阅读全文”进入的图文消息页面。

“在看”功能则是微信于 2019 年 12 月底发布 7.0 版本后的重大改变，原微信公众号文章底部的“点赞”变成了“在看”，用户点击“在看”后，朋友圈的朋友可以通过“发现”→“看一看”找到用户点击了“在看”的内容，并能够打开文章浏览。如图 8-17 所示，在公众号文章标题下方能显示在看的微信好友，点击文章后能浏览文章的阅读数。（注：微信版本更新较快，读者在阅读时此截图可能不是最新版本的截图）

图8-17　微信平台中的“在看”

二、单篇文章的数据分析

打开“统计”→“内容分析”→“群发分析”→“单篇群发”选项，运营者可以看到最近群发文章的数据，需要注意的是，单篇文章的数据只统计文章发出后 7 天内的累积数据，7 天之后的整体数据可以在首页中查询。

图 8-18 所示为某微信公众号文章在 2021 年 2 月 12 日至 2 月 18 日共计 7 天的阅读次数、分享次数、阅读后关注人数、送达阅读率、阅读完成率的数据统计情况（只截取部分数据）。运营者可以了解文章发布后 7 天内的传播情况。

内容分析

群发分析　多媒体分析

全部群发　单篇群发

已群发内容　　　　下载数据明细

仅统计群发后7天内的数据。此处和微信客户端展示的阅读数的计算方法略有不同，数值可能不一样。2019/08/19后群发的内容为新数据统计样式，支持下载2019/08/19后的内容明细数据。

2021-01-19 至 2021-02-18

内容标题	时间	阅读次数	分享次数	阅读后关注人数	送达阅读率	阅读完成率	操作
一次春节，撕开6亿人的隐痛：成年人的安全感，从来不是婚姻	2021-02-18	52934	310	1	1.57%	4.56%	详情
14岁嫁给他，生下12个孩子，相守76年，这对韩国老夫妻的故事火了……	2021-02-18	25482	1261	3	0.73%	29.24%	详情
《头等舱》③丨“朋友圈那个宠妻狂魔，	2021-02-18	16188	262	1	0.46%	18.59%	详情
牛年，这5个生肖的女人命好，福气旺！	2021-02-18	9693	275	2	0.28%	21.50%	详情
因名字中出现生僻字，她错失四大美女的位置	2021-02-18	7597	9	0	0.23%	12.13%	详情
《你好，李焕英》火了：贾玲一句话，揭露成人世界扎心真相	2021-02-17	202051	6491	68	4.95%	21.39%	详情
41岁农村妇女逆袭成“网红作家”，全网泪奔：开挂的人生，只需做对一件事	2021-02-17	55833	356	4	1.63%	8.06%	详情
堪的一幕	2021-02-17	38705	508	2	1.06%	20%	详情
	2021-02-17	20593	404	5	0.59%	22.83%	详情
这几个优质公众号，值得您去浪费时光！	2021-02-17	3316	22	0	0.09%	36.20%	详情

1 / 16 ＞　跳转

图8-18　已群发内容

运营者如果想了解更多详细的数据可以单击单篇文章右侧的“详情”按钮，进入单篇文章的数据分析页面，如图 8-19 所示。

这几个优质公众号，值得您去浪费时光！	2021-02-17	3316	22	0	0.09%	36.20%	详情

1 / 16 ＞　跳转

图8-19　单篇群发数据

在此页面，单篇文章的关键指标数据都以可视化的形式呈现在运营者眼前。具体关键指标如下。

1. 送达转化

① 送达人数：消息群发时，送达的人数。

② 公众号消息阅读次数：群发消息在公众号会话及订阅号消息列表的阅读次数。

图 8-20 所示为单篇文章送达转化情况展示。送达转化率可以帮助运营者分析文章的打开率，从而帮助运营者分析出用户的喜爱情况，做好内容优化。

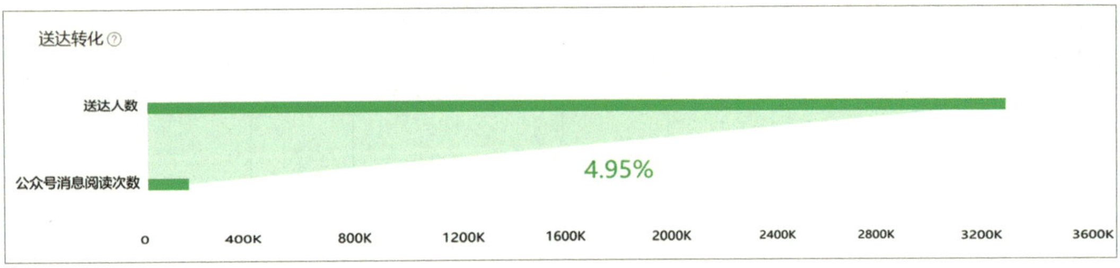

图8-20　单篇文章送达转化情况展示

2．分享转化

① 公众号消息阅读次数：群发消息在公众号会话及订阅号消息列表的阅读次数。

② 首次分享次数：用户在公众号会话及订阅号消息列表阅读完后，转发或分享到好友会话、群聊、朋友圈及点击朋友在看的次数，不包括非粉丝的点击。

③ 总分享次数：用户转发或分享到好友会话、群聊、朋友圈及点击朋友在看的次数，包括非粉丝的点击。

④ 分享产生的阅读次数：由用户分享带来的阅读次数，即阅读来源为好友会话、群聊、朋友圈及点击朋友在看的阅读次数。

图 8-21 所示为单篇文章分享转化情况展示。分享产生的阅读次数是总分享次数的 1060.39%，运营者应重视引导用户分享，以提升阅读总量。

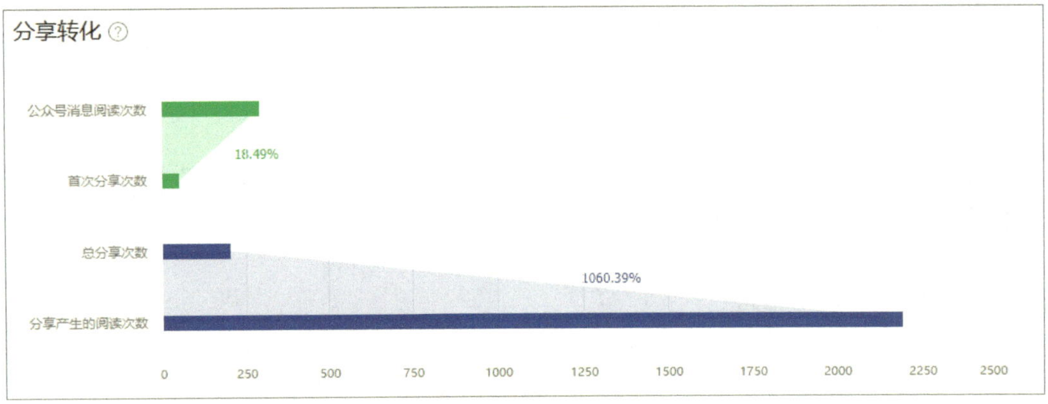

图8-21　单篇文章分享转化情况展示

3．数据趋势

① 图文阅读：在不同的传播渠道中，阅读的人数及次数。

② 图文分享：在不同的传播渠道中，转发或分享到好友会话、群聊、朋友圈及点击朋友在看的人数及次数。

图文阅读和图文分享可以帮助运营者判断单篇文章在什么渠道传播效果最好，以及在

7 天内文章的传播节奏如何。从图 8-22 所示的单篇文章数据趋势图中可以看出，此篇文章在发出的两天时间内阅读人次和阅读人数变化不大，微微有上扬的趋势，运营者可以考虑继续增加互动等方式来提高阅读量。

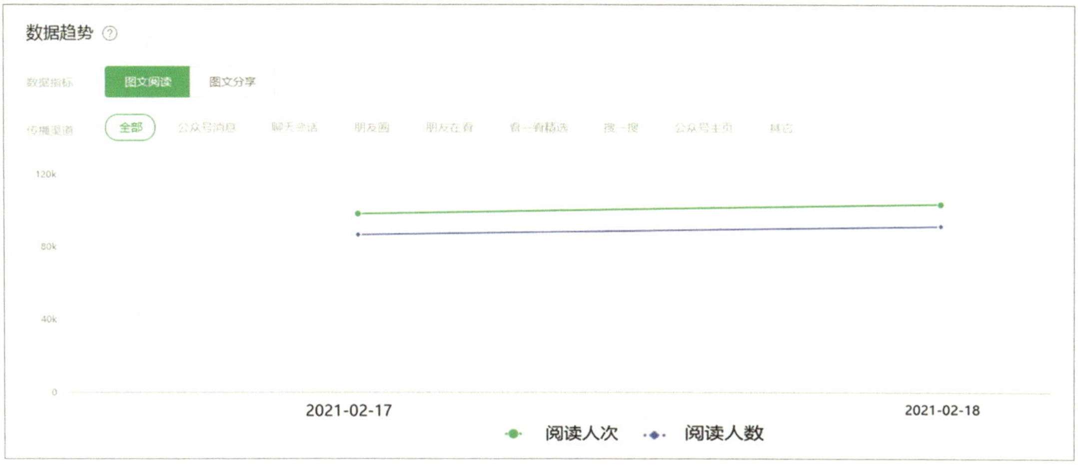

图8-22　单篇文章数据趋势图

同时，也可以结合文章阅读来源进行调查分析，扩大文章传播效果。例如，一个账号粉丝数量少，但是希望提高阅读量，那么可以结合朋友圈分享、在看等渠道的传播特点，努力打造高质量的爆文，以便达到提高阅读量的目的。

4．阅读完成情况

① 浏览位置：图文消息页按等比例划分的位置。

② 跳出人数：滑动到该浏览位置离开图文消息页的人数。

③ 跳出比例：跳出比例=跳出人数÷阅读该图文总人数。

④ 仍读人数：滑动到该浏览位置仍然还在阅读的人数。

⑤ 仍读比例：仍读比例=仍读人数÷阅读该图文总人数。

需要运营者注意的是，此板块的用户总数与阅读趋势的用户总数分别根据不同方法和时间点来统计，可能人数会出现不匹配。

5．用户画像

运营者可以在此板块看到用户性别分布、年龄分布和地域分布。

通过对以上指标数据的分析，运营者不再仅仅知道一篇文章的阅读量是多少，而是能够更加清晰地了解一篇文章的传播效果和传播路径，这对于后续文章运营的优化有很大的借鉴意义。

三、全部图文的数据分析

在内容分析页面，单击“全部群发”选项后，运营者可以看到昨日关键指标的 3 项数据：阅读（次）、分享（次）、完成阅读（次）。其中，完成阅读（次）是指用户滑动到图文消息底部的次数，如图 8-23 所示。

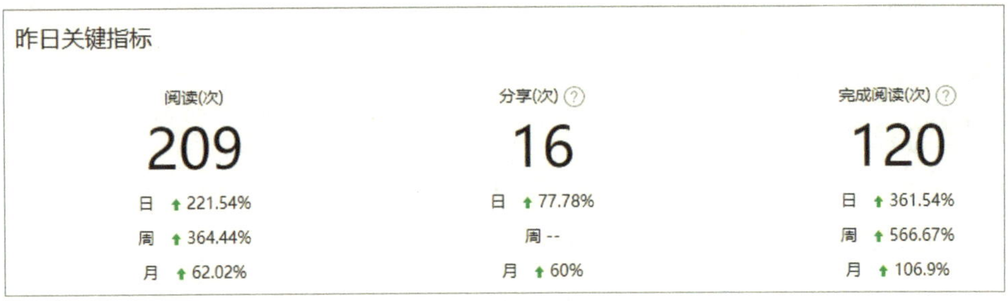

图8-23　“全部群发”后的昨日关键指标

针对这些关键指标，“全部群发”数据分析也提供数据趋势和渠道构成的可视化分析。在数据趋势分析中，微信官方提供日报和小时报两种时间维度的分析，运营者可以根据实际情况选择所要监测的时间段来监测数据。

图 8-24 所示为“全部群发”数据趋势指标展示。假设运营者需要查看 2020 年 10 月 23 日至 2020 年 11 月 20 日的阅读日报，就可按照图示设置，后台即可自动生成这段时间的阅读数据趋势图，如图 8-25 所示。

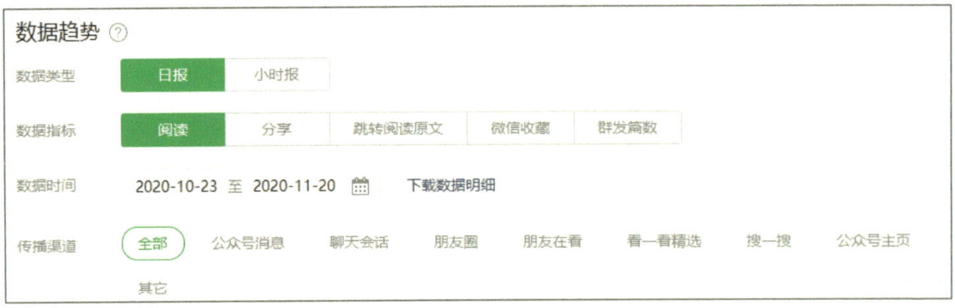

图8-24　“全部群发”数据趋势指标展示

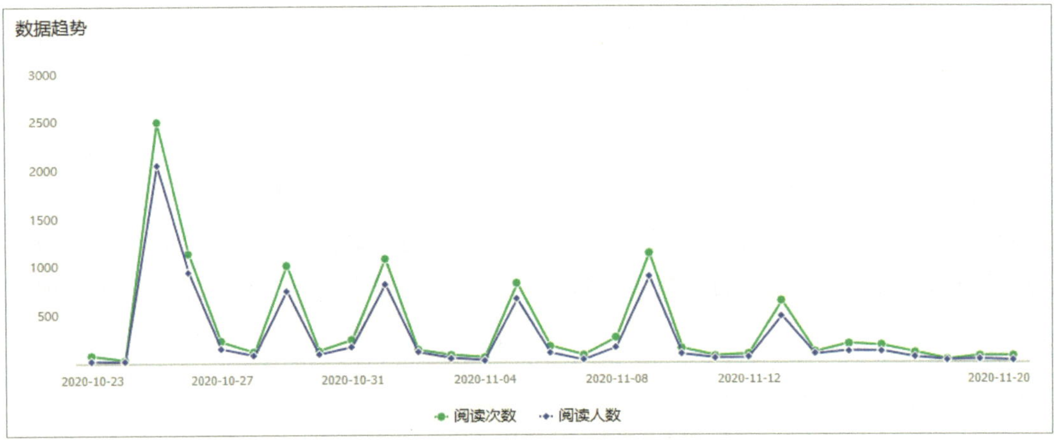

图8-25　“全部群发”数据趋势图

此外，针对“全部群发”，微信公众号还提供渠道构成分析趋势图（见图 8-26），以及自定义时间导出 Excel，帮助运营者对群发消息进行更进一步的分析。

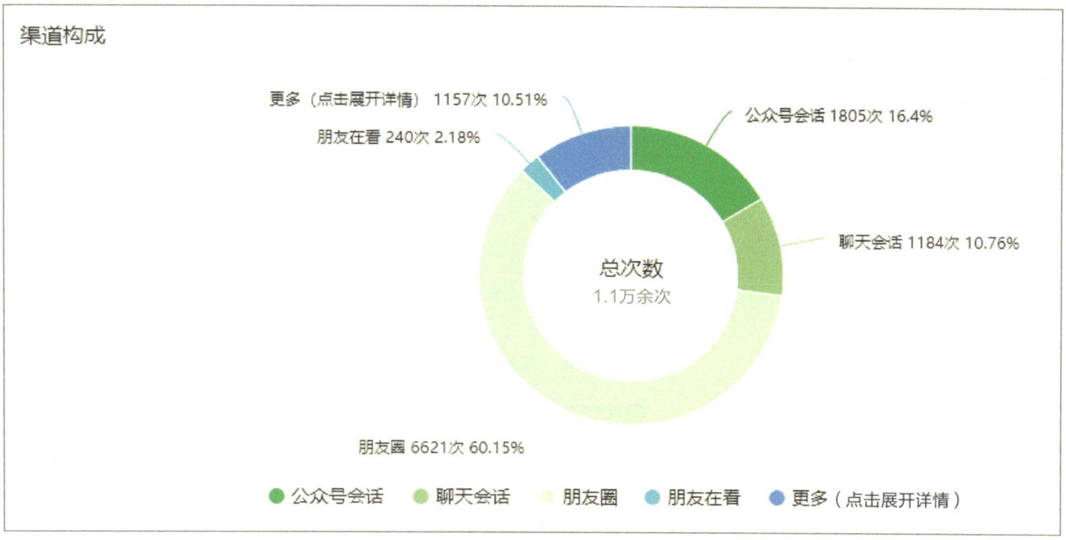

图8-26 “全部群发”渠道构成分析趋势图

任务三 消息数据分析

一、菜单点击次数与点击人数的分析

1. 自定义菜单概述

微信公众号的自定义菜单是一个机动性十分强的功能，运营者可以根据自己的需求，自由设置菜单。可以说，自定义菜单是链接外部资源的功能，是粉丝互动的基础入口。通过对菜单数据分析，可以直观地看出账号粉丝的满意度和活跃度。

（1）自定义菜单介绍

微信公众号可以在会话界面底部设置自定义菜单，菜单项可按实际需要设定，并且运营者可为其设置响应动作。用户通过点击“菜单项”，可以收到运营者设定的响应，如收取消息、跳转链接等。

（2）自定义菜单开通和设置方法

进入“微信公众平台”→“功能”→“自定义菜单”→“添加菜单”，即可进入菜单设置页面，如图 8-27 所示。

目前，微信公众号自定义菜单可以设置 3 个一级菜单，一级菜单名称不多于 4 个汉字或 8 个字母；每个一级菜单下最多可设置 5 个子菜单，子菜单名称不多于 8 个汉字或 16 个字母。用户单击每个子菜单会触发请求，调出相应链接和发送信息。所有公众号均可在自定义菜单中直接选择素材库中的图文消息作为跳转到网页的对象，认证订阅号和服务号还可直接输入网址。可发送信息类型包括文字、图片、语音、视频和图文消息等，未认证订阅号暂时不支持文字类型。

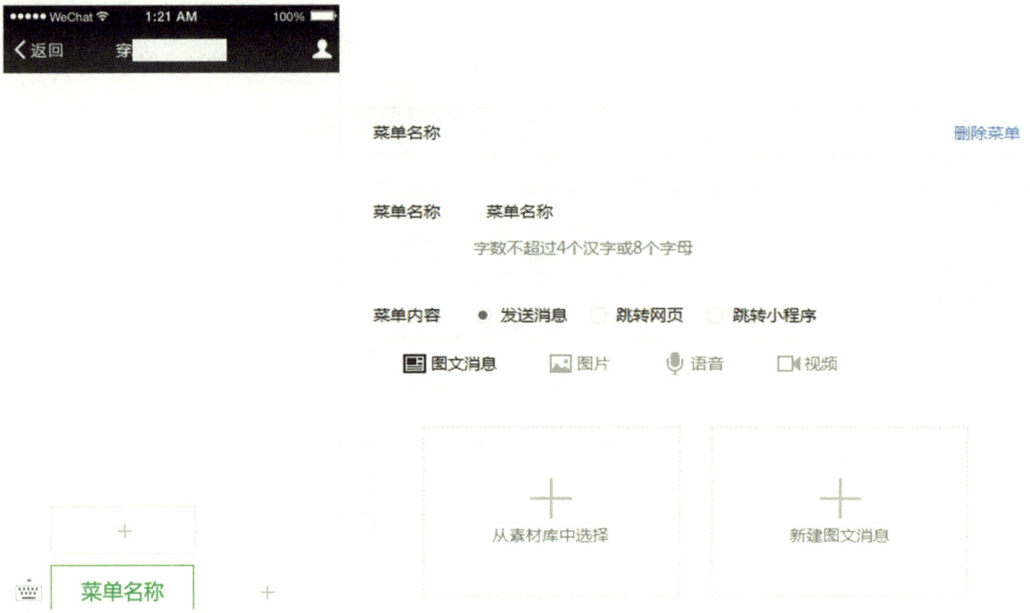

图8-27　菜单设置页面

2. 对菜单点击次数与点击人数进行分析

点击菜单分析，运营者可以看到菜单分析的昨日关键指标的 3 项数据，含义如下。

① 菜单点击次数：菜单被用户点击的次数。

② 菜单点击人数：点击菜单的去重用户数。

③ 人均点击次数：人均点击次数=菜单点击次数÷菜单点击的去重用户数。

菜单也有版本之分，每提交更新一次算作一个版本。

图 8-28 所示为某微信公众号在 2021 年 8 月 16 日查看的昨日关键指标（2021 年 8 月 15 日）中菜单点击次数、菜单点击人数和人均点击次数的数据。

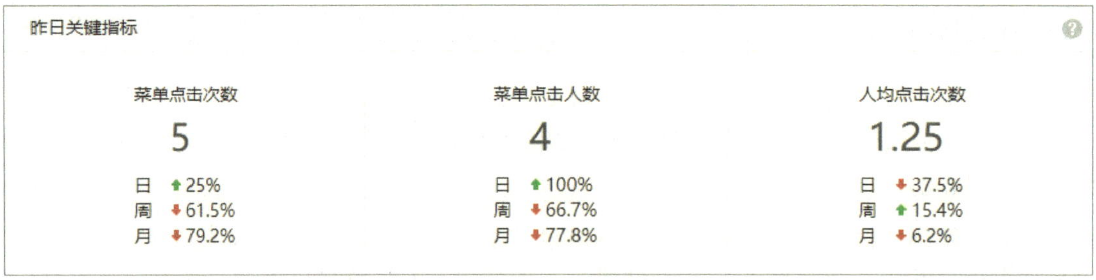

图8-28　菜单分析中的昨日关键指标

在微信后台中，针对这 3 项数据，运营者可以选择查看 7 天、15 天、30 天或任意某时间段的菜单点击情况，也可以按照版本进行对比。

菜单点击次数越多，说明菜单服务覆盖的人群越多，人均点击次数就越多，说明粉丝也就越活跃。图 8-29 所示为某读书微信公众号 3 个一级菜单和两个二级菜单在 2021 年 2 月 12 日至 2021 年 2 月 18 日 7 天时间内菜单点击次数的变化情况，总体变化趋势较为平稳。在一级菜单中，“免费听书”菜单的点击次数远远超过“听书会员菜单”和“更多推荐”菜单，两个子菜单的点击次数方面也存在较大差距，未来运营者在菜单命名和活动策划上可以有针对性地做出调整，以吸引更多的用户。

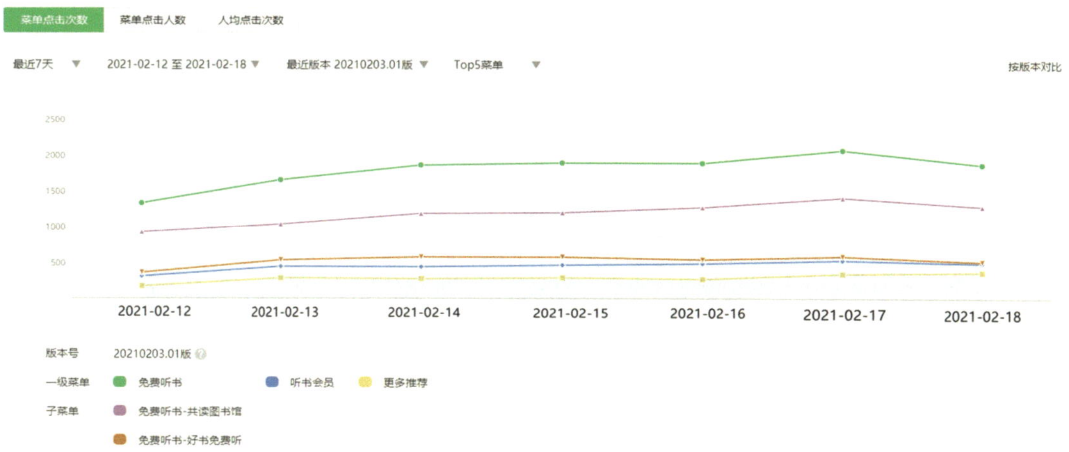

图8-29　菜单点击次数

自定义菜单的实现，也预示着微信公众号不再是发送和回复消息的平台，而是具有更强大的营销和回复功能的平台。

如果将微信公众号比作一个流量入口，那么自定义菜单则是管道，将流量导入运营者想要的外部渠道，如微店、产品、服务等。

由图 8-30 所示的自定义菜单设置可知，“人民文学出版社”公众号中设置了“读书会”“文创商城”“免费听书”3 个功能，极大地降低了用户的认知门槛，将公众号的重点信息入口直接展现在用户面前，可以让用户更好、更快地了解相关服务。

自定义菜单对于企业来说，可让其用极低地成本在微信公众平台上打造一个相对完整的服务系统；而对于用户来说，则大大丰富了其阅读体验。

从这个角度来说，自定义菜单是抓住用户注意力的关键一步，菜单点击人数和点击次数也是衡量一个账号营销效果的重要指标。

图8-30　自定义菜单设置

二、文案设置

如果运营者想要提升菜单的点击量，增加粉丝互动，那么需要十分重视菜单文案的撰写，以便最大限度地引起粉丝的好奇心，促进粉丝点击、互动。

自定义菜单的文案设置需要注意以下几点。

1. 文字短小精悍，信息高度浓缩

自定义菜单文案撰写的核心原则是文字短小精悍，信息高度浓缩。一般来说，字数以2～4字为宜。这是因为自定义菜单显示界面有限，要尽可能地将菜单文字完整地显示在公众号页面下方。由图8-31所示的“人民日报”菜单文案可知，“人民日报”微信公众号的一级菜单名称有“新闻”“云课堂”“云游敦煌”，都可以在屏幕上显示出来。

2. 使用特殊元素，文字生动有趣

在撰写菜单文案时，可以根据不同的粉丝定位选择不同的文案风格，如果粉丝年龄结构较小，则可以使用一些特殊元素，让菜单变得更有趣，引起用户点击的兴趣。图8-32所示的“咪咕阅读”菜单文案中其菜单设置就采取了特殊图案，“有宝藏”也可以在一定程度上引起粉丝的好奇心和注意力，有助于提升菜单的点击量。

图8-31 “人民日报”菜单文案

图8-32 “咪咕阅读”菜单文案

3. 直接体现主题

菜单文案设置的又一原则是直接体现主题，尤其是电商类公众号，其菜单设置要让用户明白账号到底是干什么的，有什么优惠活动及如何参加。图 8-33 所示为“伊芙丽”菜单文案，用户能够方便、快捷地了解企业所开展的优惠活动。

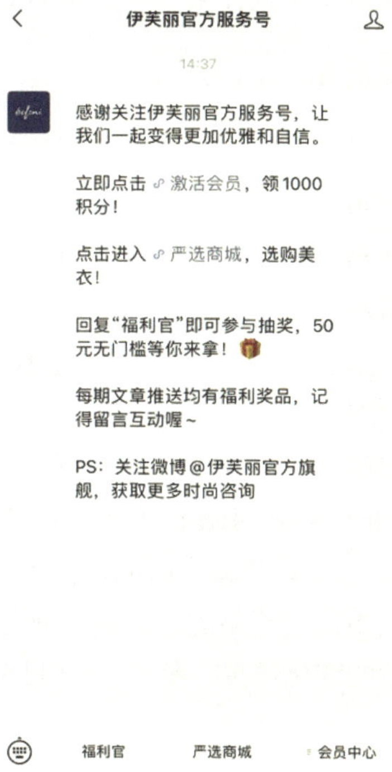

图8-33 “伊芙丽”菜单文案

4. 引导用户使用

微信公众号的菜单设置要有引导性，要能明确地告诉用户其该怎么做，以便用户快速参与活动中。图 8-34 所示为“宝龙美术馆”菜单文案，“宝龙美术馆”公众号的一级菜单“展览”部分提供宝龙美术馆的展览详情；“我们”部分向公众介绍美术馆的概况；“艺术教育”部分则表示公众可以获取更多的艺术资讯。

图8-34 “宝龙美术馆”菜单文案

总之，对于运营者来说，不管采取什么样的文案设置原则，核心目的都是抓住用户需求，引起用户点击、查看。

需要运营者注意的是，自定义菜单不是一成不变的，而是可以根据活动需求及账号发展需求进行变动的，相应地，菜单文案也需要根据菜单的变化而变化。

三、公众号信息和关键词分析

1. 消息分析

打开消息分析页面，运营者可以看到消息分析和消息关键词两大板块。

在消息分析中，微信公众平台后台提供小时报、日报、周报、月报等时间维度的数据分析。消息分析的关键指标及解释如下。

① 消息发送人数：关注者主动发送消息的去重用户数。

② 消息发送次数：关注者主动发送消息的次数。

③ 人均发送次数：人均发送次数=消息发送总次数÷消息发送的去重用户数。

④ 日、周、月：分别计算昨日数据相比 1 日、7 日、30 日前的变化情况。

运营者可以选择 7 日、14 日、30 日或某个时间段内消息的数据，也可以按照时间对比某两个时间段的数据，得到关键指标的趋势图。图 8-35 所示为某微信公众号人均发送次数的周报，可以看出人均发送次数的变化情况，在 11 月 2 日至 11 月 23 日人均发送次数呈现下降—平稳—继续下降的趋势。

2. 消息关键词分析

消息关键词分析涉及的指标及解释如下。

① 关键词：用户发送文字中所包含的特殊名词。

② 自定义关键词：公众号在编辑模式中预先设置的关键词。

③ 非自定义关键词：当用户发送消息时，非公众号在编辑模式中预先设置的关键词。

在消息关键词分析中，运营者同样可以查看 7 日、14 日、30 日或某个时间段内消息关键词 Top 200。图 8-36 所示为某时尚类微信公众号查看消息关键词 Top 200 的页面，可以自定义时间段进行查询。

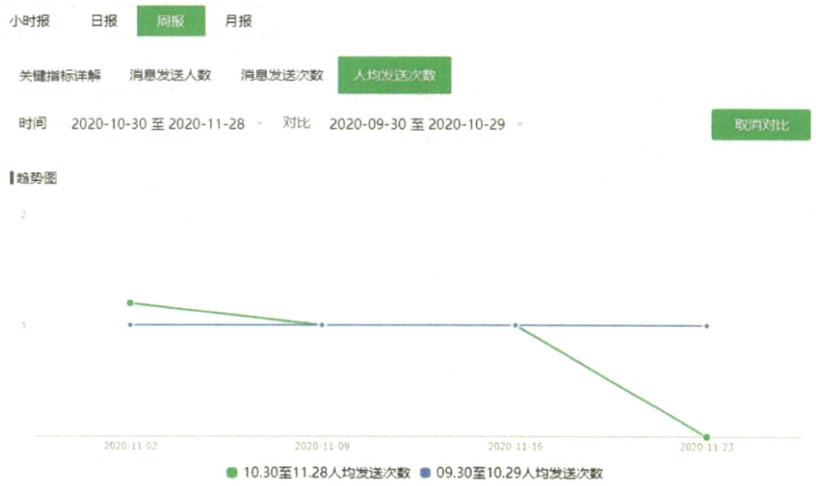

图8-35 消息分析

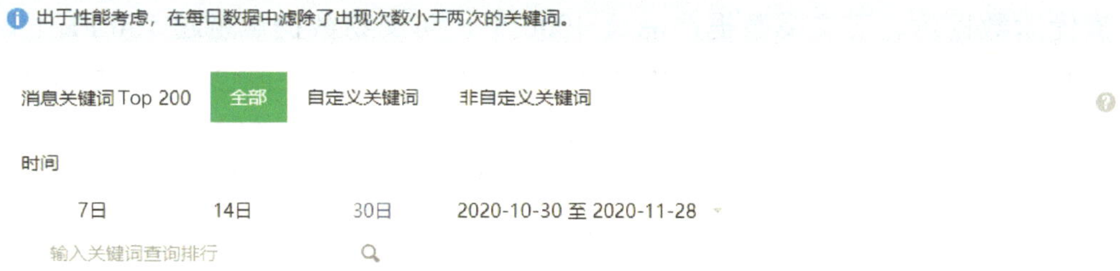

图8-36 消息关键词分析

在自定义关键词中，运营者可以预先设置一些关键词让用户在后台进行回复，然后通过对关键词的回复分析，了解用户对公众号选题及内容的喜好，从而围绕这些关键词进行选题和创作。例如，用户回复“护肤”这个关键词较多，那么运营者可以多策划“护肤”类选题，或者定位到关键词所对应的文章，分析文章的写作风格和写作特点，并以此为参考进行内容创作。

消息关键词分析的另一个重要目的是通过对关键词的分析，找出用户的疑惑点，做好问答，并通过高效的问答提升客服的工作效率。

思政园地

数据成为商品 交易无规可循

第十三届全国人民代表大会常务委员会第二十九次会议通过《中华人民共和国数据安全法》，我国有了第一部以数据为保护对象的法律。而数据交易这门新兴生意也因第一次在全国性法律中被提及而引发关注。在移动互联网时代，数据对指导生活和生产的意义越来越大，“数据为王”“数据将同石油一般珍贵”等论调不绝于耳。经过处理的数据形成数据包，也可以作为商品被明码标价，在市场上公开买卖。

2015 年，贵阳大数据交易所开业，这是全国乃至全球第一家数据公开交易所。此后，陕西西咸新区数据交易中心、上海数据交易中心、北京国际大数据交易所等机构如雨后春笋般出现。截至 2021 年 6 月，此类数据交易平台已超过 30 家。但在数据安全法出台之前，尚无任何一部全国性法律提到过数据交易的基本规则和交易机构应履行的义务，几乎所有交易所都在“摸着石头过河”。从 2014 年开始成立的数据交易机构中，在成立初期会定期对外公布数据交易量和交易额，但从 2018 年开始，大多数机构停止对外公布这两项数字，使外界对这些机构产生了“渐成摆设”的猜测。

即便在定期公布成绩单的那些年，数据交易机构的成绩也不够好。以贵阳大数据交易所这个“明星项目”为例，据其官网披露，从 2015 年 4 月开业到 2017 年 10 月，累计交易额达 1.2 亿余元，交易框架协议近 3 亿元，发展会员超 1500 家，接入 225 家优质数据源，可交易数据产品近 4000 个，可交易数据总量超 150 PB（1 PB=1024 TB）；到 2018 年 3 月，会员数量突破 2000 家，此后便再也没有新的交易规模被公布。与之相比，仅联想集团一家企业就拥有超过 12 PB 的数据，每日新增的数据量超过 30 TB，贵阳大数据交易所掌握 150 PB 的数据总量并不算高。

时间到了 2021 年，数据交易无规可循的问题仍然没有解决。但数据交易和交易机构的“身影”出现在数据安全法第十九条、第三十三条和第四十七条中，让呼吁尽快建立数据交易规则的人们看到了一丝曙光。第十九条规定：国家建立健全数据交易管理制度，规范数据交易行为，培育数据交易市场。第三十三条规定：从事数据交易中介服务的机构提供服务，应当要求数据提供方说明数据来源，审核交易双方的身份，并留存审核、交易记录。第四十七条规定：从事数据交易中介服务的机构未履行本法第三十三条规定的义务的，由有关主管部门责令改正，没收违法所得，处违法所得一倍以上十倍以下罚款，没有违法所得或者违法所得不足十万元的，处十万元以上一百万元以下罚款，并可以责令暂停相关业务、停业整顿、吊销相关业务许可证或者吊销营业执照；对直接负责的主管人员和其他直接责任人员处一万元以上十万元以下罚款。

虽然数据安全法只有 3 个条款提到了数据交易及相关机构，但总算是对这个行业的交易规则做了初步规范，为数据交易这门生意提供了一个好的开端。

资料来源：法治日报（有改写）

讨论并思考：

目前，数据交易存在哪些问题？新媒体从业人员在交易数据时如何做到合法合规？

职业技能训练

1. 单选题

（1）在数据分析中，环比是指（　　）。

A. 往期数据共同比

B. 本期数据与下期数据相比

C. 上期数据与下期数据相比

D. 本期数据与上期数据相比

（2）微信公众号用户属性的人口特征不包括（　　）。

A. 性别分布　　B. 年龄分布　　C. 地域分布　　D. 语言分布

2. 多选题

（1）微信公众平台的账号分类目前包括（　　）。

A. 微信服务号　　B. 微信订阅号

C. 微信小程序　　D. 企业微信

（2）微信公众号数据统计分析的意义包括（　　）。

A. 掌握微信公众号的影响力度

B. 指导公众号推送消息的内容定位和风格选择

C. 分析用户来源，找出核心用户所在渠道

D. 便于收集用户信息进行出售

3. 思考题

请判断以下几个场景中新增用户的来源渠道，并思考运营者如何在这些渠道中吸引用户。

A. 小张最近在找工作，听说某招聘账号不错，赶紧打开微信搜索并关注了该账号。

B. 小王上网浏览到某企业活动海报，并扫描海报上的微信公众号二维码关注了该账号。

C. 小李看到一篇文章，觉得写得很不错，点击文章上面的账号名称进行关注，并阅读更多账号内文章。

D. 小钱的朋友通过名片分享给小钱一个微信账号，小钱觉得不错，关注了该账号。

E. 小孙在某商铺购买商品时打开微信支付，付款成功后关注了商铺微信账号。

4. 实践题

图 8-37 所示为某健身运动微信公众号在 2021 年 12 月 5 日的阅读次数变化趋势图，结合本项目所学知识，试分析如何提升微信公众号的阅读量。

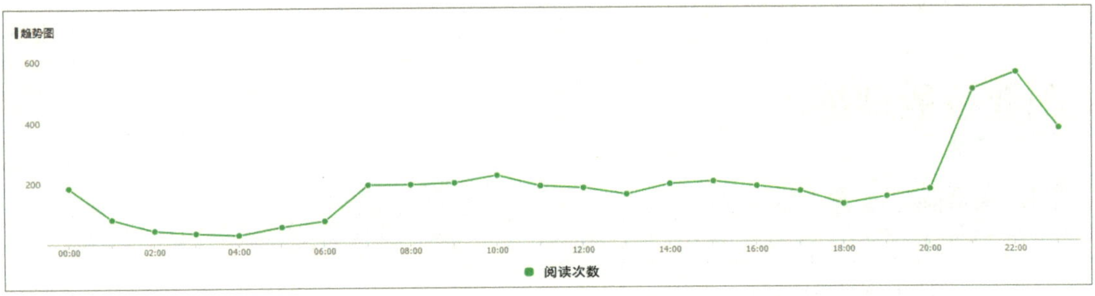

图8-37　某健身运动微信公众号阅读次数变化趋势图

项目九
新媒体数据分析报告

学习目标

知识目标

1. 简述日常数据通报。
2. 简述专题分析报告。
3. 简述综合分析报告。

技能目标

能制作数据分析报告。

思政目标

培养大家正确、合理分析新媒体数据的意识和态度。

单元导学

新媒体数据报告

新媒体数据报告是新媒体运营过程中工作汇报的重要载体，通过数据报告，可以了解企业的运行现状，也可以给管理者的决策提供依据。数据报告中对于数据的统计和分析，需要紧扣新媒体的特征，才能发挥报告的作用。新媒体数据报告的作用主要集中在3个方面：统计分析数据、监测营销质量、分析意见和建议。

1. 统计分析数据

新媒体平台与传统的网络平台相比，它的变化性更多，信息更新速度更快，这时就需要通过一定的方式收集、整理与企业营销相关的数据。而互联网时代本身就是一个信息大爆炸的时代，收集有用的信息、剔除无用的信息，并把数据以清晰、有序的方式呈现给管理者，使他们能快速地了解情况。

2. 监测营销质量

当企业实施营销活动时，要想知道营销活动是否达到了目标，就需要通过对整个营销活动的数据进行分析，这里的数据不仅包括传统营销中对销售盈利的分析，还包括市场、用户、产品等多个维度，全方位地对营销活动的效果进行评估，也可以为下一次的营销提供借鉴。

3. 分析意见和建议

数据分析报告通常是由企业的运营部门负责，他们对数据和数据的收集非常擅长，但是对于企业的管理者来说，他们在制定策略时通常没有时间去认真阅读每一项数据和每一页报告，而是比较看重分析报告的总结及意见和建议。在新媒体快速发展的今天，这些意见和建议能够帮助管理者更加便捷地制定策略。

任务一 数据分析报告的类别

在新媒体营销背景下，企业的营销在很大程度上需要依靠数据分析，数据分析可以帮助企业制定更加精准的营销策略，数据报告就是企业进行数据分析的一种载体。根据数据分析报告的方法、时间、对象等方面的不同，数据报告的类型也被分为好几种。常见的数据报告类型有日常数据通报、专题分析报告、综合分析报告 3 种。

一、日常数据通报

日常数据通报通常是指按天、周、月等固定时间段进行的数据分析报告，这种数据报告通常是帮助管理者查看企业日常的运行，也可以通过比较两个不同时间段的数据，查看企业的发展状况。

日常数据通报有以下几个特点。

1. 进度性

日常数据通报通常会汇报当前企业营销的基础数据，如销量、订单数、客户数等，在新媒体背景下，新媒体营销企业还需要统计出每天的流量、转化量等数据，这些日常的数据汇报汇集在一起，就能帮助管理者看到企业的发展趋势。如果用折线图来表示发展趋势图，那么管理者可以很清楚地看出峰值和谷值，这些异常数据的分析对于企业来说是非常重要的。

2. 规范性

日常数据通报由于是例行报告，它的格式和结构遵循一定的规范，而且这类报告也比较连续，为了方便阅读和理解，通常都会采用相同的结构，只不过具体的数据会根据时间的不同而有所变化。

3. 时效性

在新媒体营销背景下，无论是市场发展还是社会热点，变化速度较快，所以日常数据通报是使用频率最高的一种，它的时效性非常强。运营者需要及时整理和分析信息，才能帮助管理者制定出符合市场发展的方案，否则可能会错失市场机会。

二、专题分析报告

专题分析报告是针对某一专门领域或问题而进行的，它具有高度的针对性，它的分析结果是为了帮助管理者解决某个问题或了解某个领域提供信息帮助的。专题分析报告的特点如下。

1. 单一性

专题报告只针对事物的某一方面，不能反映事物的全貌。例如，消费者使用新媒体平台分析、企业流量分析、消费满意度分析等。

2. 深入性

专题分析报告只针对某一方面进行分析，其分析的范围比较窄，便于突出重点，对某一方面进行深入研究。专题分析报告在分析过程中，通常要对问题的因果联系展开深入分析，形成分析链，这样的分析能够帮助管理者更深刻地了解这方面的信息。例如，某企业制定了 2021 年母婴用品消费者满意度分析报告，报告对消费者的需求变化、消费者评价的变化、现有问题及未来的发展趋势做了深度分析，帮助企业管理者更好地了解母婴市场消费者的满意情况。

三、综合分析报告

综合分析报告是全面评价发展市场或其他方面发展情况的一种数据分析报告。例如，互联网发展报告、新媒体平台发展报告、某企业新媒体营销分析报告等。综合分析报告具有以下两个特点。

1. 全面性

综合分析报告能够比较全面地反映分析对象的各个方面，从整体和全局的高度进行分析。例如，某企业对母婴产品市场制定了一份综合分析报告，报告中包括产品、价格、用户、渠道、营销、品牌等多个方面，能够较为全面地反映市场的发展现状。

2. 联系性

综合分析由于所涉及的方面较多，所以企业管理者在分析时要注意这些不同的方面，以及不同的方面里面各个要素的关系，这些并不是简单地组合在一起就可以了，它有一定的逻辑顺序和结构。例如，某企业对母婴产品市场的分析，根据生产和消费之间的关系，产品分析应该放在前面，分析完产品再分析用户、渠道等方面，这样数据报告内的联系才会协调。

任务二　数据分析报告的制作

一、数据分析报告的结构

数据分析报告的结构并非一成不变的，不同的企业、不同性质的数据分析，其最后的报告可能会有不同的结构。典型的报告结构是“总一分一总”结构，它主要包括开篇、正文和结尾三大部分。

开篇部分包括标题页、目录和前言（主要包括分析背景、目的与思路）；正文部分主要包括具体分析过程与结果；结尾部分包括结论、建议及附录。下面将对这几个部分进行具体介绍。

1. 标题页

标题页需要写明报告的题目，题目要精简、干练，根据版面的要求在一两行内完成。标题是一种语言艺术，好的标题不仅可以表现数据分析的主题，而且能够激发读者的阅读兴趣，因此需要重视标题的制作，以增强其艺术性的表现力。

（1）标题常用的类型

① 解释基本观点：往往用观点句来表示，点明数据分析报告的基本观点，如《用户画像的重要性》。

② 概括主要内容：重在叙述数据反映的基本事实，概括分析报告的主要内容，让读者能抓住全文的中心，如《2020年公司销售状况良好》。

③ 交代分析主题：反映分析的对象、范围、时间、内容等情况，并不点明看法和主张，如《新媒体平台对比分析》。

④ 提出问题：以设问的方式提出报告所要分析的问题，引起读者的注意和思考，如《收入下降的关键何在》。

（2）标题的制作要求

① 直接：数据分析报告是一种应用性较强的文体，它直接为决策者的决策和管理服务，所以标题必须用毫不含糊的语言，直截了当、开门见山地表达基本观点，让读者一看标题就能明白数据分析报告的基本精神，加快对报告内容的理解。

② 确切：标题的撰写要做到文题相符，宽窄适度，恰如其分地表现分析报告的内容和对象的特点。

③ 简洁：标题要直接反映出数据分析报告的主要内容和基本精神，就必须具有高度的概括性，用较少的文字集中、准确、简洁地进行表述。

2. 目录

目录可以帮助读者快捷、方便地找到所需的内容，因此，要在目录中列出报告主要章节的名称。如果是在 Word 中撰写报告，在章节名称后面还要加上对应的页码，对于比较重要的二级目录，也可以将其列出来。所以，从另外一个角度来说，目录也就相当于数据分析大纲，它可以体现出报告的分析思路。但是目录也不要太过详细，因为这样阅读起来让人觉得冗长并且耗时。

此外，通常公司或企业的高层管理人员没有时间阅读完整的报告，他们仅对其中一些以图表展示的分析结论有兴趣，因此，当书面报告中没有大量图表时，可以考虑将各章图表单独制成目录，以便日后更有效地使用。

3. 前言

前言的写作一定要经过深思熟虑，前言内容是否正确，对最终报告能否解决业务问题，能否给决策者提供有效依据起决定性作用。前言是分析报告的一个重要组成部分，主要包括分析背景、分析目的及分析思路 3 个方面。

（1）分析背景

对数据分析背景进行说明主要是为了让读者对整个分析研究的背景有所了解，阐述此项分析的主要原因、分析的意义，以及其他相关信息，如行业发展现状等内容。

（2）分析目的

数据分析报告中陈述分析目的是让读者了解开展此次分析能带来何种效果，可以解决什么问题，有时将研究背景和目的意义合二为一。

（3）分析思路

分析思路用来指导数据分析师如何进行一个完整的数据分析，即确定需要分析的内容或指标。这是分析方法论中的重点，也是很多人常常感到困惑的问题。只有在营销、管理理论的指导下，才能确保数据分析维度的完整性及分析结果的有效性、正确性。

4. 正文

正文是数据分析报告的核心部分，它将系统、全面地表述数据分析的过程与结果。

撰写正文报告时，根据之前分析思路中确定的每项分析内容，利用各种数据分析方法，一步步地展开分析，通过图表及文字相结合的方式，形成报告正文，方便读者理解。

正文通过展开论题，对论点进行分析论证，表达报告撰写者的见解和研究成果的核心部分，因此正文占分析报告的绝大部分篇幅。一篇报告只有想法和主张是不行的，必须经过科学严密的论证，才能确认观点的合理性和真实性，使别人信服。因此，报告主题部分的论证是极为重要的。

报告正文具有以下几个特点：①它是报告中最长的主题部分；②包含所有数据分析的事实和观点；③通过数据图表和相关的文字结合分析；④正文各个部分具有逻辑关系。

5. 结论、建议

结论是以数据分析结果为依据得出的分析结果，通常以综述性文字来说明。它不是分析结果的简单重复，而是结合企业实际业务，经过综合分析、逻辑推理形成的总体论点。结论是去粗取精、由表及里而抽象出的共同、本质的规律，它与正文紧密衔接，与前言相呼应，使分析报告首尾呼应。结论应该措辞严谨、准确、鲜明。

建议是根据数据分析结论对企业或业务等所面临的问题而提出的改进方法，建议主要关注如何保持优势及改进劣势等方面。因为运营者所给出的建议主要是基于数据分析结果而得到的，会存在局限性，因此必须结合企业的具体业务才能得出切实可行的建议。

6. 附录

附录是数据分析报告的一个重要组成部分。一般来说，附录提供正文中涉及而未予阐述的有关资料，有时也含有正文中提及的资料，从而向读者提供一条深入数据分析报告的途径。它主要包括报告中涉及的专业名词解释、计算方法、重要原始数据、地图等内容，每个内容都需要有编号，以备查询。

当然并不是每篇报告都要求有附录，附录是数据分析报告的补充，并不是必需的，应该根据各自的情况再决定是否需要在报告结尾处添加附录。

二、数据分析报告的制作方法

在新媒体营销中，日常数据通报是运营者的必要工作内容。它通过数据报表的形式呈现日常的运营状态和营销情况，这些数据报表会帮助管理者判断企业营销的进展效果。

日常数据通报表是一种常态化的报告。这个报告是可以呈现新媒体部门的整体运营状态的，包含新媒体平台的日常数据情况。日常数据通报表的表头是固定的，因此不需要每天进行设计制作。日常数据通报表通常包括过程表、效果表和汇报表。

（1）过程表

过程表主要体现的是团队日常的工作过程，包括工作完成时间、任务完成数量及过程链接等，主要用于后期绩效考核使用。

例如，小明是某企业抖音账号的运营者，他对 12 月 1 日至 7 日这一周的数据进行了整理，并制作出了过程表，其形式如表 9-1 所示。

表 9-1　过程表

日　期	内容发布数量（个）	链接发布数量（次）	邮件发送数量（个）	广告发布数量（个）
12 月 1 日	12	14	70	32
12 月 2 日	10	12	98	23
12 月 3 日	17	15	74	12

续表

日　期	内容发布数量（个）	链接发布数量（次）	邮件发送数量（个）	广告发布数量（个）
12 月 4 日	9	17	65	32
12 月 5 日	11	16	89	23
12 月 6 日	12	16	65	22
12 月 7 日	8	19	89	25

（2）效果表

效果表呈现的是企业新媒体营销的结果，结果不仅包括销售数据，还包括用户数据。

小明除了制作过程表，还需要制作效果表，表格包括视频播放量、粉丝增加数、订单数、销售额、转化率等数据项目，如表 9-2 所示。

表 9-2　效果表

日　期	视频播放量（次）	粉丝增加数（人）	订单数（个）	销售额（元）	转化率
12 月 1 日	45561	2320	1451	22320	7.7%
12 月 2 日	65421	4542	1145	13450	7.3%
12 月 3 日	56421	3401	1019	16780	8.4%
12 月 4 日	87754	6600	912	28600	7.9%
12 月 5 日	78231	5513	1321	14570	7.3%
12 月 6 日	54130	4584	1112	23130	4.4%
12 月 7 日	54210	5600	1008	12650	9.6%

（3）汇报表

汇报表是对过程表和效果表的数据汇总和分析。

汇报表要把数据可视化，通过各种报表使数据值和数据趋势能够直接呈现给上级领导，方便领导查看数据及预测发展趋势。

小明使用 Word 文档，把过程表和效果表通过 Word 文档中的插入图表功能，制作了两个汇报表，制作完成后需要把这 4 份表格上交给部门主管，以便部门主管了解公众号的运营状况，根据数据分析，对公众号的运营做出调整。

由过程汇报表（见图 9-1）可以看出，7 日内该企业抖音账号运营的内容发布数量比较稳定，链接发布数量小幅度上升，广告发布数和邮件发布数缓慢降低。

效果汇报表（见图 9-2）选取了销售额和转化率两项销售指标，可以看出 7 日内该企业抖音账号运营的销售额和转化率的变化趋势。

三、专题分析报告

专题分析报告需要针对某个新媒体事件或问题逐层分析，尽量找到问题源头，并在报告中给出明确的研究建议。

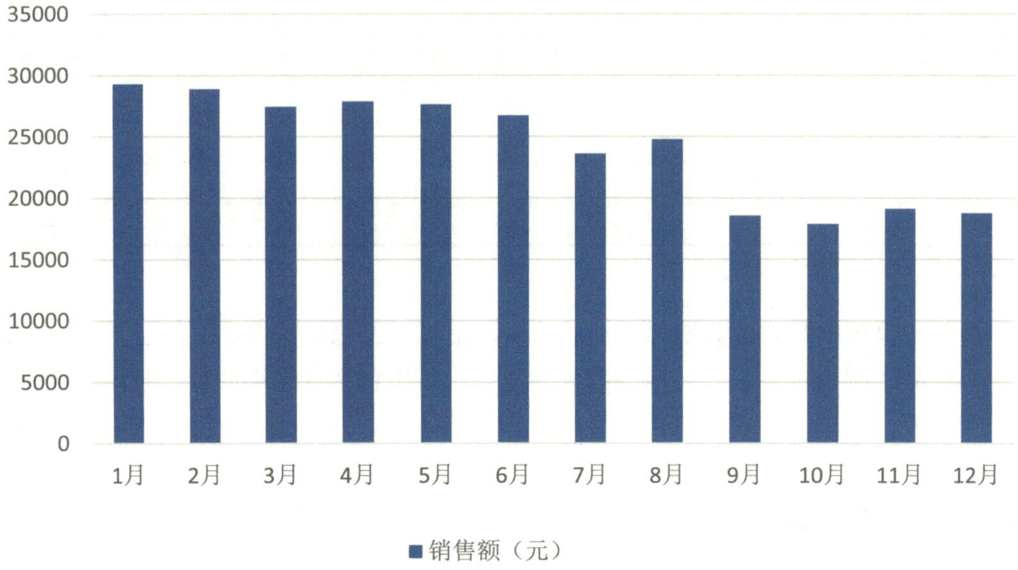

图9-1　过程汇报表

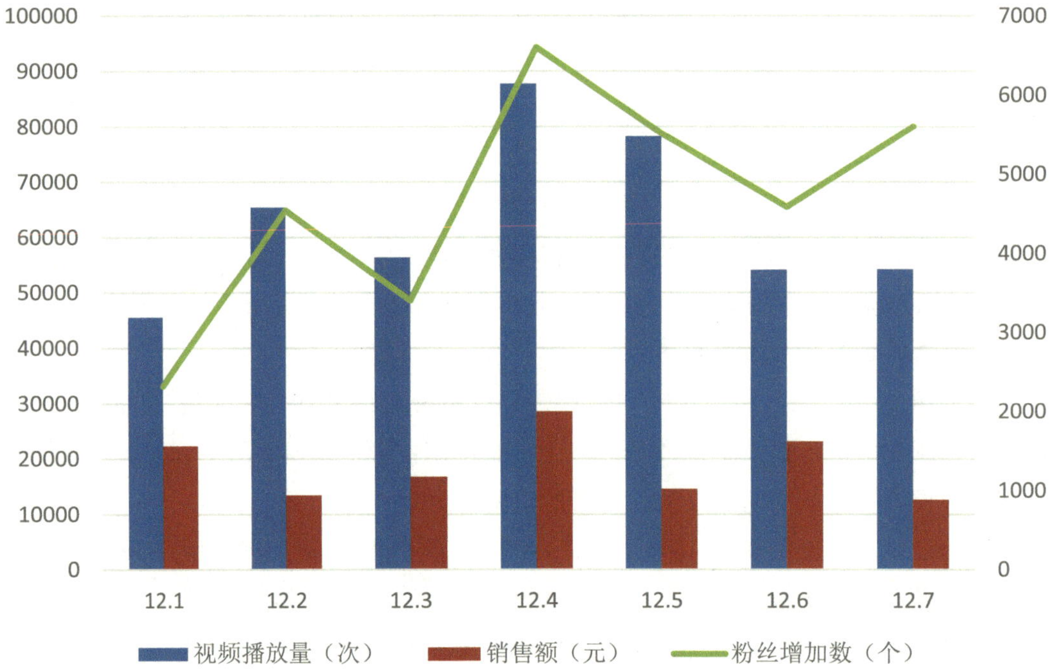

图9-2　效果汇报表

专题分析报告具有较强的针对性，其一般包括提出问题、研究思路、研究过程、分析建议等四大部分。

小明在整理年度收益汇报表时，选取了2020年的销售额这个指标（见图9-3）。

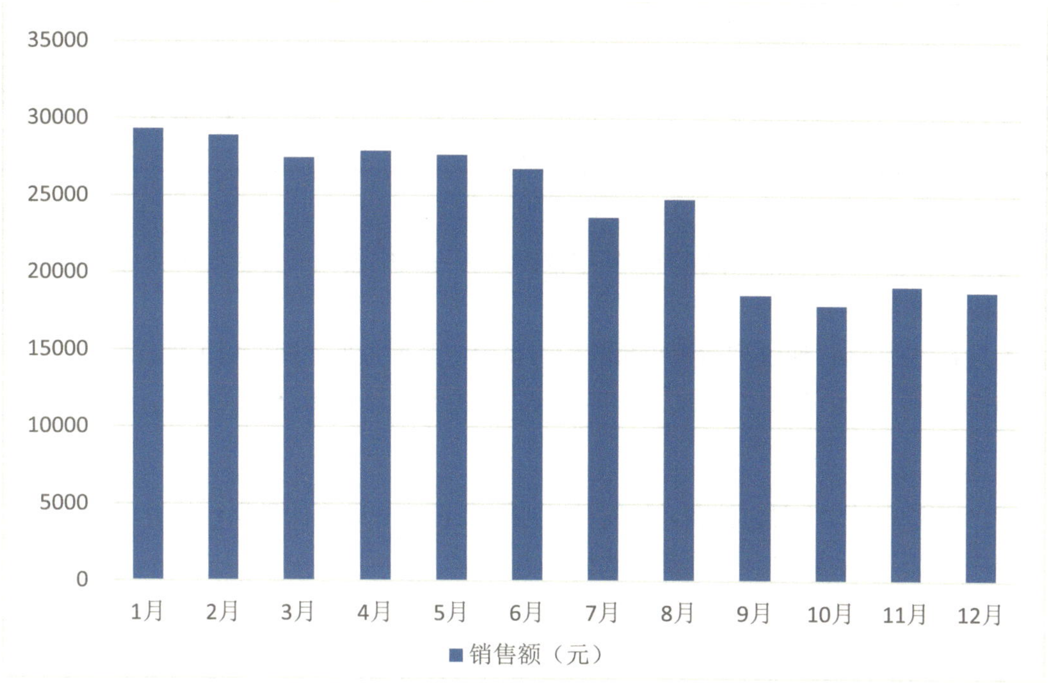

图9-3 收益汇报表

根据收益汇报表，小明的主管发现2020年的销售额整体处于下降趋势，并且根据汇报表的线性预测可以看出未来可能还会呈下降趋势。于是，主管要求小明对此做一项专题分析报告。

小明根据专题分析报告的格式，按照“提出问题、研究思路、研究过程、分析建议”的制作思路，其报告内容如下。

1. 提出问题

根据收益汇报数据统计，发现销售额呈下降趋势。针对此现象，本报告要研究的问题为：销售额为什么会下降？

2. 研究思路

回答上述问题需要逐层拆解。

（1）明确影响要素

销售额与粉丝、推广相关，因此研究销售额需要分析粉丝、推广数据。而粉丝数与视频的内容质量和营销活动相关，因此还需要研究粉丝数变化并分析视频的内容质量和营销活动。

（2）明确数据项目

销售额的影响要素为粉丝、推广数据，这两项数据项目分别为粉丝数、引流数。

粉丝数的影响要素为视频内容和营销活动，这两个数据项目如表9-3所示。

表 9-3　视频内容与营销活动数据项目

视频内容		营销活动	
视频播放量	点赞量	参与人数	转化人数
评论量	转发量	—	—

（3）明确分析方法

通过数据整理，制作数据图表，使用数据分析方法中的相关分析法和对比分析法，找出造成销售额下降的原因。

① 相关分析法：通过列举销售额的影响要素，分析数据之间的相关性。

② 对比分析法：通过对比过去一年时间内的数据，分析数据发展趋势。

3．研究过程

在“研究思路”中我们提到，针对该问题需要挖掘与处理的数据包括近一年内粉丝数据、推广数据、内容数据、营销活动数据。

（1）粉丝数和引流数分析

图 9-4 所示为某企业抖音账号一年的粉丝数和引流数分析图。通过数据分析总结出了粉丝数和引流数在一年内都出现了下降的趋势，说明引流效果不佳。

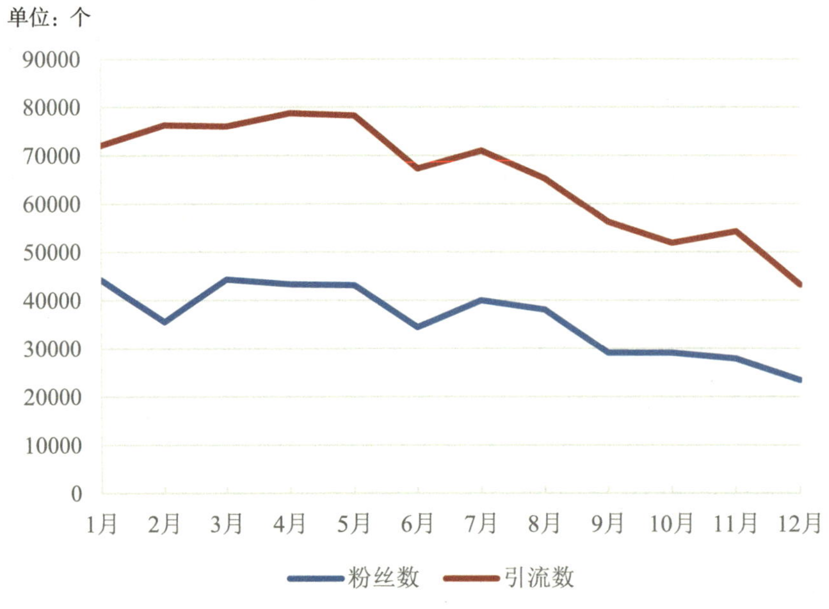

图9-4　粉丝数和引流数分析图

（2）视频内容

图 9-5 所示为某企业抖音账号一年的内容数据分析图。通过数据分析总结出了视频播放量总体呈平稳但略微下降的趋势，点赞数从 5 月开始明显下降。点赞数下降说明用户对

视频内容的认可度下降，视频内容质量下降。

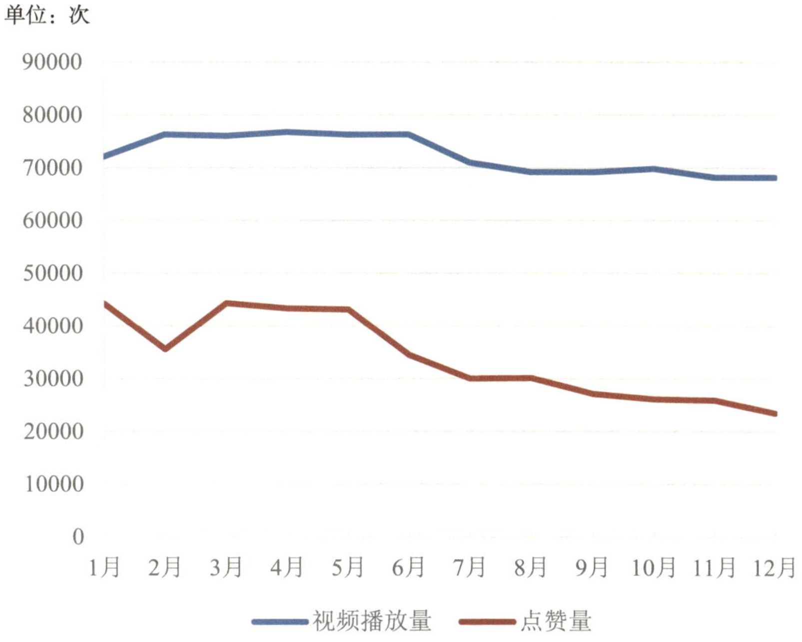

图9-5 内容数据分析图

（3）营销活动

图 9-6 所示为某企业抖音账号一年的营销活动数据分析图。通过数据分析总结出了营销活动的参与人数在 1 月至 6 月呈比较平稳但 7 月开始缓慢下降的趋势。转化人数呈平稳且略微上升的趋势，转化人数增加说明营销活动的转化率增加，营销活动效果较好。

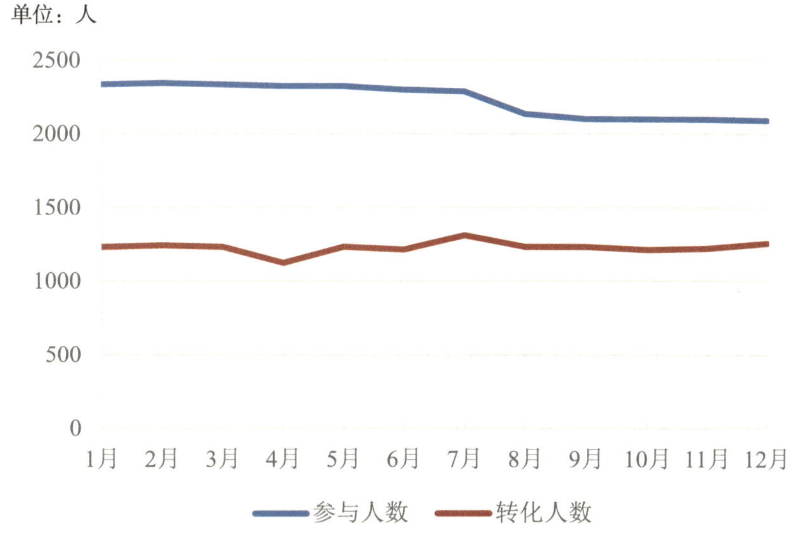

图9-6 营销活动数据分析图

4. 分析建议

根据上述数据解读，可以得出如图 9-7 所示的分析总结，主要表现为引流效果不显著和视频内容质量下降，这两个问题就是造成销售额下降的主要原因。

图9-7　分析总结

结合分析总结，对于接下来的新媒体工作的整体建议，如图 9-8 所示，主要包括优化抖音视频内容和加大引流推广力度两个方面的措施。

图9-8　整体建议

① 优化抖音视频内容。

抖音平台发布的视频内容需要进一步优化，发布优质的视频内容，吸引用户关注，进而促进用户下单，有效增加订单数量。

② 加大引流推广力度。

增加粉丝互动行为，提升粉丝转发量；增加抖音广告投放，提升广告引流；与“网红”“达人”合作，进行营销推广，多方位实现引流推广。

四、行业分析报告

企业新媒体部门不能只关注自身的运营和计划，必须时刻掌握行业变化及可针对的动作，使企业新媒体运营工作紧跟行业发展。因此，新媒体数据负责人需要定期撰写综合分析报告，便于相关人员掌握最新的变化、做出相应的动作。

行业分析是指对行业经济的运行状况、产品生产、销售、消费、技术、行业竞争力、市场竞争格局、行业政策等行业要素进行深入的分析，从而发现行业运行的内在经济规律，进一步预测未来行业发展的趋势。在新媒体运营过程中，企业需要时刻关注行业变化，了解行业的发展方向，及时捕捉行业热点，调整自身企业经营战略。

行业分析报告作为综合分析报告的一种，是一种较正式的商业报告，通常包括标题、导语、背景、主体等模块，但企业内部在进行沟通时标题、导语、背景等不作为重点，能够用精练的语言进行概括即可，行业分析报告的核心是主体模块，因此运营者需要针对报告主体展开。

报告的主体包括整体分析、产品分析、品牌分析、用户分析 4 个部分。

小刘是一家美妆企业的新媒体运营专员。主管给他布置了一项任务——“制作行业分析报告”，于是小刘开始借助一些工具收集数据，并通过一些数据统计网站来获得数据。例如，国家统计局网站、艾媒数据中心、西瓜数据等，收集好数据后，小刘就开始了他的分析工作。

（1）整体分析

在行业分析报告中，需要对行业的整体趋势进行分析，进而了解行业的发展趋势和发展潜力。从图 9-9 中可以看出，中国化妆品零售市场在 2016 年至 2019 年其交易规模不断上升，2021 年交易规模增幅继续增大，这说明市场发展潜力大（2022 年为预测数据）。

图9-9　2016—2022年中国化妆品零售市场规模趋势研究

（2）产品分析

美妆行业所涉及的产品众多，需要对不同产品的销售情况进行分析，根据统计数据可以看出各类产品的销售占比数据，如图 9-10 所示。从图中可以看出，护肤品品类占据了化妆品行业市场份额的半壁江山，其次是护发产品和彩妆产品占比较高。品类占比分析可以帮助企业了解行业发展规模和市场细分，为企业战略调整提供依据。

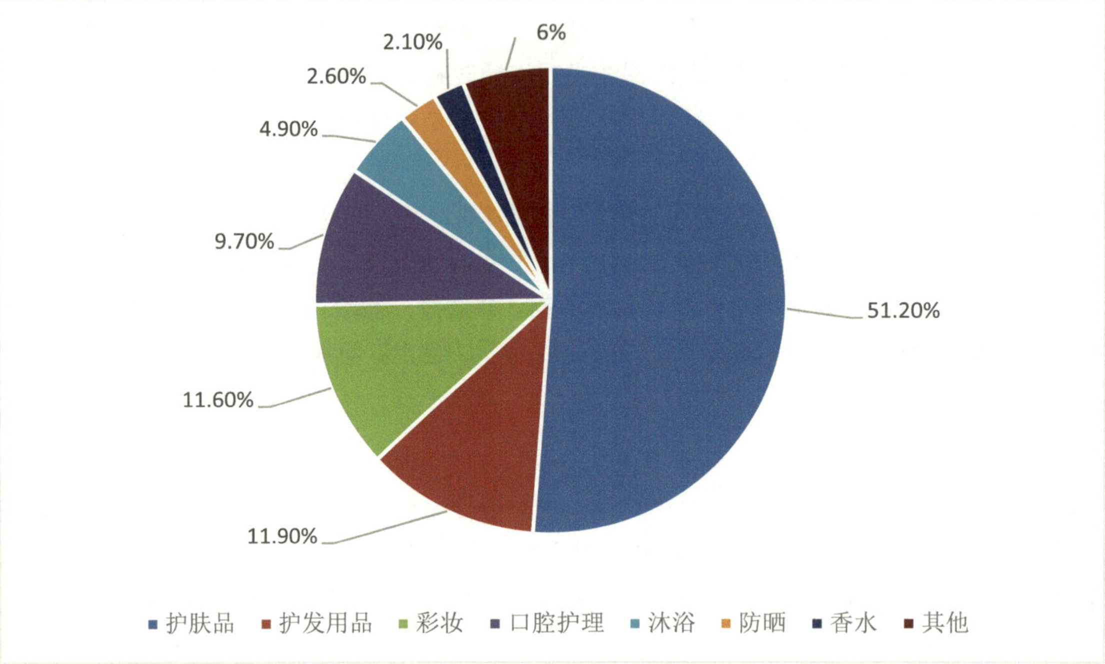

图9-10 美妆行业销售占比数据分析

（3）品牌分析

品牌分析最常见的是分析品牌的市场占有率，即在化妆品销售中，销售额占比分析及排名分析。了解了品牌排名占比数据，可以知道行业内主要品牌的情况及行业竞争情况，帮助企业找准定位。

（4）用户分析

新媒体企业更多的是以用户为中心的，因此对目标用户的画像必不可少。通过对现有用户性别、年龄、职业、消费能力等数据的提炼，实现用户画像。

① 性别和年龄。

从图 9-11 中可以看出，年龄在 20～29 岁关注美妆的人最多，性别方面是女性居多。其中，TGI 是目标群体在特定研究范围（如地理区域、人口统计领域、媒体受众、产品消费者）内的强势或弱势的指数。

② 消费频次。

消费频次是衡量用户需求和忠诚度的重要指标。

从图 9-12 可以看出，在美妆产品的消费中，每月消费一次及以上的用户和每 1～3 月消费一次的用户居多，这说明用户对美妆产品的消费需求较大，产品品类忠诚度高。

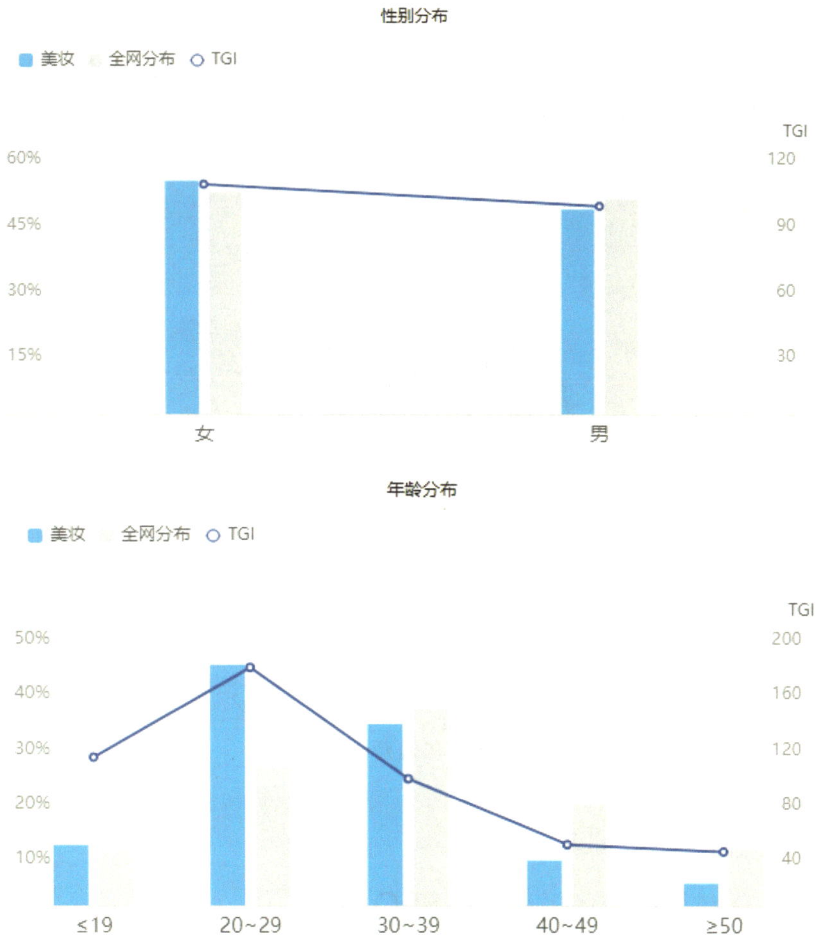

图9-11 用户性别和年龄分析

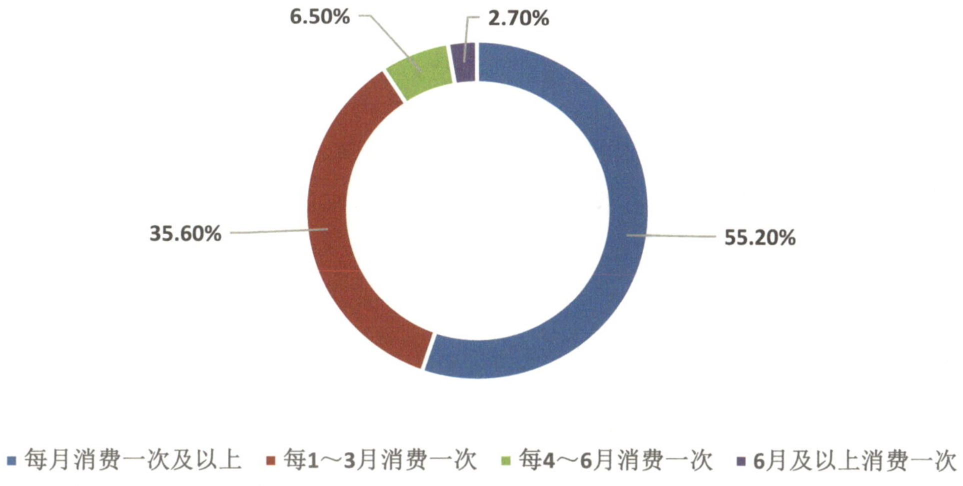

图9-12 消费频次分析

③ 消费价格。

消费价格是衡量用户消费能力的重要指标。图 9-13 所示为年消费金额分析，从年消费金额来看，金额为 1001～2000 元的人数最多。消费金额分析能帮助企业更好地掌握用户的消费能力，从而调整销售的产品，尽可能地满足用户消费需求。

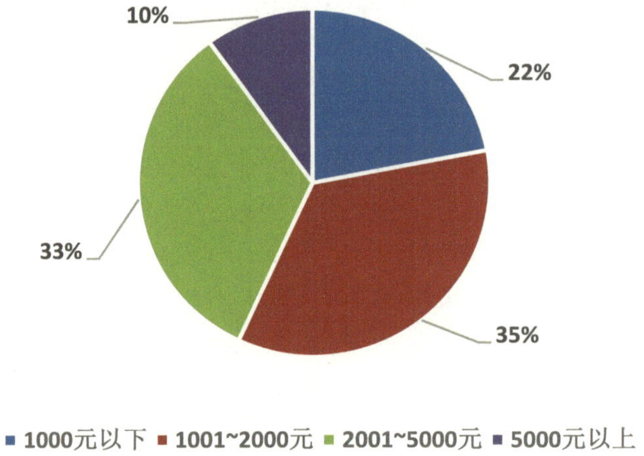

图9-13　年消费金额分析

知识拓展

SEO

SEO，是 Search Engine Optimization 3 个英文单词的首字母，中文译为“搜索引擎优化”。在了解搜索引擎自然排名机制的基础上，对网站进行内部及外部的调整优化，改进网站在搜索引擎中的关键词自然排名，获得更多的流量，从而达成网站销售及品牌建设的预期目标。

SEO 出现在 21 世纪初，2002 年，我国就有人开始陆续涉足这一领域，经过近 20 年的发展，目前已经趋于成熟。目前国内大部分人都认为，可以通过 SEO 这样一套基于搜索引擎的营销思想，为网站提供生态式的自我营销解决方案，让网站在行业内占据更多的曝光，从而获得品牌影响力和询单机会。

思政园地

数据图表会“说谎！”

“字不如表，表不如图”的理念已深入人心，相比枯燥的文字，图表更加直观，便于发掘数据背后的商业变化。但是图表也有“调皮”的一面，“掩盖”事实，

“迷惑”读者，给大家传达一个南辕北辙的信息。我们即将从信息时代走向数据时代，辨别真理与谎言是一种很重要的能力。图表并没有说谎，而是说谎者在画图表！

1. 扭曲/弱化刻度

图 9-14 显示了某机构对 2023 年中国视听新媒体产业市场规模进行的部分预测，左侧图表纵轴上的起始刻度为 3000 人，因此看起来近几年视听新媒体产业市场规模增加的速度较快，而右侧图表纵轴上的起始刻度为 0，所以数据看起来更缓和些，传达的数据变化更加真实。

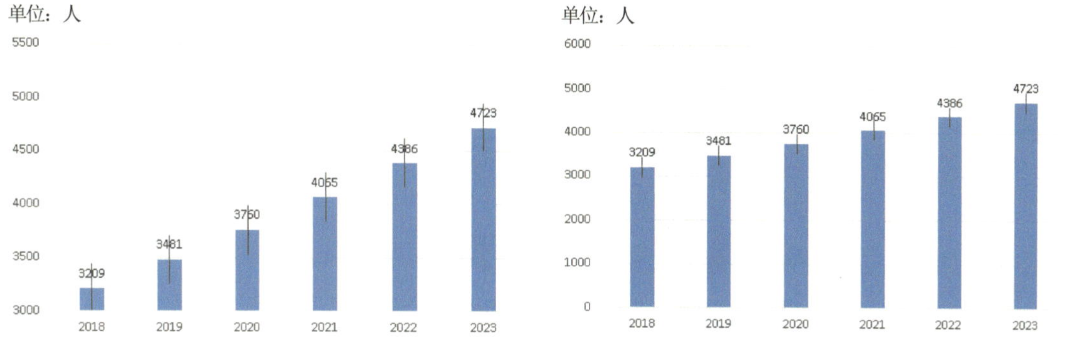

图9-14 扭曲/弱化刻度示例

2. 图标过度美化

很多职场新人喜欢对图表进行 3D 效果设计，将一个简单的图表打造成“杀马特”贵族。这种做法往往降低了图表的可读性，忽视了图表用来传递信息的本质。图 9-15 所示为某地区新媒体人员从业时间占比统计图，在左边的立体图表中，人们直观地认为在新媒体从业时间为 1～2 年的人数占比最大；但是观察右边的平面图表和数据标签，发现新媒体从业时间为 3～5 年的人数占比最大。

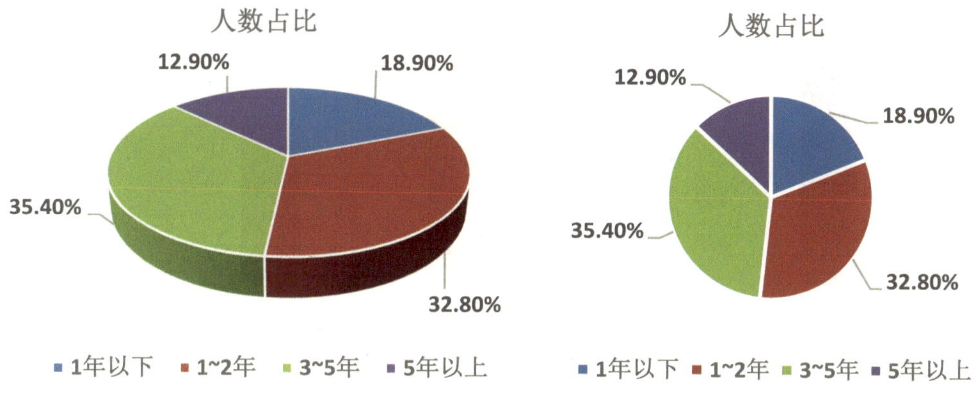

图9-15 图表过度美化示例

3. 设计不合理

某数据分析公司的报告采用了如图 9-16 所示的数据进行汇报演示，对某地区新媒体从业人员的从业情况进行了对比，可以直观地看出为企业、事业单位及政府机构工作的人较多。事实上这个差异是被故意放大了，因为图中使用面积代表数据大小，圆的面积是圆周率乘以半径的 2 次方，而图中所有圆的半径是不一样的，所以圆的面积也不一样。

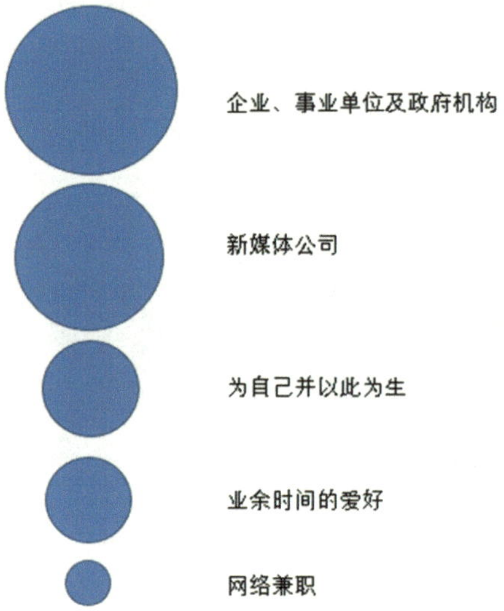

图9-16　某地区新媒体从业人员的从业情况（修改前）

其实，上述数据直接用柱形图会更方便、直观，修改后的效果如图 9-17 所示。

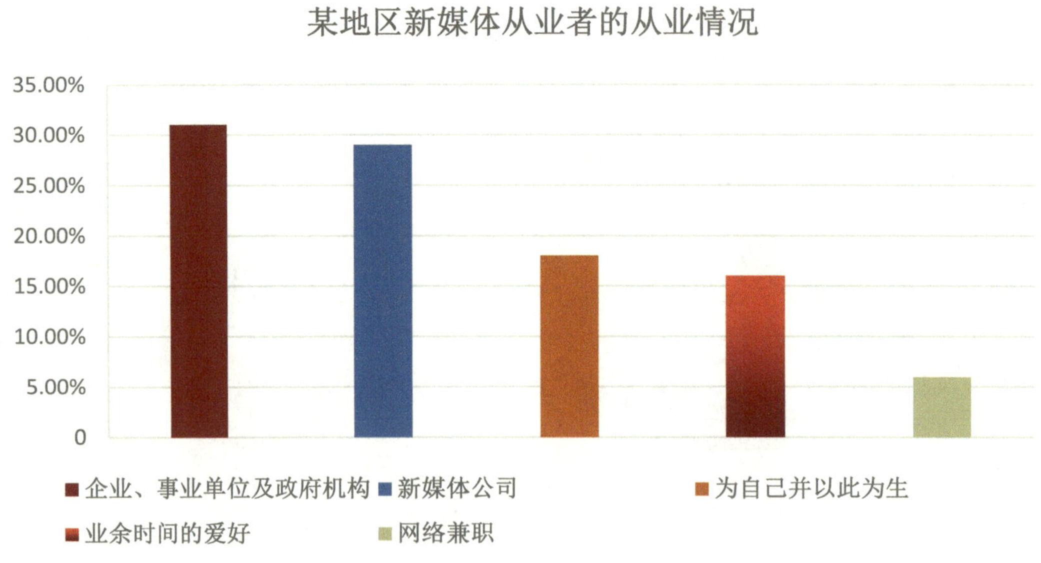

图9-17　某地区新媒体从业人员的从业情况（修改后）

身处数据时代，面对大量的数据及图表，其准确性还有待确认。而作为一名新媒体从业人员，要学会辨别数据、图表的准确性，发现其背后的真相，并学会从中提取有用的信息。

资料来源：数据之路（有改写）

讨论并思考：

1. 新媒体从业人员应如何合理地使用图表描述数据？
2. 数据图表是否还有其他的“说谎”方式呢？如果有，请举例描述。

职业技能训练

1. 单选题

（1）以下不属于日常数据通报特点的是（　　）。

A. 进度性　　B. 规范性　　C. 复杂性　　D. 时效性

（2）日常数据通报表不包括哪类表？（　　）

A. 过程表　　B. 效果表　　C. 汇报表　　D. 财务表

2. 多选题

（1）新媒体数据报告的作用主要集中在哪些方面？（　　）

A. 统计分析数据　　B. 监测营销质量

C. 分析意见和建议　　D. 吸引更多的新媒体用户

（2）常见的数据报告的类型有哪些类型？（　　）

A. 热点分析报告　　B. 日常数据通报

C. 专题分析报告　　D. 综合分析报告

3. 思考题

在制作数据分析报告的过程中，应该如何更加直观、简洁地突出重点内容？

4. 实践题

每年相关部门或第三方平台会发布一些与新媒体相关的综合性报告。例如，2022 年 4 月，国家信息中心发布了《2021 中国网络媒体发展报告》，新榜平台发布了《2021 新媒体内容生态数据报告》，请利用互联网收集一个综合性行业报告，挑选其中的核心内容与其他同学分享。

反侵权盗版声明